佐藤方宣 編

How does ethics matter to business?

ビジネス倫理の論じ方

ナカニシヤ出版

ビジネス倫理の論じ方　＊　目次

序　章　倫理はなぜ／いかにビジネスの問題となるのか……………佐藤方宣　3

はじめに　3
一　なぜビジネスの倫理なのか　5
二　ビジネス倫理をいかに問うのか　8
三　ビジネス倫理を問うことの困難　10
四　個別の問題系へ　16

第一章　企業とビジネス

社会的責任はどう問われたか……………………………………佐藤方宣　21

プロローグ　21
一　社会的責任をどう問うか――近年の日本における論議から　23
二　社会的責任の出自へ　28
三　社会的責任論の展開と揺り戻し　35
四　責任はどう問われるべきか　41

エピローグ　44

第二章　社会的企業
どこまで何を求めうるか……高橋　聡　51
プロローグ　51
一　社会的企業とは　54
二　市場の論理で語りうる領域　61
三　市場の論理を支える領域　67
四　ソーシャル・キャピタルの両義性　74
エピローグ　78

第三章　組織と仕事
誰のために働くのか……中澤信彦　85
プロローグ　85

一　分業・公共財・フリーライダー　87
二　働くことの意味　93
三　なぜ働くのか？　誰のために働くのか？　99
四　コミュニケーションの結節点としてのリーダー　103
五　適正規模の組織　109
六　フェア・プレイを重視する社会　112
エピローグ　114

第四章　競争と格差
何のために競うのか……太子堂正称　119
プロローグ　119
一　「潰しあいとしての競争」を超えて　121
二　競争は「強者」のためのものか　131
三　格差と自己意識　141

エピローグ　148

第五章　消費者主権
お客様は神様か……原谷直樹　155
プロローグ　155
一　消費の望ましさとは　158
二　消費者主権という理念　162
三　消費者主権を問い直す　170
四　消費者は神様なのか　177
エピローグ　180

第六章　食と安全
何がどう問われるのか……板井広明　185
プロローグ　185

一　現代における食の問題　187
二　思想史における「安全」の問題　193
三　食の倫理——われわれは何を食べるべきか　199
エピローグ　210

第七章　企業と国家
国境を越える責任……中山智香子　217
プロローグ　217
一　経済思想史が示す国家の位置　221
二　自由貿易を揺るがす倫理的・社会的責任？　226
三　ＭＩＮＡＭＡＴＡの事例　233
四　民営化再考　240
エピローグ　244

参考文献　251
あとがき　269
索引（事項／人名）　282

＊本書における文献の指示について
・文献表は巻末にまとめて掲載した。
・本文中での文献指示の際には「著者名［出版年］」の形で記し、該当頁や該当箇所を適宜示してある。
・読者にとっての煩雑さを避けるため、邦訳のある欧文献については邦訳の該当頁のみを挙げることとした。ただし訳文は各執筆者の責任で適宜改変を加えている。

ビジネス倫理の論じ方

序章　倫理はなぜ／いかにビジネスの問題となるのか

佐藤方宣

はじめに

本書の問い

倫理はなぜ、そしていかにビジネスの問題となるのか、これが本書全体を通じてこだわってみたい問いである。この問いを発するとき、ビジネスは倫理などと無縁と決めつける態度はもちろん、その結びつきを当然視する態度からも距離をとることになる。この二つの態度から可能な限り身を引き離しつつ、日々の経済活動にあるさまざまな〝倫理的モメント〟の意味と意義を考えていくこと、これが本書を貫く問題意識である。

ビジネスに倫理を！／ビジネスに倫理を？

ビジネス倫理の「理由」や「論じ方」にこだわろうとする振る舞いは一見奇妙なものに見えるかもしれない。「ビジネスに倫理を！」という声はすでに大きなものとなっており、ビジネス・エシックスなり企業の社会的責任（ＣＳＲ）なりといった言葉はメディアで広範に流通し、いささか陳腐化しつつさえある。各企業はコンプライアンスの担当部局を設けてさまざまな活動を行なっており、また消費者教育や投資家教育の必要性が喧伝されてもいる。すでに問題はビジネス倫理の具体的実践にこそあるのであり、その「理由」や「論じ方」に拘泥しなければならない理由などないように思われるかもしれない。

しかし後で見るように、実はビジネス倫理に対してはとりわけ経済や倫理の専門家のあいだでは否定的な見解のほうが多いのが実情である。曰く、それは企業の宣伝活動の一翼を担うものであり本来的な意味での「倫理」とは無縁のものに過ぎない。そもそもビジネスとは利益追求活動なのであり倫理などとは関係ない。昨今ではビジネスとは無縁のはずだった大学の倫理や哲学の専門家にさえ応用倫理としてのビジネス倫理学が要請されるが、それは所詮、応用ばやりの世情を受けての身過ぎ世過ぎの振る舞いに過ぎない、と。

このような「ビジネスに倫理を！」という一般の声の広がりと「ビジネスに倫理を？」というシニカルな懐疑の存在は、当然ながら本書の取り組みの前提条件となっている。そのうえで本書はいったい何を問おうとするのか。多くの方に本書の問題意識を共有してもらうには、前口上としていささかの但し書きと説明が必要となるだろう。

そこでこの序章では各章の具体的叙述に先立ち、ビジネスの倫理を問うことの「理由」「論じ方」「可能性」について、あらかじめ一般的な確認を行なっておきたい。第一節では、なぜ「ビジネスの倫理」を論じなければならないのか、それは「経済の倫理」一般を論じることとどう異なるのか……、などビジネス倫理の「理由」をめぐる論点を。第二節では、ビジネス倫理はどのように論じられてきたのか、そして本書ではいかに論じようとするのか……、などビジネス倫理の「論じ方」をめぐる論点を。第三節では、そもそも「ビジネスの倫理」など問うことはできるのか、強力なビジネス倫理批判の存在の意味するものは……、などビジネス倫理の「可能性」をめぐる論点を。そして第四節では、以降の各章で問おうとする問題の概略とともに、いくつかの問題系の結び方・編み直し方を提示したい。

一　なぜビジネスの倫理なのか

政策・制度・法令を問う手前で

「経済と倫理」という大きな問題を立てたとき、すぐに思い当たるのは社会保障制度や累進所得税や環境税を通じた福祉の実現の問題だろう。どのような福祉社会をいかなる手段で実現すべきか、厚生経済学やJ・ロールズ以降の倫理学や政治哲学の領域では、いまなお活発な議論が続けられている。

マクロ経済政策や競争政策、あるいは年金や社会保険やベーシック・インカムをめぐる論議など、制度の望ましさをめぐって論ずべきテーマには事欠かない。そうした問題を哲学的・倫理学的に考察する書物は多数刊行されている（塩野谷［二〇〇二］ほか）。

しかしそこで意見の対立や相違が可能になる背景には、実はある共通の合意があるのではないだろうか。福祉の問題は政策の問題であり、何らかの政策的関与や制度設計を行なうことが前提とされる。そこでは何もしないことを主張することでさえ一つの「選択」の主張として機能してしまう(1)。それゆえ公共政策の問題に関していえば、経済の倫理が〝問われることそれ自体〟の意義は共有されているとしていいのではないか(2)。

しかし、個人や法人その他の団体が経済主体として日々執り行なっている商品・サービスの生産・購入・販売に関わる諸活動（これを「ビジネス」と呼ぼう）については、そのような合意が存在するとは到底いえそうにない。あからさまに語られるか建前で隠されるかの別はあったとしても、むしろビジネスが倫理と無関係であるとの主張のほうが力強さをもっているように見える。それはとりわけ法人企業の社会的責任をめぐる論議の歴史に目を向けるとわかるだろう。そこでは一貫して、そもそも企業に社会的責任だの倫理だのを要請することそれ自体が誤り、いや「見当違い」である、という見解が大きな力をもってきた。

それだけではない。企業倫理や社会的責任論議の台頭をシリアスに受け止め、ビジネスの現場で実践していこうとする立場の人々の言説においてすら、なぜ／いかなる理由で倫理や社会的責任が要請されるのかについて特段の省察がなされることなく、〝昨今声高に論じられるようになっているから〟という他律的な観点からそうした問題に取り組んでいるケースが圧倒的多数のように見える。つまりここでは、本来なら問われてしかるべき問いが、問われないままにとどめおかれているのだ。

本書の各章でビジネス倫理の「論じ方」にこだわるなかで問われているのは、まさにこの問題である。もちろんそれは特定のタイプの商業道徳を唱導するような態度とは異なる。本書で行ないたいのは、ビジネスを論じる際に倫理の問題が無関係（irrelevant）でありえないことを示し、問われるべき問いの所在を指し示すことである。

「広義のビジネス倫理」への問い

〝ビジネス〟と冠した本書のなかに、「消費」について、あるいは「食」について論じる章があることを奇異に感じる方がいるかもしれない。また「競争と格差」といった抽象的な論点を扱う章があることにいささか戸惑われるかもしれない。しかし、そもそもビジネスという言葉は単に企業活動のみを意味するものではない。経済学者アルフレッド・マーシャルがその主著『経済学原理』で用いた定義を引くならば、「『ビジネス』とは、それによって利益を受ける人から、直接的であれ、間接的であれ、支払いを受けることを期待して行なわれる、他人の欲求に答える提供行為」ということになる（Marshall［1890］邦訳 II 二八一頁）。経済思想史家の橋本昭一が言うように、「英語の business を経営とか企業と訳すのは多少無理がある」（橋本［二〇〇六］一〇頁）。本書ではこうしたひそみにならい、ビジネスという語を可能な限り広義に用いて、人々が日々執り行なう生産や消費という営みすべてを含めたうえでその倫理の問われ方、論じ方を見ていくこととしたい(3)。

二　ビジネス倫理をいかに問うのか

〝ビジネス・エシックス〟の興隆のなかで

ところで、すでに「ビジネス・エシックス」は経営学や倫理学で確立されたジャンルの名称となっている。本書はそれとどのような関係にあるのか。

一般にアメリカにおけるビジネス・エシックスの歴史は一九七〇～八〇年代以降のものとして記述される（田中・柘植［二〇〇四］五 - 七頁、Mcmahon［1999］）。その起源は、相次ぐ政府や大企業の不祥事を社会的背景として一九七〇年代にアメリカで興隆した、「企業の社会的責任論」に求めうるとされる。その担い手は当初の経営学者たちからしだいに哲学者・倫理学者たちを含んだ集団へと移る。その後専門の研究所・機関の設立が進み、一九八〇年前後になると多数のテキストが刊行され、専門学術雑誌である『ビジネス・アンド・プロフェッショナル・エシックス・ジャーナル』（一九八一年）や『ジャーナル・オブ・ビジネス・エシックス』（一九八二年）なども刊行されるにいたる……、これが一般的な描像である。

たしかにこれは学会の設立や専門学術雑誌の刊行といった、「制度化」されたビジネス・エシックスの登場のストーリーとしては妥当な記述かもしれない。またそれは、一九六〇年代から一九七〇年代にかけてのベトナム戦争や「キャンペーンGM」などの歴史的背景をベースにした、一定の説得性をもつものでもある。ベトナム戦争の際のナパーム弾を製造する大企業への批判やGM社製自動車の欠陥の指摘を通じたキャンペーンの社会的広がりは、たしかにビジネス・エシックスの必要性を認識させるものとなったからである。

しかし「ビジネスの／と倫理」「経営者の責任」「経済活動と公共性」といった問題は長い歴史をもつ問いであり、仮に「法人企業の社会的責任」という問題に限定したとしても、第一章で詳しく見るように、それは必ずしもここ二十〜三十年のあいだに唐突に登場したものではない。そしてそれは多様な文脈において、さまざまな問題意識のもとで論じられてきた。にもかかわらず近年のビジネス・エシックスの制度化・厳密化のなかで、いささか問いの内容が限定されてきているような印象がある。

思想史的な視点から

本書に収録された論考の特徴は、二つの意味で〝思想史的〟と評しうるかもしれない。第一に、現代のさまざまな言説を思想史的対象として距離をもって見るということであり、第二に、現代の問題を考える際に思想史的知見の蓄積からさまざまな示唆を得ようとしているということである。そうした態度を通じて試みたいのは、拙速な結論を押しつけることではなく、「問われ方」「論じ方」の系譜と構図に注意を払うことを通じて、問題それ自体の意味を捉え返すことである。

現在のビジネス・エシックス論では、すでに個別トピックごとの「通常科学」化がはじまりつつあるように見える。[4] もちろん専門用語が整備され、専門家集団内部で分析的な議論の蓄積が進むのは有益かつ重要なことである。しかし、そこには歴史・思想史的知見への目配りの不足と素朴な問いの欠落が見られるようにも思われる。本書の各章で参照される二十世紀初頭という時期の論議さえ十分に省みられない現状を考えると、今後、分析的なビジネス倫理学と思想史的なビジネス・経済倫理研究との有益な協働のあり方が模索されるべきなのかもしれない。これは経済活動をめぐる言説の歴史的研究としての経済思想史の蓄積を、現代的なビジネス・エシックス論議にとっての参照可能な知的資産として新たに捉え返すことを意味するだろう。[5]

以上が本書で「論じ方」「問われ方」に焦点を当てようとする際の問題意識である。このあたりで総論的な話を切り上げ具体的な論点について語りはじめるべきかもしれないが、しかしビジネスの倫理を語ることには、かなり根本的な批判が寄せられてもいる。次章以降で具体的論脈に即した「問われ方」をたどるまえに、この根本的な批判についてあらためて確認しておくこととしよう。

三　ビジネス倫理を問うことの困難

ビジネスの不道徳（immoral）と非道徳（amoral）

ビジネス倫理の必要性が語られる際、そこには対照的な立場が見てとれる。一方で企業活動や組織内の個人の行動に見られる不道徳（immoral）を指摘し、それを正すべく倫理の確立を求める大きな声がある。経済活動がもたらす環境破壊や、不当な労働慣行の存在などを批判する立場である。そこでは利潤追求、私益の追求というビジネス活動の動機それ自体のあり方が問われる場合もある。

しかし他方で、「ビジネスの本分はビジネスである（"Business is Business"）」との古典的な主張に見られるように、ビジネスの倫理なるものに懐疑的な声もある。曰く、なるほど企業や個人の経済活動において「法令順守」が求められることは当然である。ルールを破った際には罰則が課されてしかるべきでもあろう。しかしそもそも経済活動とは私益の追求を目的としたものであり、それ自体で道徳や倫理の実践を目的としたものではない。それゆえ単なる法令順守以上の倫理なるものを求めることは、見当違いな振る舞いである……、と。これはビジネスとはそもそも非道徳的（amoral）なものなのだから、道徳的／不道徳的という二分法のコードを適用すべきではないという主張である。

ここで補足的に申し述べておく必要があるのは、この後者の立場には、ビジネス活動の現状に対して肯定的な立場だけでなく、批判的な立場が混在していることである。つまりビジネスが非道徳的（amoral）な活動であるとする立場は、それを不道徳的だと批判することとは異なる。これは無視されがちな点であり、ここであえて強調しておきたい。代表的な見解を（左右両派から）二つ取り上げよう。一つは有名なM・フリードマンの見解、もう一つはA・コント＝スポンヴィルが『資本主義に徳はあるか』で示した見解である。

フリードマン――資本主義〝擁護〟としてのビジネス倫理批判

私的所有に基づく自由企業体制の下では、企業の経営者とは企業の所有者の雇われ人である。経営者は自分の雇い主に対して直接の責任を負っている。その責任は、雇い主の欲求に従って企業を運営することである。また、一般に雇い主の欲求とは、法律や倫理的慣習で具体化されている社会の基本的なルールを守りつつ、できるだけ多くのお金を稼ぐことである。(Friedman［1970］邦訳 八四頁)

これは『ニューヨーク・タイムズ』誌で発表された、フリードマンによるビジネスの社会的責任論批判の有名なくだりであり、「フリードマン定理」と呼ばれることもある。ちなみにフリードマン自身は、すでに一九六二年に出版された『資本主義と自由』の時点で、企業や労働組合に社会的責任を求める声を批判している。

市場経済において企業が追うべき社会的責任は、公正かつ自由でオープンな競争を行うというルールを守り、資源を有効活用して利潤追求のための事業活動に専念することだ。これが企業に課されたただひとつの社会的責任である。……企業経営者の使命は株主利益の最大化であり、それ以外の社会的責任を引き受ける傾向が強まることほど、自由社会にとって危険なことはない。これは、自由社会の土台を根底から揺るがす現象であり、社会的責任は自由を破壊するものである。（Friedman［1962］邦訳 二四九頁）

ここでフリードマンが批判しているのは、企業や経営者に社会的ないし公的な目的をゆだねることである。それならば経営者を選挙で選べというのか、というわけだ。

悪し様にいわれることが常であるフリードマンの立場だが、これはなかなかに批判しにくい主張である。「社会の基本的なルール」に従うことを制約条件として認めている限り、この見解は相当の批判（反批判）を斥ける力強さをもつからだ。(6)

フリードマンの立場がもつ含意については、彼とある程度同様の態度をとる経営学者P・ドラッカーの見解が明快であろう。彼は「責任」が「権限」と結びつくものであることに注意をうながしたうえで、企業への責任負担の押し付けは権限の要求につながりかねないと指摘している。

ミルトン・フリードマンの立場……は、企業はその事業に専念すべし、つまり経済面に専念すべしというものである。したがってこれは「責任の否認」ではない。実のところ、これこそ自由社会では唯一の一貫性がある立場なのである。……つまり、他の立場はすべて経済領域以外の分野、すなわち政府、個人、企業以外に留保されているかないしは留保されるべき分野において、企業が権力、権限、意思決定を引き継ぐことを意味するだけであるからである。（Drucker［1974］邦訳

上　五七一頁）

コント＝スポンヴィル──資本主義〝批判〟としてのビジネス倫理批判

フリードマンとは異なるタイプのビジネス倫理批判としては、「ビジネスの倫理」を語ることは一種のカテゴリー・ミステイクを犯すことになるという、フランスの哲学者コント＝スポンヴィルの見解が挙げられる（Comte-Sponville［2004］）。

彼は近年のフランス社会（とりわけジャーナリズム）に見られる「道徳への回帰」に注意をうながしている。その背景は第一に世代の移行であり（一九六八年に二十歳代であった一切の問題を政治によって解決したがった「政治の世代」から、二〇〇〇年に二十歳代であるホームレス食堂や国境なき医師団に関心を寄せる「道徳の世代」へ）、第二に資本主義の正当性を否定する共産主義の喪失、第三に神の社会的死に由来する個人主義の蔓延であるという。

コント＝スポンヴィルにいわせれば、企業倫理の流行はこの「道徳への回帰」の企業版である。それは利益と倫理の両立可能性を強調するあまり、あらゆる道徳的問題を経済的問題に還元してしまうことになる。なぜならいわゆる企業倫理の実践が長期的利益の観点で十全に語りうるならば、そこにわざわざ「倫理」という言葉を持ち出すことは冗長な振る舞いとなってしまうからである。

要するに、企業倫理という流行に関して私が懸念しているのは、道徳をこんな風にまったくの添えものにしてしまうあまりに、言い換えるなら道徳が絶対的にどんなところにも現前し、しかも利益にさえなることを望むあまりに、私たちがついには道徳を希釈して道具にしてしまい、もはや道徳が……けっきょくのところどこにも現前しなくなってしまうのではないかということなのです。（*ibid*., 邦訳 五四頁）

ですから、道徳をまったくの添えものにしてしまい、道徳をいたるところにあらしめようとする……のではなく、むしろ私としては、いくつかの異なった領域を、……いくつかの異なる秩序を区別して、それらのあいだに、できるかぎり明確に、しかるべき制限を設けることが必要なのではないかと思われるのです。（*ibid*., 邦訳 五四 - 五五頁）

彼の挙げる区別すべき秩序とは、「経済 - 技術 - 科学の秩序」「法 - 政治の秩序」「道徳の秩序」「倫理あるいは愛の秩序」である。そして「経済 - 技術 - 科学の秩序」が非道徳的（amoral）なものであることが強調される。四つの秩序を峻別し、経済の秩序に道徳や倫理を持ち込まないようにすることが、それぞれの秩序における価値を守るために重要であるというのである。(7)

コント＝スポンヴィルは、企業の利益追求行動や資本主義システム全般を擁護しているわけではない。彼の本意はむしろ、企業倫理を説くことで本来必要な政治的・社会的改革から退却している現状を批判することにあるように見える。つまりフリードマンがビジネス倫理を経済システムの円滑な運行（資源の最適配分や正当な分配）を妨げるものとして斥けるのに対し、コント＝スポンヴィルは逆に、政治的プロセスを経た必要な改革を妨げるものとしてビジネス倫理の称揚傾向を批判しているのである。(8)

四　個別の問題系へ

各章での論じ方

以上で見てきた強力なビジネス倫理批判の存在を前に、はたして何がいえるだろうか。ビジネスの倫理とはビジネスの論理に包摂されてしまうものなのか、あるいはそれ固有の場所を主張しうるのか。以下の各章ではこの問いがさまざまな形で変奏されることになる。

「企業」という存在はビジネスの主要アクターである。第一章「企業とビジネス」（佐藤）では、専門職倫理としての「企業の社会的責任」の〝出自〟とその後の変遷（サイクル）という〝来歴〟を見るなかで、本質論的な企業理解を相対化することの必要性と責任の割り当てをめぐる公共的討議の不可欠性を提示する。また第二章「社会的企業」（高橋）は、世にいう「社会的企業」の特色がある程度までビジネスの論理から説明可能であることを強調するとともに、その固有の意義をどのように理解すべきかをつきつめて考察する。

組織や人々の「競争」、そして組織内での「協力」は、一般にその全体へのメリットという観点から正当化されがちである。第三章「組織と仕事」（中澤）が組織のなかでの働きがいをめぐる近年の言説をたどるなかから、第四章「競争と格差」（太子堂）が格差社会をめぐる現代的な言説をたどるなかから執拗に論じようとするのは、すべての人へのメリットを強調する論法を確認することと同時に、そこにひとりひとりの個人の思いを組み込む回路を探るという、倫理的モメントへの配慮である。

消費者の選択や、食という営みそれ自体は、概してビジネスの領域に隣接する〝外部〟に位置づけられてきた。第五章「消費者主権」（原谷）が指し示そうとするのは、個人の自律性や全体への貢献に立脚しようとする消費者主権理解がはらむ問題性であり、また第六章「食と安全」（板井）が示そうとするのは、食という〝私的営為〟に見出せる政治性・社会性とそれゆえに問題となる食の倫理である。

また企業の社会的責任は、多国籍企業の活動など国境を越える問題においてどのように割り当てられるのか。第七章「企業と国家」（中山）が問いかけるのは、「企業の社会的責任」に担わされてきたものの背後にある企業と国家との〝共犯関係〟である。

もちろんこうした諸章は、別の関心から編み直すことも可能だろう。

「企業の社会的責任」をめぐっては、その可能性と適切な位置づけを論じる第一章（佐藤）と、それが歴史的に担わされてきたものの意味を論じる第七章（中山）を対峙させることで、この問題の複雑さをより認識することができるだろう。

「自己責任」という近年若年層雇用をめぐる論議のなかでしばしば登場する観念をめぐっては、競争や格差は実は〝敗者〟のためにあるとする第四章（太子堂）と、消費者の〝自律〟を問う第五章（原谷）から、考え直すことができるだろう。

「働き方」という近年何かと話題になる問題については、社会的企業による私益追求と社会的貢献との入り組んだ関係を考察する第二章（高橋）や、適切な規模のグループで発揮されるリーダーシップと個人の生きがいをめぐる第三章（中澤）での考察を、つき合わせることができるだろう。「グローバル化」という論点については、第六章（板井）が「食」を切り口としてグローバル化を考えようとする姿勢から、第七章（中山）が水俣の経験の重要性を強調しながら国境を越える企業活動の問題を考える態度から、示唆を得ることができるだろう。

こうした問題の立て直し／編み直しはさらに可能であるはずだ。願わくば本書が、ビジネスの論理と倫理をめぐる錯綜した問題群を考えようとする読者諸賢による〝問いの編み直し〟を賦活するものとなることを念じつつ、以下の諸章をゆだねることとしたい。

◆注

（1）　国家による福祉政策の極小化を主張する「リバタリアニズム」も、少なくともそれが正当性をもった立場の主張としてなされる限りで、「社会正義論」の土俵に立っている。例えばノージックが批判したのはロールズによる〝一つの〟正義論構想であり、正義を論じることそれ自体ではないはずだ。

（2）　もちろん倫理学や法哲学、政治哲学が公共政策の土台それ自体をラディカルに問い直す思索の供給源となっていることを否定するつもりはない。とりわけ注目すべき近年の意欲的作業としては、世代間倫理の問題をラディカルに問い直した吉良［二〇〇六］、社会生物学的知見を大胆に導入し人権概念の基礎を論じた内藤［二〇〇七］、そして統治功利主義の一貫した構想を提示し近代的な人格理解の再考をうながす安藤［二〇〇七］を挙げておく。

（3）この点に関連して、倫理学者の川本隆史が提示した「ミクロ経済倫理学」と「マクロ経済倫理学」という二分法を参照しておくことが有益かもしれない（川本編［二〇〇五］一三一‐一三二頁）。これは主に一九七〇年代後半のアメリカの「ビジネス・エシックス」とドイツの「経済倫理学」という「経済と倫理との絶縁状態を脱却しようとする動向」を念頭において導入された二分法である。前者は「個々の経済主体の道徳性を問題にしようとするミクロ的アプローチ」であり、後者は「経済体制そのものの倫理を問うマクロ的アプローチ」であるとされる。川本が前者との関連で「経済活動とモラルとは無関係であるとする神話」に触れているように、本書で論じる領域はここでいう「ミクロ経済倫理学」に近いものとなる。もちろんここでいう「ミクロ」とは、分析手法に関わる形容でなく視点に関わる形容である。例えばミクロ経済学の手法を用いて規範的議論を展開する厚生経済学は、ここでの分類でいえば「マクロ経済倫理学」となる。

（4）学問としてのビジネス・エシックスを通覧するものとしては、大部のアンソロジーの Malachowsk (ed.)［2001］、さまざまな論点を通覧するのに好便な Frederic［1999］などがある。邦語文献では「哲学的アプローチ」を副題に掲げる田中・柘植編［二〇〇四］が有益である。

（5）これは伝統的な経済思想史研究の側にとっては、研究対象や内容の再解釈や再検討をもたらすことになるようにも思われる。これは本書の問題設定からは傍論となるが、とりわけ本書の執筆メンバー全員にとっては大きな問題となる。この点は本書「あとがき」もご参照いただきたい。

（6）なおフリードマンへの同時代の批判としては、経済学者ロバート・ハイルブローナーのものがある（Heilbroner *et al.*［1972］）。これについては、第一章であらためて検討する。

（7）同様の見解は「市場の倫理」と「統治の倫理」の峻別の必要性を説くJ・ジェイコブスにも見出せるだろう（Jacobs［1992］）。

（8）同様のビジネス倫理への懐疑は、近年、ロバート・ライシュが『暴走する資本主義』（Reich［2007］）で展開している。彼もまたビジネス倫理ではなく、市民としての人々の行動こそが重要であると主張している。

第一章　企業とビジネス
――社会的責任はどう問われたか

佐藤方宣

プロローグ

「企業の社会的責任」（以下、適宜ＣＳＲと略記）とはしばしば語られる言葉であるが、それが何を意味するかとあらためて問われると、答えは判然としない。いくつかの事例を手がかりに話をはじめてみよう。

朝日新聞社が二〇〇四年からはじめている「企業市民賞」は、その選考に「企業の社会的責任」研究で著名な学者を中心とした社外専門委員が当たるものである。贈呈対象は「現代社会を構成する一員として自らの責任を果すために、社会貢献活動に努め、優れた成果をあげている国内企業」とされている。[1] 二〇〇七年の受賞企業リストを見ると、「NPO向け融資制度を地域とともに運営する先駆的な取り組み」（近畿労働金庫）、「社員による防犯授業を全国の小学校で積極的に実施」（綜合警備保障）など、総じて本業と関連する社会的問題への積極的取り組みが評価の対象となっている。このあたりが近年の「CSR」の優等生的なイメージといえるかもしれない。

だが企業側の一般的な認識は少々異なるようだ。日本経済団体連合会（経団連）が二〇〇五年に会員企業千三百二十四社を対象に実施したアンケート調査によれば、各企業が挙げたCSRの取り組み分野の第一位は「コンプライアンス（法令順守）」であり、「環境」「安全・品質」「コーポレート・ガバナンス」はあくまでそれに続くものとなっている。[2]「コンプライアンス」をどう捉えるかは論者により異なるところではあるが、その含意は法令違反をしないという消極的なものにとどまるものだろう。

では消費者の側はどうだろうか。東京都消費者月間実行委員会が二〇〇五年に一般消費者向けに行なったアンケートによると、「『企業の社会的責任』として何を望むか、大事だと思うか三つ選択する」との設問で回答者の八割が選択した第一位は、「安全な商品・サービスの提供」であったという。第二位は「環境問題への積極的な取り組み」で、六割の回答者からの得票を集めている。「情報の開示」「労働環境への配慮」などがこれに続いている。[3]

こうして瞥見しただけでも、言葉自体の浸透とは裏腹に、企業の社会的責任として具体的に何が望まれるのかについては相当の振幅が見受けられる。「企業の社会的責任」とは何なのか。われわれはこの捉えどころのないイメージからどのように問いをはじめたらよいだろうか。

一　社会的責任をどう問うか――近年の日本における論議から

社会的責任の過剰と減価

マスメディアでの報道や関連書籍の出版を通じて、「企業の社会的責任」やその略称としての「CSR」は、極めて汎通性の高い言葉の一つとなっている。かつて日本でも、公害企業の告発や商品事故隠蔽の糾弾の際に「責任」という言葉に込められていたはずの重みは、いまや企業の広報・宣伝の一翼を担うものとしての軽みにとって代わられた印象すらある。

徹底的な減価と引き換えに広く定着した観のある「企業の社会的責任」だが、考えてみればこれはいささか奇妙な概念である。「法人」という自然人ならざる存在に、しかも本来的に利益追求活動のための組織であると誰もが知っている存在に「倫理」や「責任」を問うとはいかなることなのか。少なくともこれは自明な問いではない。

それゆえこの問題をめぐっては、ある程度自覚的な論者であれば、〝問いの性質〟に敏感にならざるをえないところがある。つまり企業の社会的責任を論じるときには、最終的な立場や見解の異同とは独立に、問いの身分、問われ方それ自体がまずもって問題となるのである。これは近年の日本における論議においても明瞭に見てとれる。以下、具体的に確認してみよう。

「そもそも論」の立場——岩井法人論と岩田法人論

「会社は誰のものか」というキャッチーな問いかけで近年の会社論興隆の端緒となったのが、経済学者岩井克人の法人論である。岩井は十九世紀以来の法人論争での対立（「法人擬制説」対「法人実在説」）を止揚し、〃株主が会社をモノとして所有し／会社がヒトとして会社財産を所有する〃という「二階建て論」としての法人理解を提示した。これにより会社を自由に売買できるモノであるかのように（だけ）考える株主主権論を批判し、「契約」の論理にとどまりえない「信託」の論理を軸に、企業の倫理的・社会的責任を位置づけたのである（Iwai［1999］[2002]，岩井［二〇〇二］［二〇〇五］）。『会社はこれからどうなるのか』（岩井［二〇〇三］）の出版に相前後してライブドアによるニッポン放送株取得騒動が生じ、ニッポン放送出演タレント（ステークホルダー！）からのボイコット発言などが社会的関心を集めるなか、この本は大きな話題を呼ぶことになった。岩井の見解には法学者からの肯定的な反応も寄せられている（樋口［一九九九］）。

しかし経済学者の岩田規久男からは否定的反応が寄せられた（岩田［二〇〇七］）。岩田が問題にするのは「会社は誰のものか」論議に見られる株主主権論への〃誤解〃である。曰く、取締役の選任・解任といった会社の方向を決定づける権利と、会社が解散するときに残余財産の分配を受ける権利の二つを有するのは株主である。その意味では「会社は株主のもの」であり株主主権論は正しい。しかしそれは決して〃株主の利益しか考えない〃経営を意味しない。企業統治のあり方を市場経済の三つの法則（交換の法則、誘因の法則、希少性の法則）から考えるならば、当然、株主は従業員・取引先・消費者の利益を配慮せざるをえないのであり、株主主権論を「株主丸取り」と考えるなど誤解に過ぎないことになる……。この岩田の所論は、株主主権論を批判してステークホルダー型の企業統治を提唱する「企業の社会的責任」論の興隆に対し、経済学の立場から冷静に疑問を呈するものとなっている。

さて岩井と岩田の見解は、最終的な結論のみをとれば対立している。しかしここで注目したいのは結論それ自体ではない。問題は、この両者が〝法人企業はそもそも／本来どういうものか〟を理論的に明確化することから何らかの規範的含意（社会的責任の有無や内容）を引き出そうとしている点で、実は同じ構えをとっていることである。この立場をひとまず「そもそも論」と呼んでおこう。両者がともに経済学者であり、またそれぞれ会社法の解釈を起点としていることをふまえれば、この立場は「理論重視型」の「本質論」といってもいいかもしれない。

「どうする論」の立場——奥村法人論とドーア法人論

こうした経済学的・法学的な企業の〝本質論〟を出発点に据える議論に対しては、企業経営の現状・実態に詳しい論者からは批判が寄せられている。例えば一連の法人資本主義論で知られる奥村宏は、岩井に見られるような議論のあり方に批判的である。奥村は、株主主権論もそれを批判する側もともに株主が個人（自然人）であることを暗に想定しており、会社間の株式持合いといった法人企業の実態をまったくふまえていないと批判する。奥村は近年の社会的責任論の興隆一般に対しても、刑法上の責任主体にすらなりえない「法人」の「責任」を安直に論じる傾向に批判的である。そして法人企業の実体や、それが現に果たしている機能の観点から問題を立てるところから、株式会社のあるべき将来像を構想していく必要を唱えるのである（奥村［二〇〇六］）。

また労働社会学者のロナルド・ドーアも、「企業の『本来』あるべき姿はこうだと説いて『正解』を提供する」態度に批判的であり、本質論的な問いよりも〝これからどうするのか〞という方向に議論を展開すべきだとしている（ドーア［二〇〇六］ⅰ頁）。ドーアは一九八〇年代後半と二〇〇〇年代を比較して、近年の日本企業が従業員給与を減らしつつも株主への配当や役員報酬を増加させている事実に注目し、これを「静かなる株主革命」と呼んでいる（同 第五章）。そして「株主主権企業」となりつつある日本企業の現状を「ステークホルダー企業」へと転換させるため、会社法改正をうながす運動の必要性を説くのである。

こうして奥村もドーアも、岩井克人と同様にアメリカ流（とされる）株主主権論に反対する立場をとっていることがわかる。しかしその問題の立て方においては、「そもそも論」に立つ岩井（そして岩田）とは異なる態度をとっているのである。

問いの出自への問いへ

こうして近年の論議を結論ではなく問題の立て方・論じ方の観点から見ると、二つのタイプが見出せることになる。（一）法人企業とは「そもそも」どのようなものかを理論的に明確化することでその社会的責任の有無や内容を明らかにしようとする「本質論」的な立場と、（二）そうした本質論を批判し法人企業が果たしている機能の現状をふまえ〝これからどうすべきか〟という観点からその社会的責任を問おうとする「規範論」的な立場である。

この二つはそれぞれなりに説得的な論の立て方である。またこれは強調してしかるべきだろうが、いずれの論者も「法人企業の社会的責任」が必ずしも自明ではないことに自覚的であるように見える。こうした立場の相違はどのように考えたらよいのだろうか。

あえていうなら、ここにはもう一つ重要な、しかしいまだ十分に行なわれていない作業が欠けているように思える。それは（三）「法人企業の社会的責任」とはいったいどのような問いとして問われはじめ／問われ続けてきたのかをたどること、それを通じて問いの性質それ自体を明らかにしようとすることである。

たしかに法人企業の法律論的・経済学的な「本質」を明確にすることは重要かもしれない。しかしともすればそれは、「法人格」が社会的必要性から生まれた歴史的制度の一つであることを忘れ、社会の実情とともに変化するべき法律やルールをある段階で固定化して考えてしまうことにもなりかねない。たとえば「そもそも論」の立場からだと、企業法人格の廃止を主張するようなラディカルな立場（Reich［2007］）と有効な対話を交わすのは難しいのではないだろうか。

また企業が現に果たしている機能の実情を前提に、あるべき将来像を語ることも重要な営為だろう。しかし現状把握と将来構想の試みには、これまでどのような経緯で企業に単なる利益追求行動以上のものが求められてきたのかという、（理論的なという意味ではなく）歴史的な経緯としての「そもそも論」が不可欠ではないだろうか。安定雇用確保や環境保護といった政府の公的責任が重要であるはずの事柄まで、何から何まで企業の社会的責任として押し付けてしまいかねない昨今の一部の風潮を鑑《かんが》みるならば、歴史的経緯を欠いた企業の社会的責任論は、逆に企業の責任の実効ある内実を曖昧化してしまうのではないか。

「社会的責任」の本質やあるべき将来像を語る前にその「出自」と「来歴」をあらためて確認する作業、これを経由することではじめて先の「そもそも論」と「どうする論」を新たな形で引き継いでいくことができるだろう。以下の二節・三節では、少々思想史めいた話にお付き合いいただくことになるが、それが四節であらためて社会的責任の「現在」を考え直すための作業であることを強調しておきたい。

二　社会的責任の出自へ

「現在」をどこから問うか？

大資本の弊害、あるいは有限責任制がはらむ問題をめぐっては、経済思想における長い論議の歴史がある。有名なところでいえば、十八世紀にアダム・スミスは、『国富論』の第五篇において、無限責任を負う合名会社との対比で、有限責任の「合資会社（joint stock company）」の問題点を論じた。また十九世紀にはジョン・スチュアート・ミルが、『経済学原理』の第五篇で、「有限責任制」の〈難点をふまえたうえでの）肯定論を提示している。それどころか岩井克人の語り口に乗じれば、法人擬制説と法人実在説という十九世紀ドイツの論争に端を発する現代の法人論争は、中世以来の唯名論と実在論との対立にまで（！）さかのぼりうることになる（岩井［二〇〇三］一一八‐一一九頁）。

しかし奥村宏が批判するように、十九世紀ドイツの論争で焦点となった「法人」ですら、現在のわれわれが問題としている巨大株式会社とはまったく異質のものである（奥村［二〇〇六］第四章）。その関連性を吟味することなしには、そうした過去の論争をそのまま現代の論議に連なるものとすることはできない。では企業の社会的責任の「現在」を考えるとき、いったいどこから話をはじめたらいいだろうか。

発達した資本市場での資金調達と専門的な経営者の存在を現代的な巨大法人企業の画期とするならば、「現在」を考えるうえで十九世紀末以降のアメリカは重要な意味をもつだろう。そしてまた二十世紀初頭のアメリカでは、実はビジネス・エシックス論議が広範に展開されてもいた。この時期何が問われはじめ、それがどのように展開していったのかを知ることは、複雑化・大規模化した現代企業の社会的責任を考えるうえで、ひとまず適切な出発点とすることができるだろう。

社会的制度としての株式会社――バーリとミーンズ

企業の社会的責任を求める当時の声の高まりの背景とその意義を考えるうえで重要な位置を占めるのが、一九三二年に法律家A・A・バーリと経済学者G・C・ミーンズによって出版された『近代株式会社と私有財産』である。

株式会社は、もはや、個人の私的事業取引を営むための単なる法律的手段ではなくなった。今もなおその多くが、かかる目的のために利用されるとはいえ、株式会社形態はもっと大きな意義を持つに至っている。現に株式会社は、財産保有の方法ともなり、経済生活組織化の手段ともなった。その偉大な進展の結果は、ここに――かつて封建制度が存在したように――〝株式会社制度(corporation system)〟を発展させたといえよう。こうした株式会社制度は、それ自身、諸特質と諸権力との結合をもたらし、従って、当然、ひとつの主要な社会制度(a major social institution)として扱われるべき地位を得たのである。(Berle & Means[1932]邦訳 一頁)

この著作は、当時アメリカで急速に進行していた産業の集中化や「(株式)所有と経営の分離」という事態の進行を指摘し、その意義を分析したものである。一九三〇年当時のアメリカで、非銀行業の最大二百社が全会社財産の約半分を所有しているといった事実の指摘は、大きな反響を呼んだ。

この本でよく知られているのは、(主にミーンズが担当した)第一篇の統計的データにもとづく叙述、つまり株式所有の分散化の進行とともに、かつては「所有権」に与えられていた諸機能(リスク負担と経営責任)が分離し、雇用経営者の権能が強くなるという事態の指摘である。そして第四篇の第四章「株式会社の新概念」では、株式保有の広範化がもたらした「所有権」の変化の結果、株式会社は所有者のものでも管理者のものでもなく全社会のために仕える存在であるとする見方が一般化したことが示されたとされる。

こうしてバーリらにより巨大法人企業の所有と経営の構造変化とその意義が指摘されたわけだが、ここから現在の「社会的責任」論に話がストレートにつながっていくわけではない。後で見るように、これ以降の社会的責任をめぐる論議は、株主に対する責任の強調とそれ以外の関係者への配慮の重要性の指摘とのあいだで、振幅ないしサイクルを描く形で現在にいたっていくことになる。一九二〇～三〇年代の社会的責任論の興隆、一九六〇年前後からの反動・揺り戻し、そして一九七〇年代以降における興隆から現在へ……、とサイクルを描く軌跡のポイントを順番に見ていくことにしよう。

一九二〇～三〇年代アメリカのビジネス・エシックス

いまではほとんど省みられなくなったことだが、一九二〇年代から一九三〇年代にかけての時期、アメリカでは"Business Ethics""Ethics of Business"といった類いのタイトルを冠した書物が多数刊行されていた(4) (Birdseye [1926], Dennison [1932], Heermance [1926], Lord [1926], Lee [1926], Sharp [1937], Sheldon [1924], Taeusch [1926])。こうした一連の書物は決してマイナーなものではなく、学術雑誌でレヴュー論文の対象となるなど、その動向が注目されていた (Heermance [1927], Tufts [1927], Donham [1927a])。

これらの書物で一貫して注目され論じられていたのは、当時のアメリカ実業界で広範囲に見られたある動向であった。それは各産業の業界団体 (trade association) 単位で「倫理コード (Codes of Ethics)」

を制定する動き、つまりビジネスの当事者たちが倫理基準を明文化するという動きである。ある書物には当時の三百以上の事例が集められている（Heermance［1924］）。また個別団体を超えたものとして、全米商業会議所が「企業行動原則」を一九二四年に発表している。そこでは無駄の排除と効率性の追求、取引における公正さの希求や協力的行為の賞賛、そしてビジネス上の利害関係者だけでなく公衆や社会への配慮がうたわれていた。(5) 当時のビジネス・エシックス論ではこうした動向の意味を考察するなかで、法の遵守にとどまらないビジネス慣行への配慮やコミュニティへの貢献、自由放任でも政府統制でもない中間組織や倫理コードによるコントロールの可能性の模索などが論じられていた。

とりわけそこには、他国に先駆け急速に大規模化が進む経済社会のなかで、ビジネスの〝倫理〟がなぜ問われなければならないのかという、素朴ではあるが根本的な問題の考察を見てとることができる。この問いは、本来的に私益追求行為である（とされる）ビジネスの倫理が問題とされる際、現在でも省みるに値するものといえるだろう。

専門職としてのビジネス――ドーナムの社会的責任論

アメリカの大学では十九世紀末から、商業や経営管理のためのビジネス教育を目的とした学部レベルでのコースの開設が進んだ。確立期にあったビジネス教育関係者のなかでは、ビジネス従事者に新たな観点からの職業倫理確立を求める声が大きなものとなっていく。こうした動きの代表者であるハーバード・ビジネス・スクールの学長であったドーナムの見解を、少々詳しく見ておくことにしよう。

ウォレス・B・ドーナムはマサチューセッツ州ロックランド生まれでハーバード大学ロー・スクールに学んだ法律家であり、一九一九年から一九四二年までハーバード・ビジネス・スクールの学長を務めた。彼が強調したのは、専門職としてのビジネスという捉え方の登場とその意義である（Donham [1927c]）。彼はこの二百年ほどの科学の進展は進歩のための幅広い機会を与えていると指摘し、ビジネスマンの新たな責務を強調する。「もしわれわれが科学によって与えられた機会を人間の幸福という観点から理解すべきならば、その利用における高い水準の責任を育て上げねばならない。……というのもビジネスマンたちは科学によって作り出された諸機構を自在にコントロールする力をもっており、それゆえ作動するその種のコントロールに対して責任をもっているからである」（*ibid*., p. 401）。

この責任を果たすためには、訓練された知性と広いビジョンによって支えられた社会的意識の育成と集団固有の職業倫理が必要となると彼は主張する。「もしこの科学という急速に発展する道具を社会化しようとするならば、われわれはビジネスのために、あらゆる専門職を特徴づけている特定化された倫理の基礎を確立することが何よりも必要である」（*ibid*., p. 402）。

さらにドーナムは、この〝ビジネスの倫理〟は集団内の関係を律するだけでなく、コミュニティにおける他の集団と共に生きる権利の基礎をも含むものだと付言している（Donham [1927c] p. 402）。こうしてドーナムは、専門家集団の内側における集団意識と対外的な責任意識の基礎としての倫理体系、ビジネス倫理の確立を説くわけである。

社会的責任の三つのタイプとは

ではドーナムはビジネスの対外的な責任、つまり社会的責任の問題についてはどのように考えていたのだろうか。彼は、ビジネスという私的な経済的利益の観点からなされてきた営為が、科学の発展とその応用たる産業の発展にともないいやおうなしに社会的な観点を取りこむようになってきているとと指摘し、そのリーダーには私的利益の観点と社会的観点とを調和させる責務があると主張している (Donham [1927b])。「社会的な観点で考えるビジネスマンたちを育て上げ、力づけ、その数を増やしていくことは、ビジネスの中心問題である。さらにそれは文明の重要問題の一つである。なぜならそうした人々は他のいかなるタイプの人よりも、コミュニティの倫理的・社会的な力を再建し、コミュニティにおいて作用するより理想主義的な哲学にとって本質的な背景を作り出すからである」(*ibid.*, p. 406)。

ドーナムは自らの経済的地位とその社会的義務・責任との関係について、三つの異なるタイプを挙げる (*ibid.*, pp. 406–407)。第一に、(カーネギーやロックフェラーのように) 自らの経済的義務と社会的義務を結果として (最後に) 調和させようとするタイプ、第二に、一方で時代の基準に沿う形でビジネスを行ないつつ、他方で建設的な慈善家やコミュニティ運動家として活動するようなタイプ、第三に、社会進歩に貢献するやり方でビジネスを行なうタイプである。

ドーナムはこの第三のグループこそが、「われわれの問題の核心」に触れるもっとも重要なグループであると主張する。「大いに必要とされるのは、高い水準の倫理的地平に立ち内側から産業を社会化しようとすること、それも社会主義でも共産主義でもなく、政府による介入でも政治力の行使によるのでもなく、ビジネス・グループの内側から、物質的事象における近年の巨大な変革を通じて、この集団の手中にあり続けてきたメカニズムについての効果的な社会的コントロールを発展させることである」(Donham [1927b] p. 407)。

ここでドーナムが、ビジネスそれ自体とは独立に寄付や慈善行為を行なうことではなく、社会(進歩)に貢献する形でビジネスを行なうことの必要性を指摘していることは強調しておきたい。つまりここで問題とされている「社会的責任」とは、ビジネスの利益の分配の仕方ではなく、その利益の上げ方の作法に関わるものなのである。

三　社会的責任論の展開と揺り戻し

バーリ・ドッド論争

さてここでもう一度バーリとミーンズの『近代株式会社と私有財産』(一九三二年)の話に戻ろう。少々細かな話となるが、この本の第二篇の第七章「信託された権力としての会社権力」は、もともと一九三一年にバーリが『ハーバード・ロー・レヴュー』誌に発表した論文であった。ここでバーリは会社権力の項目を五つ挙げたうえで、それら「信託された権力」が株主の利益のために行使されるべきことを強調していた。いうなればこれは、バーリ自身がこの時点で「社会的責任」の内実として経営者が株主の利益を毀損しないことに力点をおいていたことを示すものである。実際、同様の見解はそれ以前の論考でも示されている（Berle［1927］）。

このバーリの見解に対し、ハーバード大学のE・M・ドッドは、同誌に論文「法人企業経営者は誰のための受託者なのか？」（Dodd［1932］）を寄せて異論を唱えた。「筆者〔ドッド〕の考えでは……法人企業がその株主の利益を作り出すという唯一の目的のために存在しているのだという見方を現時点で強調することは望ましくない。究極的に法を作り出す世論が、法人企業を、利潤を作り出す機能と同様に社会奉仕機能をもつ経済制度と見なす方向に進んでいる。そしてこうした見解はすでに法理論にある程度の影響を及ぼしており、近い将来にはさらなる影響を与えるであろう」（*ibid.*, p. 1148）。ドッドにいわせれば、例えば（企業主導の〝福祉資本主義〟の先駆者とされる）ジェネラル・エレクトリック社の経営者オーウェン・ヤングのような人物は、単なる「投資家の代理人」ではなく「制度の信託者」として捉えるべきであり、その相手は株主だけではなく従業員や消費者・一般公衆を含めた人々だというのである。

バーリの転回と社会的背景

このドッドの批判に対するバーリの直接の対応は否定的なものであった。「経済学および社会理論の問題としては、ドッド教授の主張は正しいだけでなく、よく知られたことである。……しかしそれは理論であって実際ではない。産業の〝監督官〟は今日自らを君主とは考えていないし、彼はコミュニティに対する責任をとっていない。……彼の理論上の機能の達成を強めるいかなるメカニズムもいまだ見られない」(Berle［1932］pp. 1366–1367)。

しかしその約二十年後、バーリは『二十世紀資本主義革命』(一九五四年)のなかでこの論争を振り返り、すでに社会的現状においてドッドの見解のほうが広く受け入れられていることを認めるにいたっている(Berle［1954］Ch. 5)。バーリの挙げる具体例は、U・S・スティールやスタンダード石油会社による教養大学への寄付行為の実践や、二十九もの州での会社の慈善・教育への寄付行為を認めた法律の制定、さらにはニュージャージー最高裁での会社の寄付行為の合憲判決などの動向である。つまりバーリは、現実の社会の変化を受けて「社会的責任」の内実の変化を認めるにいたっているわけである。

その後もバーリは社会的制度となった法人企業の意味について、そしてそこで要請される社会的責任の問題について考察を展開していった(Berle［1954］［1963］［1968］)。また共著者であったミーンズは、経営者支配という意味での法人革命が経済学にとってもつ意義について考察を深め、ニューディール期の政権参加の経験もふまえつつ、その後、『企業の価格決定力と公共性』(Means［1962a］)をはじめとする論考を展開していく(Means［1962b］所収の一連の論考、Means［1968］など)。そこには経済学と公共性、私益追求と公益実現の乖離の再調整というアメリカの制度派経済学全般に見られる問題意識を見てとることもできるだろう。

社会的責任からの揺り戻し――バーリとハイエク

しかしこうして変化したバーリの態度とはちょうど逆に、一九六〇年代になると多くの論者がバーリが当初示していた態度、つまり（社会全体のではなく）株式所有者の信託者として経営者を捉える観点への賛意を表するようになっていく（Friedman［1962］, Israels［1964］）。皮肉なことに、かつてバーリを批判したドッド自身も立場を変え、以前のバーリの立場に与《くみ》するようになる。

このあたりの動向をうかがい知るうえで興味深いのが、一九六〇年に出版された論集『二十年後の会社と経営』（Anshen & Bach［1960］）である。これはカーネギー工科大学の工業経営大学院の第十回記念祭の行事として、十五名の著名な研究者・経営者が集って行なわれた討論会の記録である。この論集でバーリと経済学者F・A・ハイエクはそれぞれ「民主社会における会社」と題された同名の報告を行なっているが、その立場はまったく対立するものとなっている。

すでに株主主権論から離れ、人々の企業観のさらなる変化を展望するバーリと対照的に、ハイエクは会社が社会的考慮のもとに政策を立てねばならないという「はやりの考え方」を批判して次のように述べる。「わたくしの主張したい点は、もし会社が有用な存在となるよう、会社の権力を制限したいならば、株主によって委託されている資本の利益を生むための使用、という特殊の目的以外のものはすべてこれを制限してしまわねばならぬ、ということである」（Anshen & Bach［1960］邦訳 八九頁）。

皮肉なことに、この株主の利益を強調するハイエクの主張は、一九三二年の時点でバーリが与していた立場である。[6] こうして、株式会社の社会的責任をめぐる見解の現在にいたる対立軸が明示されることになる。

その後の大企業論の社会的責任論――ハイルブローナーのフリードマン批判

その後も経営者・大企業の社会的位置づけをめぐる論議は展開されていく。J・バーナム「経営者革命論」、J・K・ガルブレイス「拮抗力」など、「経営者資本主義」をめぐる論点は多くの論者によって展開されていった。また巨大資本のもたらす社会的影響をめぐっては、ラディカル・エコノミストたちの問題提起も含め、さまざまな論議が展開されていった。それは経済社会の構造変化をめぐる論議の展開であるが、同時にわれわれは、そこに法人企業の社会的責任をめぐる問題意識の系譜を読みとっていくこともできる。

そうしたなかでも、経済学者であり経済学史家としても有名なR・L・ハイルブローナーのM・フリードマン批判は、社会的責任論の「現在」を考えるうえで取り上げるに値するだろう。彼は本書序章ですでに見たフリードマンの『資本主義と自由』における企業の社会的責任批判を取り上げて、それが一定の説得力をもつことを認めたうえで三つの観点から批判を加えている（Heilbroner *et al.* [1972] 邦訳 二〇八頁）。

第一に、実際のビジネスマンは（理論上の想定と異なり）純粋な自己利益だけで動きたがらないものである。第二に、フリードマンはビジネス活動と（そのルールを設定する）政府が独立であると想定しているが、ルールを作る政府機関の現状は規制対象業界の支配下にある。第三に、株主が企業に対して行使できる所有者の権利とは、中小企業の所有者が自らの資産に対しもっているものとは異なる。企業の収益は労働者と経営者と大衆の欲望の三者が組みあわさって生み出されるものであり、その三者は株主よりはるかに正当な権利を有するといえるのだ、と。

「企業の政治化」へ

こうしてフリードマンの見解を批判するハイルブローナーは、企業の社会的責任を完遂するためには、企業の良心なるものに訴えるだけでなく、もっと実質的な効果をもちうる対策が必要であるとしている。「企業分割」や「国有化」がいわれることもあるが、それは現実的でもないし弊害も大きい。そこでハイルブローナーが提起するのは「企業の政治化」である。第一にそれは、経営者・投資家(機関投資家を含む)双方に自らの行為の社会的結果について目覚めさせることである。[7] そして第二に、企業の組織・責任あるいはそれに対する罰則などに法的な変化を加えることだ。第一の方策は、具体的には、企業行動が環境や人種問題などにもたらす影響の徹底的調査を行なうことで人々の考えや行動に影響を与えることである。第二の方策、つまり法的規制の効果については、ハイルブローナーはラルフ・ネーダーのような大企業批判者のあいだでさえ悲観的であることを認めたうえで、公害規制や消費者の尊重といった点では(かつての労働規制と同様に)法的規制が大きな役割を果たしうるとしている(*ibid.*, 邦訳 二二三-二三四頁)。

ここでハイルブローナーが主張していることを、単なる法令順守(コンプライアンス)論と解してしまうことはできないだろう。彼の「企業の政治化」論に読み込むべきは、企業行動に由来するさまざまな問題を言挙げし、関係者に情報を伝えることでそれぞれの行動に影響を与え、公共的な議論を喚起するというダイナミズムである。そこにはビジネスの論理にもとづく行動に対し疑問と意義を申し立てるという倫理的局面が介在することになる。

四　責任はどう問われるべきか

出自と来歴を経たのちに

さてここまで、社会的責任論がいったいどのような問いとして問われはじめたのか、その「出自」と「来歴」をたどってきた。ドーナムの言説に典型的であるように、「社会的責任」「倫理」がもともと巨大な機構と化した株式会社の運営にあたる人々の「専門職倫理」として要請されたこと、経営者や企業の社会的責任をめぐる論議のなかで「社会的責任」の意味するものについて時代を通じた〝揺り戻し〟やサイクルがあったことなどを見た。バーリ自身の揺れからは、巨大法人企業の社会的責任という問いが問われはじめた当初から、それをどのようなものとして受け止めるべきかをめぐる振幅があったことが見てとれる。それは企業の存在とその行動の影響力の大きさから、社会のなかでその責任が要請されてきたプロセスでもあった。

こうして二十世紀初頭にはじまる論争を見てみると、二十一世紀の日本における論議がある種の

〝再演〟であることに驚かされる。もちろんこれは、この問題にすでに解答が出されているということを意味するのではないし、そんなことはありえない。しかし、有限責任の株主たちの広範な出資にもとづく巨大企業の活動がもたらす問題の「責任」を誰にどのようにゆだねるべきなのかという問題は、ここにすでに見てとれるとはいえるだろう。ではこうした歴史的経緯から、現代の本質論的な「そもそも論」と規範論的な「どうする」論をどう調停していけるだろうか。

責任の割り当てと中間組織

ここでさらなる補助線として参照してみたいのは労働経済学者の猪木武徳の所説である（猪木［二〇〇三］）。猪木は企業が単一の意思をもった主体として捉えられないこと、そして企業が税の計算・徴収の代行や社員の福利厚生をも担う「社会的存在」であるという視点から、企業の社会的責任の問題を論じている。猪木は経済学者T・シェリングの所論を引きながら、責任があるのに果たしていない「無責任」と、そもそも責任の所在が不明確な「責任性の欠如」とを峻別したうえで、後者に関しては責任を人工的に（政策的に）割り振る必要性があると論じている（猪木［二〇〇三］一四四－一四六頁）。

そのうえで猪木は企業行動の「行きすぎ」を是正するものとして、自発的でも強制的でもない中間組織による自己規制の可能性を示唆している（猪木［二〇〇三］一四六頁）。猪木がここで想定するのは個別企業と業界団体との関係であり、具体例としてＪＩＳ規格やサマータイム制度などを挙げる。

この猪木が強調する中間組織の重要性は、企業行動だけでなく、個人についてもいえるかもしれない。企業と中間組織の場合には自己抑制のためのその役割が重要となるのに対し、個人と中間組織についてはむしろ個人を賦活し公的な回路への仲立ちをする役割が重要となるだろう。消費者団体や労働組合だけでなく、本書第二章で論じられるさまざまな社会的企業などには、個人では担いきれない応答責任を担う役割も期待されることになる(8)。

公共的討議と責任

猪木の指摘から示唆を得るべきは、社会的責任の「本質論」ではなくその「適切な割り当て」こそが重要だということだろう。企業の社会的責任とは決して自明なものではない。しかしそれなしですませられるものとも言い切れない。結局のところ、これまでその言葉が担わされてきたものを引き受けつつ、新たな責任の割り当てを行なっていくこと、これが適切な位置づけということになるのではないか。

企業行動の帰結・影響がさまざまな形で指摘され、論じられ、責任が割り当てられていくこと、「企業の社会的責任」はそうしたプロセスにおいて要請されるものであり、決してアプリオリに企業に義務として与えられるものではないはずだ。それは経営者のリーダーシップを要請するかもしれないし、消費者のさらなる主張が必要となるのかもしれない。さまざまな社会的企業の登場も人々の企業観を多様化することになるだろう。そしてまた、そうした声は経済社会の基本ルールをめぐる議論として、立法レベルでの措置へとつながるものともなるだろう。「企業の社会的責任」とは、そうした多様な声とその応答のなかで割り当てられるものであり、先験的に定義できるものではないことになる。

ここまで「企業の社会的責任」の出自と系譜を見てきたわれわれにとって、まず問題となるのは経営者の責任論の再審ということになるかもしれない(9)。しかし問題が「専門職(Profession)」としてのビジネス従事者にあるとすれば、ことはいわゆる経営者の責任にとどまらないことになる。さまざまな部門で専門的知識が必要である現在のビジネスにおいては、各人各位がその専門職倫理を問われることにもなる。またそれぞれの職場・持ち場でしか知りえない知識にまで話を広めれば、あらゆる個人に責任が問われることにもなる。まかり間違えば、組織全体の責任が、声を挙げなかった個人にまで問われることになってしまう。責任の不足が問題であるのと同様に、この責任の過剰も問題である。どのようにこれを適切な程度に抑えるか。ここに責任の社会的割り当てをめぐる公共的討議の困難と重要性が存することになる。

エピローグ

企業、とりわけ巨大企業のビジネスは、その当事者のみならず、多くの影響関係を広範囲にもたらす。また企業活動が可能になるのは、国やコミュニティの活動が円滑に執り行なわれているからこそでもある。そうしたビジネス活動にともなう与件との関連性・依存性（relevance）を逐一捉え返すことは、ビジネス活動の関係者をより広く捉え返すことになる（Mitchell［2001］）。また、一般的なビジネス活動が広い意味での社会資本に拠ることで可能になっているという側面を描き出すことで、隠されたフリーライドに焦点を当てることにもなるだろう。

これは利益追求活動において与件とされる制度やルールについて再考することにつながる。それは、まさにビジネス活動の社会的帰結についての価値判断を交えた公共的討議を要請することになる。討議の前提としては〝問題の所在〟を指し示す知的営為が必要となるだろう。そこでは〝これまで何がどのように論じられてきたのか〟を振り返る作業が不可欠となるはずである。

こうしてたどり着いた暫定的結論は、問題の指摘と告発を通じた消費者や投資家の行動変化と法的な規制によって、社会のなかの企業という存在に過剰でも過少でもない適切なレベルでの責任の割当てがなされていくべきだ、というものである。これは先に見たハイルブローナーの「企業の政治化」のプロセスの延長にあるものといえるだろう。(10)

冗長な思想史的回顧を経たうえで、このような平凡きわまりない結論はいささか拍子抜けするものかもしれない。しかしこれは、巨大法人企業という組織体がわれわれの社会のなかで必要欠くべからざる構成員であることの裏返しでもある。「企業の社会的責任」なるものを巨大な富の集積体が気まぐれに行なう慈善のごときものと考えるのではなく、企業という市民社会の多様な構成要素の一つが果たすべき応答責任と理解するのであれば、J・ベイカンらもいうように結論はそのあたりにならざるをえないのではないか（Bakan［2004］邦訳 二〇七 - 二一三頁）。

巨大企業を廃すべき／排すべき異物としてでなく遇するのであれば、企業行動に対する言挙げとその位置づけ直しのプロセスは、経営者という専門職に（のみ）ゆだねてよしとすませられるものではない。また政治家・官僚という別の専門職にゆだねてすむものでもない。それは企業活動にさまざまな形で関係せざるをえない人々の、言挙げと応答を通じた公共的な討議によって担われていくべきものとなる。

> こうして結局われわれは企業および国家とともに生きなければならないのだろう。……だからといって企業責任を追及する努力はむだになってしまうものなのだろうか。答えは逆である。企業が存続するがゆえに、その責任を追及することが一時的な弊害を矯正することよりはるかに深い意味を持つのである。社会に対し敏感に反応し、かつ責任を取る企業を創り出すことは同じような敏感さと責任を持った国家を作り出す第一歩であり、これこそ今日最も重要な社会的課題であろう。（Heilbroner *et al.*［1972］邦訳 二三七頁）

◆注

（1） 朝日新聞サイト内、「朝日新聞・企業市民賞」より（http://www.asahi.com/shimbun/award/kigyo-shimin/）。

（2） 日本経済団体連合会サイト内、「CSR（企業の社会的責任）に関するアンケート調査結果」より（http://

www.keidanren.or.jp/japanese/policy/2005/066.pdf）。

（3）「暮らしフェスタ東京」（東京都消費者月間実行委員会）サイト内、「『企業の社会的責任』と『企業不祥事』について」より（http://www2.convention.co.jp/consumer/pdf/enquete-report.pdf　および　http://www2.convention.co.jp/consumer/pdf/question-summary.pdf）。

（4）アメリカのビジネス・エシックスの通史であるMcmahon［1999］などでもこの動向についてはなぜか触れられていない。唯一の例外はHeald［1970］である。この本は企業の社会的責任の問題を中心とした詳細な通史として稀有のものとなっている。

（5）当時、倫理コード制定は業界団体の協力的・協調的行動のさまざまな試み（カルテルやプール制など）の延長に位置づけられるのが一般的であり、〝ビジネス慣行の規格化〟を通じた一種の競争制限のための方策だと見なされていた。だが一方で、ビジネス環境における効率化の推進・信頼の醸成・社会倫理へのプラスの影響などの観点から、肯定的な反応も見られたのである。この一連の動向については、佐藤方宣［二〇〇五］の参照を請いたい。

（6）ただしハイエク自身の法人論も、企業間の株式持合いを禁じるなど非常に興味深いものである。ハイエクの法人論については江頭［二〇〇七］に詳しい。

（7）現代風にいえばこれは「社会的責任投資」につながるものといえるだろう。ところで社会的責任投資の理解をめぐる現在の混乱は、フェア・トレードをめぐる問題といささか似たところがあるように思う。批判する側はそれが必ずしも投資家に利益をもたらさない、きれいごと・絵空事であると批判する。しかしそれが利潤動機からでなく一種の社会的コミットメントとしてなされるのであれば、社会的責任投資が資源配分に「悪影響」をもたらすとの批判は相当に奇妙なものに思える。フェア・トレードの普及が需要構造という企業にとっての与件の変化に過ぎないのに似て、社会的責任投資の普及は、単に自然環境や労働環境への配慮という事業の投資環境が変化することに過ぎない。

（8）ただし日本における中間組織の意義・位置づけについては、井上達夫による警告も考慮すべきだろう。井上達夫は日本社会における「中間共同体の専制」に警告を発し、「過剰な個人主義の貧困」が問題となるアメリカと違い、日本では個人権の確立こそが重要であると指摘している（井上達夫［二〇〇一］）。

(9) 日本でも、少なくとも一九七〇年代までは、「経営者」の社会的責任こそが問題とされていた。一九七三年三月の経済同友会「社会と企業の相互信頼の確立を求めて」や一九七三年五月の日本経団連「福祉社会を支える経済とわれわれの責務」でも、それぞれ経営者の責務が強調されていた。しかし奥村宏が批判しているように、バブル崩壊後に興隆してきた社会的責任論議のなかで「経営者」の責任は後景へと退いていく(奥村[二〇〇六])。たとえば二〇〇四年の日本経団連「企業行動憲章」では「企業」の社会的責任は強調されているものの、そこに「経営者」の文言はない。

(10) そのプロセスのイメージを喚起する具体的手立ての一つとしては、「株主代表訴訟」に関する蓄積が参照可能である(株主オンブズマン編[二〇〇二])。また「公益通報」の位置づけも重要となるだろう。その際、公益通報者保護法では脱税とともに違法政治献金に関する通報が保護対象にならないという日本の現状は問題となるかもしれない(櫻井[二〇〇六])。さらに企業と政府との関係では「政治献金」の問題もある。日本ではアメリカと異なり、一九七〇年の八幡製鉄政治献金事件の最高裁判決で、会社は自然人たる国民と同様に(政治献金を含めた)政治的行為をなす自由を有するとされた(奥村[一九九五]第六章)。この点も社会のなかの企業という存在をどう考えるのかを考える際に大きな争点の一つとなるだろう。

◆ブックガイド

土屋守章『企業の社会的責任』(税務経理協会、一九八〇年)

昨今の軽佻浮薄なCSR本とは一線を画する重厚な論考群。本書やロバート・ハイルブローナー『利潤追求の名の下に』(日本経済新聞社、一九七三年)など、大企業活動の市民生活への甚大な影響がリアルなものとなった一九七〇年代の論議の蓄積は、いくたびも立ち返るに値する。

モレル・ヘルド『企業の社会的責任――企業とコミュニティ・その歴史』(企業と制度研究会訳、雄松堂、一九七五年)

企業の社会的責任をめぐる動向を十九世紀から丹念にたどった通史。この問題を歴史的視点から考えようとするときには欠かせない本となるだろう。本章を書くにあたっても、いやそもそもの問題意識形成にあたって、大きな示唆を受けた。

デービッド・ボーゲル『企業の社会的責任（CSR）の徹底研究　利益の追求と美徳のバランス――その事例による検証』（小松由紀子・村上美智子・田村勝省訳、一灯社、二〇〇七年）

原題は *The Market for Virtue*。膨大な文献渉猟にもとづき、市民規制や「美徳の市場」が実際に企業行動にどのような影響を与えているのかを精査するなかで、CSRの可能性と限界を見定めようとする書物。目配りの良さとバランスのとれた叙述は、立場の異同を超えて大いに参考になるだろう。

奥村宏『株式会社に社会的責任はあるか』（岩波書店、二〇〇六年）

会社は誰のものかという問いは、企業間の株式持合いが常態化していた日本ではとりわけ複雑な問題となる。『法人資本主義』（御茶ノ水書房、一九八四年）以来、流行とは無関係に一貫して独自の株式会社論を展開してきた著者の所論から学ぶものは多い。

ロバート・B・ライシュ『暴走する資本主義』（雨宮寛・今井章子訳、東洋経済新報社、二〇〇八年）

ライシュは企業の社会的責任への過度の期待に警告を発し、法人格の廃棄を主張する。一見ラディカル過ぎるように見えるその姿勢の背後には、経済活動が市民としての活動の一部に過ぎないことを強調するたしかな姿勢がある。

第二章　社会的企業
――どこまで何を求めうるか

髙橋　聡

プロローグ

今世紀に入って以来、NPO、社会的企業（起業）、市民事業、コミュニティ・ビジネスなど、新しいタイプの事業（ビジネス）を表わす言葉を目にする機会が増えた。わが国でいえば、すでに一九九〇年代より、阪神大震災でのボランティアの活躍、不況と失業者数の増加、少子高齢化の進行にともなう福祉サービスの担い手不足の問題などから、中央政府に頼らぬ自立と自助の新たなアプローチの必要性は知られていた。しかし認知度の飛躍的な高まりは、何といっても一九九八年のNPO法（特定非営利活動促進法）と二〇〇〇年の介護保険制度の導入によるところが大きい。

そこで新しい事業を知ろうとしていくつか本を手に取ると、はじめにとまどいを覚えることが多い。それらはいずれも二十一世紀の新しい経済システムの到来をうたう。しかしいざそのイメージを頭のなかで思い描こうにも、どこかすっきりとしない語り方が多いのである。たとえばある本の帯にはこう記されている。

新しい経済社会とコミュニティへの展望。ボランティア、NPO、NGOなど「第三の市場」の可能性を追求する。（下河辺・香西編［二〇〇〇］）

別の本を手にとると、次のような文章が目に飛び込んでくる。

〔社会起業家は〕もちろんボランティアではなく、かといって営利を追求するだけではない。彼らの行動の基本には、地域市民と地球市民、その両方の利益を考慮しながら、同時に自立できるだけの経済的基盤をきちんと築く、という発想がある。（斎藤槙［二〇〇四］二七‐二八頁）

彼ら〔社会起業家〕は、まだ活用されていない資源――人材、建物、設備など――を見つけ出す。そしてそれらを、潜在的な社会的ニーズを満たすために活用する方法を発見する。彼らの活動の場は、伝統的な公的機関、民間の企業、また革新的なボランティア組織にまたがっている。（町

田［二〇〇〇］四三 - 四四頁）

著者たちはほぼ共通のイメージをもって、従来の経済システム（市場と政府）とはちがう新しい何ものかを示そうとしている。しかし、ひとつひとつの言葉の意味が拡散し、その全体像をクリアに描くことは難しい。たとえば次のようなナンセンスな理解にもなりかねない。

――ボランティア、NPO、NGOを総称して社会的企業（起業）と呼び、その活動フィールドを第三の市場と呼ぶらしい。それは市場でも政府でもない。営利追求一辺倒ではなく社会的な利益を目指す。だからといってボランティア一辺倒というわけでもない。それでいて、市場、政府、ボランティア組織のいずれともある程度関係しているらしい――

「第三」とはどういう意味なのか、新しいビジネスは市場に属するのか、それとも政府に属するのか、そのどちらでもないのか、どちらともいえるのか、やはりはっきりしない。また新しいビジネスが進出するフィールドも実に広範である。福祉、環境、消費者運動、金融、住宅、雇用創出、地域（コミュニティ）経済振興、人権……と、経済と政治のあらゆる領域、あらゆる問題をカバーしうるかに見える。さらにいえば、古くからある協同組合や共済組合なども、利潤追求を第一の目的とせず一定の社会的目的を担って活動する事業である。これは新しいビジネスとどのような関係にあるのか。

このように意味の拡散はとどまることを知らない。

そこで本章では、まずアメリカとヨーロッパのこれまでの学説を対比・整理し、新しいビジネスを包括して、社会的企業というコンセプトから説明されることを示す（第一節）。次に従来の社会的企業論では、市場でも政府でもなくとか、または両者に関係するというあいまいな定義に終始するものが多い。あるいは営利企業と異なる原理として、時として反市場的立場からその社会的・道徳的性格がとかく強調される。しかしここでは市場と政府（公共）の中間というその特徴について、市場理論ベースの説明も可能であることを、J・M・ブキャナンのクラブ財理論に従って検討する（第二節）。ただし市場の成立にあたっては、実は市場のロジックを追究する理論だけではすくい切れぬ資源が必要である。そこで最後に、市場のロジックの徹底だけでは望めぬ、社会的企業のまさに「社会」的性格がどこに問われるかという点について、R・パットナムのソーシャル・キャピタル論を援用しつつ、問題点とともに考察を試みる（第三、四節）。

一　社会的企業とは

アメリカとヨーロッパの学説

冒頭から新しいビジネスを指すさまざまな言葉が飛び交った。それらは、市場（私企業）でも政府でもないという意味で両者の中間領域に位置する組織や事業である。英語ではこれを第三セクター

（サード・セクター）と呼び、フランス語では社会的経済（エコノミ・ソシアル）と呼ぶ。両者はほぼ同義語として言い換え可能とはいえ、アメリカとヨーロッパの歴史的、思想的背景による違いがあり、これが、学説のカバーするビジネスの範囲の違いにも反映されている(1)。

アメリカでは、利潤分配の有無すなわち営利（for profit）と非営利（not for profit または non profit）が、他のセクターとの境界線となる。たとえばアメリカのNPO研究をリードするジョンズ・ホプキンズ大学のL・M・サラモンのプロジェクトでは、組合員への利潤分配を理由に協同組合と共済がサード・セクターから除外される。

歴史的に見れば、アメリカでは独立による連邦政府設立に先んじて、イングランドの伝統であったコミュニティが移民によって営まれていた。それゆえ住民による自治とアソシエーションが、社会形成にとって欠くことのできない原理であった。それはすでに、A・トクヴィルの『アメリカのデモクラシー』において描き出されている。「アメリカ人が市民生活で行うアソシエーションの使用について」と題して、彼は感嘆の念をもって次のように述べる。

すべてのアメリカ人は、年齢、社会的地位、気質のタイプを問わず、常にアソシエーションを形成している。全員が参加する商工業関係のアソシエーションだけでなく、宗教的なものや道徳的なもの、真剣なものから取るに足らないものまで、巨大なものからごく小規模なものまで、多種多様な形態のアソシエーションが無数に存在する。祭りを祝うために、神学校を設立するために、宿を建築するために、教会を建てるために、書物を普及するために、遠隔地に宣教師を派遣するために、アメリカ人は団結する。彼らはこのようにして、病院を、刑務所を、学校をつくる。（Tocqueville［1835-1840］邦訳 下 二〇〇-二〇一頁）

これに対してヨーロッパでは、伝統的身分や資本主義的階級といった社会内部の闘争に起源をもつ組織が、現在の社会的経済の源流である。労働組合のような運動組織、共済のような相互扶助（連帯）組織、協同組合のような事業組織が、ソシアルという語から連想される組織である。それゆえ社会的経済では、利潤分配自体の有無による区分よりも、利潤制限や利潤分配の民主性つまり資本よりも人間と労働の優先という点からの区別を強調する。

社会的経済（協同組合、共済、アソシエーション）

社会的経済は図1のような図式によって表わされる。この図式は、社会的経済コンセプトを今日あらためて提唱したH・デロッシュのプランである。社会的経済に含まれる三種類の組織（協同組合、共済、アソシエーション）[2]がいかなるものなのか、簡単にそれぞれの特徴を見ることにしよう。[3]まず協同組合は、消費、生産、住宅、金融など、あらゆる産業部門に進出しており、ボランタリーな協働が優先される点で市場の営利企業と異なる。ただしこのような本来の意義は近年では薄れてもいる。協同組合は、採算がとれず資本主義的企業が進出できない空白のセクターを埋めていた。その意味で、

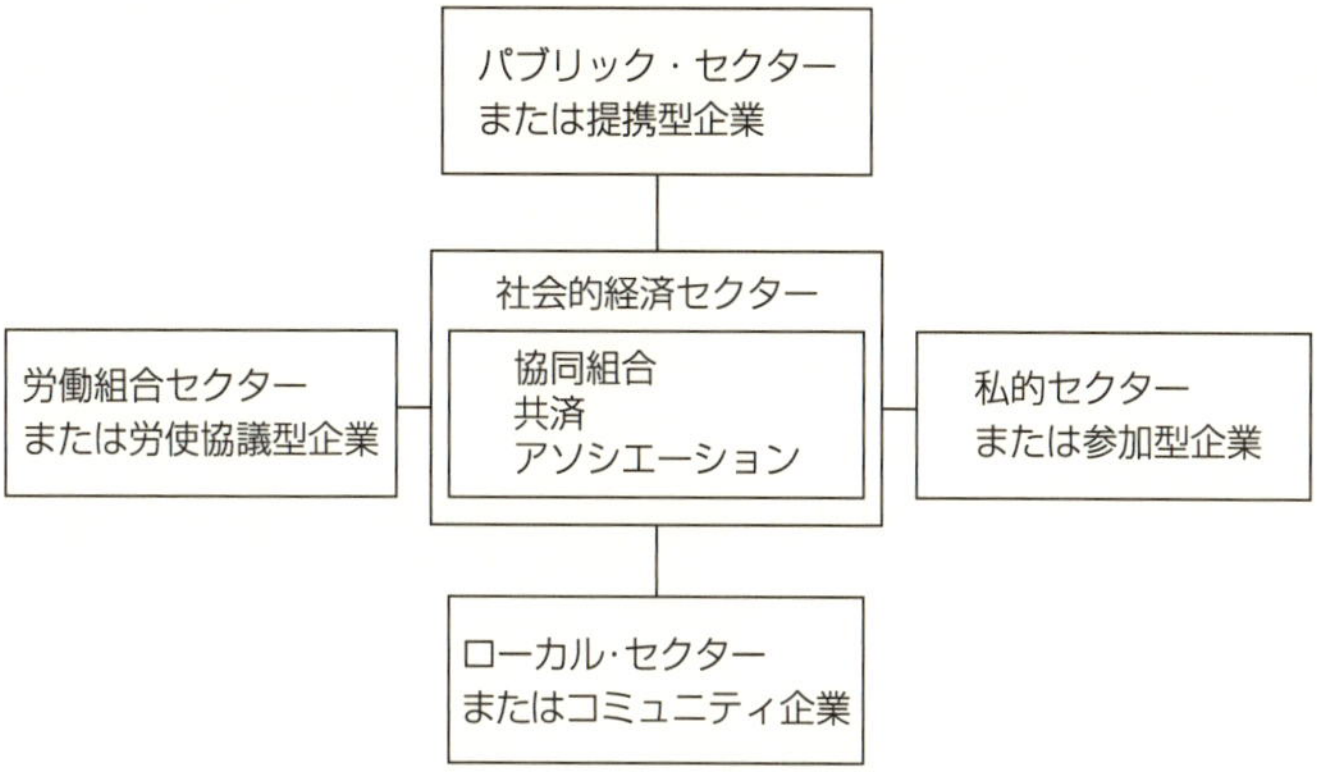

図１　セクター間の図式

出所：Desroche ［1987］

両者のあいだには一定の相互補完の関係があった。しかし近年ではこれは競争原理にとってかわられている。まず、収益性と債務返済能力という市場原理の制約によって、協同組合も営利企業の経営原理をとらざるをえなくなっている。次に、協同組合の活動していた多くの分野が市場化されて収益の上がるものになり、多数の営利企業グループが協同組合固有と見なされていた分野にまで進出している。これにより協同組合が従来の分野で競争から守られなくなった。そして最後に、国もまた、協同組合が競争的企業として活動することを奨励し、市場競争力をもつよう促しているのである。

第二は共済である。これは、個人のリスク（医療・家族・年金・雇用）に備えて給付を行なう社会保険と、財産のリスクに備える損害保険とに分かれる。社会保険とは別に個人が任意で加入する非営利型共済では契約された定額保険料か、または賃金に比例した保険料を払い込む相互扶助（連帯）原理を応用する。営利型保険会社と異なる点は、年齢や性別などによる加入条件の差別が認められない点にある。その意味で共済は、医療や年金などの社会保険の補完的役割を果たす。

第三はアソシエーションである。アソシエーションは、通常、協同組合や共済なども含めて広く結社一般を指す言葉であるが、ここでは狭義に非営利組織（NPO）だけを指す。アソシエーションは、個人が供給するには費用があまりに巨額となり、個人供給だけでは需要を満たすに足るだけの供給ができない公共財や公共サービスを提供する。これは三種類に分類される。まず権利保護を目的とするアソシエーションとして消費者団体、借家人組合、労働組合がある。次に社会サービスのアソシエーションがある。これは、病気、失業、貧困などを理由に不利な境遇におかれた人々に対してサービス給付や就労支援を行なうことで、社会的格差の是正を目指す。そして最後に、女性解放運動、エコロジー、政治クラブなどの意見表明（アドヴォカシー）のアソシエーションがある。これは社会的な実践活動に積極的に参加することで、政策の実行を促すことを目的とする。そのほか、スポーツ・クラブ、教育・研究、文化、余暇、父母会、慈善、宗教などの団体が非営利アソシエーションに該当する。アメリカでの研究の主流であるＮＰＯやトクヴィルが発見したアメリカのアソシエーションも、このような非営利組織に分類することができる。

社会的企業論

社会的経済（またはサード・セクター）論は今世紀に入って刷新され、社会的企業論と呼ばれるようになった。[4] 先に述べたように、協同組合・共済・非営利組織（NPO）は一括りにして、社会的経済セクターやサード・セクターとされていた。しかしよく見ると、市場と非市場の領域の間には一定の緊張関係が存在するのである。協同組合は市場での供給を目標にしており、市場で労働者を雇用する。これに対してNPOの活動は、このような市場的性格は弱く、寄付、補助金、ボランティア労働など非市場領域から生産要素を多く調達する。もう一つは、受益者を誰とするかという点での緊張関係がある。これは、会員利益を図るのか、それとも社会の一般利益を図るのか、すなわち誰をステークホルダー（利害関係者）にするのかという問題となる。協同組合や共済は、出資金を拠出する会員（組合員）の利益を図る組織である。これに対して反貧困・反社会的排除・環境保護などのNPOの利益は、会員自体よりも社会一般が受け取る。このような市場対非市場、会員利益対社会的利益という二つの緊張関係のあいだに浮上するコンセプトが、社会的企業なのである（Defourny & Nyssens［2006］pp. 7–9）（図2）。

図2の左の円はヨーロッパの伝統的な協同組合と共済の領域を表わす。右の円は、アドヴォカシー型NPO（例えばアムネスティやグリンピース）やアメリカNPOセクターの領域を表わす。左に向かうほど市場志向を、右に向かうほど非市場志向を表わす。二つの円の重なる中間領域の社会的企業は、会員利益と社会的利益の両方の実現を目的にする。各国の法制度の都合次第で、それは協同組合形態をとることもあれば、NPO形態をとることもあるし、個人のベンチャー企業やコミュニティ（または自治体）出資型企業となることもある。ヨーロッパに普及しつつある近年の社会的企業は、法的に

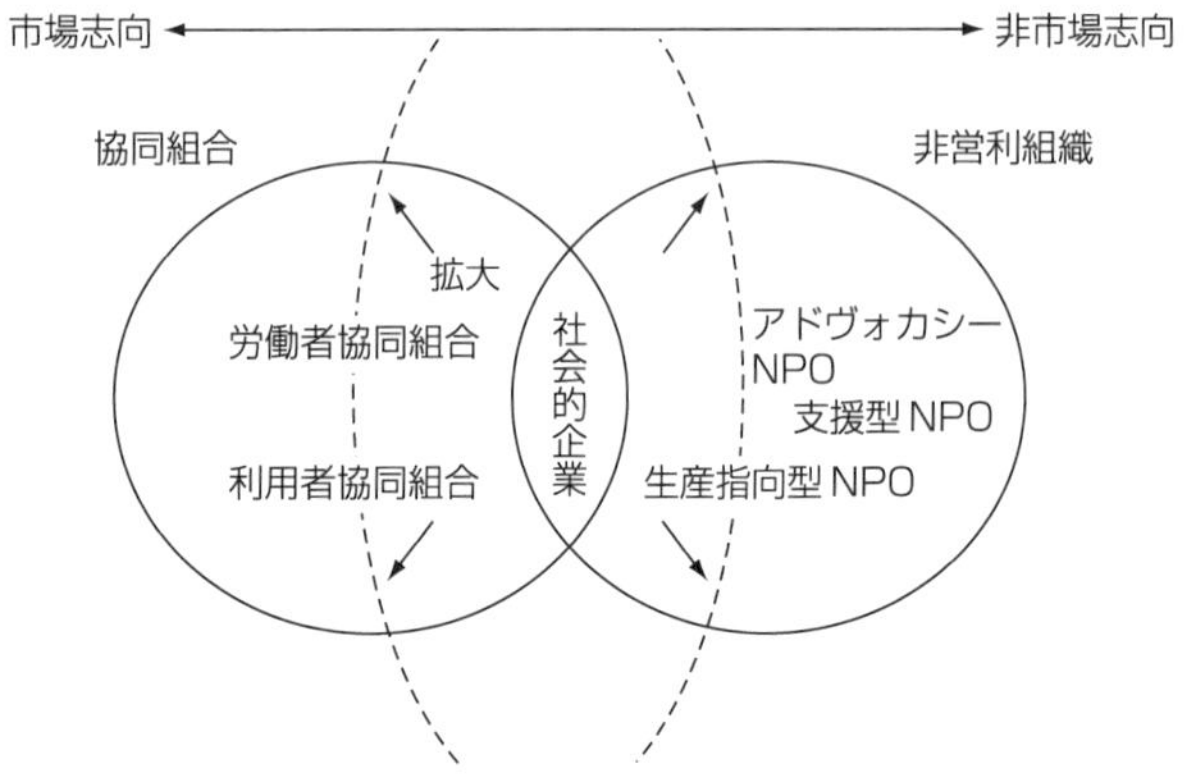

図2　協同組合セクターと非営利セクターが重なりあう社会的企業セクター

出所：Defourny and Nyssens [2006]

は協同組合形態をとりながらも自らの非営利的性格を強調している。これは、協同組合領域の営利性と伝統的NPOの掲げる社会目的をブレンドしたものといえる（Defourny et Develtere [1999] pp. 18-19)。

図2を見ると、社会的企業は伝統的なNPOよりも左に位置している。なぜならそれは、市場の収益性やリスク・テイキングも重視するからである。近年わが国で紹介されている社会的企業（起業）の多くはここに分類される。また、伝統的な協同組合が会員のみをステークホルダーとするのに対して、社会的企業は会員という枠を超えた一般利益志向が強い。それは、出資者だけでなく従業員、住民、行政、企業などさまざまな主体をステークホルダーとして、これらを互いに結びつけるのである。点線は、協同組合セクターと非営利セクターの相互接近によって二つの円の重なる領域が拡大する傾向にあること、すなわち社会的企業領域の拡大傾向を示している。

さて、以上に見てきたこれまでの社会的経済や社会的企業論では、市場・非市場・政府の三つのセクターの関係を図式化して説明を終えるものが多い。しかし図式化だけでは、社会的企業があわせもつとされる市場と非市場のロジックが何であり、両者がどのように関係しているのかまではわからない。以下では思想史的見地をふまえつつこの点を検討してみることにしよう。

二　市場の論理で語りうる領域

ブキャナンのクラブ財理論

社会的企業の起源の一つに社会主義（協同組合）の有力な系統がある。ここから論者によっては、これを「市場原理主義」や「グローバリゼーション」への対抗軸やオルタナティヴの出現と見る向きもある。しかし現在のムーヴメントは、市場化や「小さな政府」の路線への対抗というよりも、むしろこれを補完するものとして政策的に奨励されてきたと見るほうが妥当であろう。

ヨーロッパやアメリカでボランティアやNPOが注目を浴びるのは、一九七〇年代後半から一九八〇年代初頭である。アメリカでは、大恐慌以来ほぼ五十年間続いたニューディール体制（ケインズ政策）の後を受けて登場したレーガン政権が、民間とコミュニティのイニシアチヴやボランタリー精神の奨励を歳出削減や減税策と並ぶ政権公約として前面に押し出す（Salamon［1995］邦訳 一七三－一七四頁）。イギリスでは労働党ブレア政権が、サッチャー政権以来の新自由主義の基本線は維持しつつ

「第三の道」を打ち出す。そこでは、政府と市民の協力、地域主導のコミュニティ再生、サード・セクターの活用など「アクティヴな市民社会」が、ポスト福祉国家の代案とされている（Giddens［1998］邦訳 一三六‐一四九頁）。わが国の市場化政策（構造改革）を先導する経済財政諮問会議も、平成十七年度会議において、「二十一世紀型経済社会システムに向けて」と題して、年金・医療・介護等の社会保障の一体的見直しとNPOの活用（「NPO等多様な主体が支える公共サービスへの体制づくり」）をうたう。

このような「小さな政府」路線と社会的企業はいかにして結びつくのか、ミクロ経済学のロジックに即して確認しておこう。そこでは「市場の失敗」のケースの一つとして公共財が挙げられる。完全競争市場において供給される私的財には、ある財を一人の人物が消費すれば他の人は誰もそれを消費できないという競合性と、対価を支払わない者はその財を消費できないという排除性がある。これに対して政府の供給する純公共財（国防、外交、行政）には、一人の消費が他の人の消費を妨げずに全員の等量消費を可能にする非競合性と、対価を支払わない人の消費を妨げない排除不可能性がある。

この両者の中間にあるのが、地方公共財またはJ・M・ブキャナンがクラブ財と名づける準公共財である。例えば介護や障碍などの福祉サービスであれば、必要な施設や設備や人員を私的財として調達しようにも、費用がかかりすぎる。公共財は収益性の点で市場化が難しく、営利企業の参入の少ないものが多い。その一方で、中央政府による一律供給だけでは、個別の事情や地域的な特殊性に応じた質と量のサービスが提供されず、一部の者は満足できなかったり、利用をあきらめざるをえない。

表　社会的企業の運営メカニズム

	協同組合	共済	アソシエーション
役割	主に会員への財供給(広くコミュニティへの財供給も可能)。	会員とその家族への財供給。	会員ならびにその枠を超える広範なコミュニティへの財供給
生産方法と便益	市場領域での財・サービス生産。各会員は組合との取引回数や利用回数に比例して財やサービスから便益を得る。	基本的に非市場領域のサービス生産。会員はニーズに応じてサービスから便益を得る。	おおむね非市場領域の財・サービス生産。会員とコミュニティの利用の仕方次第では市場型も可能。
資金調達	資本持分(株式)への拠出(脱退時に返還される)。	定期的な会費徴収(脱退時に返還されない)。	定期的な会費徴収(脱退時に返還されない)。
剰余金分配	一部が組合員に分配された後、サービス向上と協同組合運動発展のための準備金となる。	会費の値下げまたは配当の増加に回されるか、準備金となる。	社会的に有用な方法で再投資される。

出所：Defourny et Develter [1999] Tableau 1 を一部変更して作成

このように市場によっても政府によっても需要に見合うサービスが生産されない財がある。すると、現状にあき足らぬ人々のあいだから、自分たちで費用をシェアしてでも財やサービスを供給しようとするイニシアチヴが自然に発生する（はずである）。このような自発的組織が数多く設立されて中央政府の福祉政策が補完されれば、その分だけ政府の財政支出は削減でき、しかも特殊なニーズにも可能な限りマッチしたサービス供給も期待しうる。実際レーガン政権では、ボランタリズムと民間イニシアチヴの復興を促すとして歳出削減が実施された。

社会的経済論のアソシエーション（NPO）で見た通り、それは、費用が巨額で私的供給だけでは需要を満たせない財を供給する組織とされる。これは私的財の排除性と公共財の非競合性を有する。つまり、混雑現象が発生しない限り、組合員全員がサービスを等量消費でき、会費や料金を支払わない者は排除される。先に挙げた社会的企業（協同組合、共済、アソシエーション）をその生産活動から分類すると前頁の表のようになる。

表に挙げる三種類の企業の特徴は次の通りである。それらは、市場と非市場の両方にまたがるとはいえ、いずれもボランティアのような純粋に利他的な非市場の活動ではない。それは政府介入を排し、個人から拠出される会費または資本だけでサービスや財を生産し、総費用は均等割りされる。企業の規模（人数）は不確定であり、会員は自らの便益の最大化を唯一の目的として、自発的意思によって自由に参加・脱退することができる。そしてここでの議論に必要な結論だけを述べると、以上の特徴を有する社会的企業の最適供給条件と最適な規模の条件がクラブ財理論から導かれることになる(5)。

この結論は、人間に利他的な慈悲や犠牲心といった動機を前提しなくても、極論すれば経済学が前提するホモ・エコノミクス（経済人）の完全に利己的な意思決定だけからでも、ニーズさえあれば最適人数に向けた協同組織が形成されることを示している。またこの理論では、クラブの公共性の度合いは、単純に人数の多少だけで示される。つまり、適正人数の値が大きければ、それだけクラブが供給する財は純公共財に近く、小さければそれだけ純私的財に近い（Buchanan［1965］邦訳 一四九頁）。人数が一であれば純私的財、無限大であれば純公共財である。つまりクラブ財理論から、社会的企業やコミュニティが、市場と政府のあいだのどこかの中間領域にあることが示されるのである。

ワルラスのプラン

ホモ・エコノミクスによっても協働は不可能ではない。このような考え方の先駆者として、一般均衡理論で知られるL・ワルラスの協同組合理論を取り上げてみることにしよう。クラブ財理論は、住宅・福祉・コミュニティ開発などに適用可能とされる。これらは、その地域に住む住民にとっては利用が非競合的であるが、地域外の住民は申し込みや利用ができないなどの理由で排除可能である。例えば、都市再開発やスラムの再生手段として、今日アメリカにはコミュニティ開発法人が、ヨーロッパには住宅協会（Housing Association）というNPOが存在する。その地域的性格またはコミュニティ開発の先駆を、ワルラスに見ることができる(6)。

彼の協同組合論（住宅・消費・生産・金融）では、各人が自らの貯蓄に応じて資本（株式）拠出する。貯蓄は特別な利他心を前提しない純粋に経済的な活動である。土地や建物などの資本は共同で保有されるが、利潤と損失は配当として完全に分配されるという意味で彼の協同組合は個人主義的である。

まず住宅協同組合をワルラスは大都市の労働者に向けて推奨する。イングランドの工業都市における劣悪な住環境が、労働者階級の堕落と悪徳の温床になっているとして、彼は教養ある労働者階級の住宅を提案している。ワルラスと共同で協同組合を経営したL・セイは、彼の理論に即してこう述べる。

イングランドでは、土地信用組合は建設のための融資を目的とし、パリのアソシエーションは建物自体の建設を目的とする。〔後者では〕家屋やわらぶきの家やコテージがめいめいに与えられるのではなく、組合が所有し続ける一軒の建物のなかの住居がめいめいに与えられるだろう。組合員は借家人であり、彼らは、自らメンバーとなっている組合所有のビルの借家人といえよう。彼らは片方の手で自分の家賃を支払い、もう片方の手でこの家賃が生む配当を受け取るだろう。彼らは所有者と借家人の性格を同一人物のなかで結合（アソシエ）するであろう。（Say［1866］p. 325）

次に、消費組合と生産組合については、ワルラスは大都市に不向きであると考えていた。なぜなら、人口の集中する都市部では人の往来が激しく組合員の安定的確保が難しい。競争が激しく、商品需要の規模も大きいことから安価の大量販売も実現しやすい。このような場所では、営利企業によっても消費組合の設立目的は十分達成される。実際当時パリでは、衣服、家具、生活用品、食料品など広範にとり揃えたデパート（「ボン・マルシェ」）が出現している。また生産組合も、中工業が多く集まるパリのような大都市にはやはり適していない。消費組合と生産組合はこのように大都市にはいずれも不向きとされる。その欠陥を補うのが信用組合である（Walras［1865］pp. 70–71）。

信用組合は、商工業者に対して設立時の融資だけでなく顧客斡旋も行なうとするところにワルラスのプランの特徴がある。信用組合は、三千人から四千人の借入人に対して、自らの組合員（預金者）を顧客として紹介する。借り入れをした商工業者は、顧客が自分たちの工場や店舗で現金購入する際に値引きに同意する。値引き分は顧客に直接還元されるのではなく、信用組合の彼らの口座に振り込まれ、持分（出資金）とされる。売手（商工業者）と買手（消費者）のあいだに立つ信用組合が、両者のあいだに入って値引分を徴収することにより、組合員の貯蓄が可能となると同時に信用組合も安定した運転資金を常に確保することができる。この貯蓄は、生産組合と消費組合の新規設立に際して再び貸し付けられる。このようにワルラスは、信用を起点にして生産または消費という順で、三種の協同組合の普及の道筋を考えていたのである。[7]

三　市場の論理を支える領域

信頼——顔の見える人間関係

ここまでは、ホモ・エコノミクスの行動原理だけからも社会的企業が組織され、普及することを示した。しかしそれは、ミクロ経済学のアプローチだけでは汲み尽くせぬ多様な目的をもつ。そもそも社会的な有用性とは、個々人の財やサービスの集計とは意味を異にする。社会的企業は、市場から報酬を得るだけでなく、国・地方自治体から補助金を得たり、非課税の恩恵を受けることもある。福祉サービスの提供や失業者のための仕事起こしなどの事業は、利潤を目的とするわけではない。そこで市場のロジックを離れて、文字通りの社会的・市民的組織として見ると、社会的企業は、市場を通じて調達する生産要素（土地・資本・労働）だけでなく、市場では調達できない非物質的、非貨幣的な資源を不可欠とすることがわかる。

このような問題はミクロ経済学では外部経済の問題として扱われる。例えば、一般均衡理論の精緻化をきわめたK・J・アローは、価格表示されない信頼関係に正の外部効果があると言う。彼は、「利己的動機にもとづくメカニズムには不安を感じるのが常である」と言う。人間はお互いの関係から疎外されたり顔の見えない匿名性を望まない。しかし、利己的動機にもとづくシステムでは、当人以外のあらゆる者とのこのようなつながりを無視するのである。こうしてアローは、最も把握しにくい価値ある財、しかも購入不可能で購入可能となるとかえって疑いをかけられる財として、「人間間の信頼」を挙げる。

> 信頼またはそれに類する価値、忠実さ、あるいはうそをつかないという価値は、経済学者が外部性と呼ぶ例である。それらも財であり、現に存在し実際的意味を持ち、経済的価値を担っている。それらはシステムの効率性を増加し、より多くの財を生産し、われわれが高い評価を与えるいかなる価値についても、そのより多くを産み出させる。（Arrow［1974］邦訳 一七頁）

信頼関係や正直さは市場での交渉に不可欠であり、取引費用を減らして効率性を高める外部効果をもつ。社会的・政治的関心からさまざまな社会問題に取り組む社会的企業であれば、私企業以上に信頼関係は重要となる。これについて考えることにしよう。

ソーシャル・キャピタルと社会的企業

信頼関係や正直さは価格表示しえない。しかしそれなくしては、利己的なホモ・エコノミクスどうしの自発的交渉も成立しない。市場経済の基底にあって市場自体を成り立たせるこのような人間間の道徳的関係は、近年ソーシャル・キャピタル（社会関係資本——以下、ＳＣと略記）というコンセプトによって見直されている。代表的論者であるＲ・パットナムによれば、それは「社会のなかに存在するネットワークおよびそのネットワークから産み出される互酬（réciprocité）と信頼の諸規則」（Putnam et Williamson［2000］）である。彼はその例証として、イタリアの北部と南部を対比し、両者の政治的・経済的パフォーマンスの顕著な相違の原因をＳＣによって解明する。人間の行動はいかに独立に見えるものであっても諸制度の影響を受けている。まず、人間のアイデンティティや行為は諸制度（教育・福祉・雇用・防犯・家族的価値の勧奨など）の従属変数である。次に、諸制度はＳＣの従属変数である。さまざまな制度がどのようにデザインされ、どの程度の実効性をもって機能するかは、制度が形成される社会的な文脈（社会慣習／道徳、市民的共同性、信頼、協力などの人間関係）とその歴史的経路に左右されるからである。

例えば北イタリア都市には、友人、同僚、隣人のあいだに責任と義務によって結びつけられた市民の共同の歴史があった。すなわち、「協同、市民的連帯という水平的な絆を特徴とする独特の社会的文脈から、政治経済の基本的諸制度に革命的変化が生まれ、次にはその政治的経済的進歩が市民的共同体を強化した」(Putnam［1994］邦訳 一五六頁)。連帯の伝統がある北部州では、信頼によって人間関係も開かれたものとなり、市民の積極的参加によって諸制度がよく機能し、経済発展にも好影響を与えている。逆に、このような伝統がなく経済発展も遅れている南部州では、相互不信感の強い人々が閉鎖的な家族単位で孤立しており、制度への参加よりも有力政治家やマフィアとのコネや恩顧を個人的に利用しようとする。

ここで「政治経済の基本的諸制度」の例を一つ挙げてみると、経済発展に不可欠な信用制度は、社会的連帯というSCによって育まれる信頼の産物である。

> 信用制度は、契約とその契約を律する法が公平に実施されるという相互信頼と自信を必要とした。語源的には信用は信じるに由来する。……北イタリアのコムーネ〔共同体〕に現れた市民的共和主義、諸団体のネットワーク、血縁を越えた連帯の拡大は、この信頼や自信の増進にとってきわめて重要であった。(*ibid.*, 邦訳 一五五頁)

先に見たワルラスの協同組合の普及プランでは、信用組合による融資と有限責任について客観的なルールが制度化されている。パットナムにならっていえば、その制度には、次のような具体的人間関係がベースとして存在する。

集団のなかの一人は、決められた上限の範囲内まで共同で保証してもらえる程度には他の全員からよく知られており、その彼もまた、自分に許される信用と同額までは共同して他の人の担保を引き受ける程度に、他の人々をよく知っている関係。（Walras［1865］p. 81）

理論上の仮設では孤立的なホモ・エコノミクスとはいえ、実際の組合員は損失を互いに担保しあえる程度の信頼関係を持つ知り合いどうしである。これを可能にするクラブの最適規模は中小規模を超えるものではない。協同組合の信用・共済保険事業は、直接的な人間関係にもとづくSCがあってはじめて可能であり、責任制度や信用システムの発達につれて、制度が直接的な人間関係を離れて独り立ちしてきたといえる。

連帯感——日常の社交

それでは社会的連帯や市民的共同について、具体的にどのようなイメージを描けばよいだろうか。連帯や共同というと、何か大きな理想や目標を掲げ、その旗の下に人々が結集するかのようにも伝わりかねない。だが、パットナムはそのようなことをいっているわけではない。彼のSCの定義である信頼と互酬のネットワークとは、日常の労働や生活の生身の人間どうしの交流から自然に形成されるつながりである。それは、トクヴィルが次のように述べるようなことであろう。

長期にわたって続けられる小公務の達成と、人目につかない親切な世話、恒常的な善行の習慣、そして公平無私の信頼のもてるほどの評判などが必要である。それゆえに大多数の市民は、地方的自由によって自分たちの隣人と親しい人々との愛情を尊重するようになる。そしてこの地方的自由によって、市民たちを引き離す本能にもかかわらず、人々は相互に絶えず近づきあうようになり、相互に助けあうようにされる。（Tocqueville［1835–1840］邦訳 下 一九六 - 一九七頁）

またJ・S・ミルは、社会の最下層にいたるまでの全階級が、政府に依存せず自らやるべきことを多くもつことの重要性を説き、「共同行動の習慣を養成することの重要性」と題して、次のように述べる。

政府が、民衆のみに関係した事柄の遂行をできるだけ民衆の能力に残しておくだけでなく、また彼らの共同事業もできるだけ自発的協働（voluntary co-operation）によって処理させるようにすること、というよりもそれらを奨励することがきわめて重要である。思うに、このように共同の利害を討議し処理することが、公共心の偉大な学校なのであり、そしてまた公共的なことに関する知

性の偉大な源泉なのである。（Mill［1848］邦訳 第五巻 三〇〇－三〇一頁）

ミルは英仏の協同組合を紹介して、これを「社会の道徳革命」「労働の尊厳性の高揚」と述べて、「人間の日々の営みの社会的共感と実践的知性の学校」（*ibid*., 邦訳 第四巻 一七二頁）とする。もっとも「人間の日々の営み」とは、彼が大げさに称揚するほどのものでもなく、ごくありふれたものである。

それは、クラブ、カフェ、居酒屋に行けば誰か知り合いがいて、新聞を読み、何気ない会話や食事を共にするなかで仕事や共通の知人に関する情報の交換があったり、あるいは皆で飲み食いをしながらシャンソンを歌うことで愉快になれるような情景を思い浮かべればよい。そして困ったことがあれば、互いに相談し、対話を通じて共に知恵を絞り、助けあう。(8) 例えば共済は、現在のように病気や老後の生活を保証する制度である以前に、友愛の関係を求める人たちの社交（人付き合い）そのものであった。共済は、「人々に宴会などによって親睦の場を提供し、いわば『社交性』を通じてつくられている人と人の絆を重要な支えとしていた」（喜安［一九九四］一七六頁）のである。

アソシエーションは、クラブ財理論で見たようなクラブが供給する公共財やサービスを目的に人々が集まるというより先に、このような親密な対話や交流や結合（ソシアビリテ）自体を目的に人々が集まるものである。したがって、公共性や共同性の程度を、クラブ財のように人数の多い少ないによって数量的に意味させるだけでは狭い定義であり、そこには共同や公共という語によって本来伝えられるべき社交の意味は完全に消えうせてしまう。(9) 社会的企業でいえば、財やサービスの提供だけが目的なのではなく、「ソーシャル・キャピタルの創出そのものが社会的企業本来の目的」(Hulgard & Spear [2006] p. 90) といってもよい。つまり企業としてはそれがどんなに経済的に持続可能であっても、共感や支援といった具体的あるいは日常的な人間関係による支えがなければ、社会的企業とはいえないのである(10) (Evers & Laville [2004])。

四 ソーシャル・キャピタルの両義性

ここまでは社会的企業の活動のベースとなるものとしての信頼と連帯を、歴史的にさかのぼって見てきた。信頼やボランタリズムによって結ばれるSCをベースにする社会的企業はいいことずくめに見える。しかし社会的企業が、営利企業とは異なる非物質的・非貨幣的なSCを不可欠とし、利潤追求とは異なる道徳的目的を有することから、多くの論者は特定のあるべき人間像や生き方や社会像を要請する。ここには一定の問題があるだろう。つまり、過剰ともいえるストイックなモラリズム(精神主義)への傾斜が生じるのである。次のような描き方がその典型的な例である。

月収18万円に減給したが、毎日、介護に取り組んでいる自分と笑っている自分を心の鏡に映せる余裕ができて満足しているようだ。これが、……介護する(若い)人が(お年寄りたちから心の)介護をされている社会だ。介護に生きがいを見出せるようになった自分たちもいつか介護さ

れる側にまわる。（五十嵐・天野［二〇〇三］二三二頁）

ボランティアの平均年齢は五四歳。五〇歳代、六〇歳代の女性が中心だ。参加した動機は「時間を有意義に過ごしたい」「困っている人の役に立ちたい」「心の支えや生きがいを持ちたい」がトップ・スリー。人の役に立ちたいという奉仕精神と共に、自分の生きがいや自己実現も求めていることがわかる。（渋川［二〇〇一］八〇頁）

社会起業家は、市民の視点を事業に取り込みながら、社会のあるべき姿を呈示していく。……社会的起業が与える第三のインパクトは、ライフスタイルの提唱だ。「働き方と生き方が同じ」という事実に注目したい。働くという行為が、自己実現や自己表現の手段なのである。（斎藤槙［二〇〇四］九頁）

働くことを通じて社会の発展、変革、自己実現が目指され、同時に自己の生活の向上が目指される。（川口・大沢［二〇〇四］一八八頁）

ここに挙げた例ではいずれも、前向きで主体的な参加意欲をもち、高邁な倫理観から低賃金労働もいとわぬ人間の生き方が示される。ここでは「働く」という一つの言葉によって、無償や互酬の労働も雇用関係のもとでの賃金労働も同一視される。働き方はすべて自発的で積極的な「参加」「生きがい」「事業／起業」としてのみ語られ、人間関係は笑顔と癒しの美しい助け合いがあるだけである。ここからは、労働はきつく賃金は低いけれども不満などあろうはずがなく、奉仕や自立や自己実現の喜びがある、またはそうあるべきだという言説がいとも簡単に現われる。たしかにそのような人もいるだろう。しかしボランティアによって得る金銭は賃金ではなく本来謝礼である。失業中なので職業安定所に行ったところ、社会福祉法人の昼夜三交替勤務の非常勤にようやくありついたという人もいるだろうし、生協のレジでパート労働をする人も多い。このような人にとっては、奉仕や自己実現は何の関係もない。そこには生活の資を得るためにただひたすら稼ぐ労働があるだけである。社会的企業を思い入れたっぷりに描くこれらの言説は、かえって実際に働く人々に不利な労働条件を語るのをためらわせる抑圧的な機能を果たしているのではないだろうか。現実には、介護される側の年金額よりも、介護する側の賃金がはるかに低いということはふつうに見られるし、最近では福祉の現場で離職者が増えている。「月収18万円」が、生活保護支給対象となる東京都の最低生活費（三十代夫婦子一人で二〇〇八年度十六万七千円）を若干上回る程度ということからも、その理由は明らかであろう。

少子高齢化社会を迎えて福祉の担い手が不足しているとして、生活を省みないほどの利他的な人間、社会意識に目覚めた人間が、これから大挙して現われるのを期待すべきであろうか。このような人によってしか社会的企業が担われないとするならば、はたして必要な社会サービスは十分に提供されるだろうか。自己実現意欲の高い人が現われるのを待つあいだにも、介護を必要とする人はそれ以上に大勢出てくる。再度クラブ財理論に戻ってみよう。

クラブには会員と非会員とを区別する排他性があることはすでに見た。この場合には倫理的資質が排他性の基準になる。社会的企業が、参加者に対して過度に高いモラルを要求する限り、そこに到達しえない人は排除されかねない。排除されるというよりも、自分には到底できないとはじめから遠ざける者が多く出るだろう。しかしその一方でこの理論から次のようなこともいえるはずである。クラブ財はホモ・エコノミクスを前提する。この言葉によって、極端に利己的な人間がイメージされてしまいがちだが、これはあくまでも仮設（assumption）である。人間が目一杯まで利己的であるとしても、最終的には一定の秩序が成立しうることを示すための仮設であって、現実の人間がそのような者たちばかりであるとか、人間は利己的に行動すべきだといっているわけではない。

そうであるならば、あまりに高邁な精神を備えていなくても、ニーズを感じるだけでも人々の協同は可能なのだとも、クラブ財理論から考えることができる。私は、自分が格別冷酷な人間だとは思わないが、そうかといって人並み以上の慈愛心や犠牲心をもつ人間でもない。社会に向けて訴えたい気宇壮大な理想は持ちあわせていない。自己実現やアイデンティティの確立に葛藤している余裕はない。それでも私は、他の人たちと同様に親の介護の悩みをもっている。子供ができれば同じ子育ての悩みを抱える親たちと知り合いになりたいし、そのような話を忌憚なくできる場が欲しい。生活の糧も得なければならない。このような日常的な生活感覚は、先に見た十九世紀の社交のなかから育まれる連帯感と共通するはずである。

エピローグ

通常のイメージとは異なり、利己的な人間を前提してもそこから社会的企業の形成を説明することはできる。社会的企業において求められる倫理も、自己実現や奉仕精神など、非日常的な高い理想や利他心を要求するものである必要はない。かえってそれらが高いハードルとなって、社会的企業のサービスを真に必要としている人、悩みを抱える人がアクセスできなくなる恐れがある。

結局、社会的企業に求めうる倫理は、かくあるべしという生き方や何か特定の理想や道徳的価値によって与えられるようなものである必要はない。社会的企業の目的である人間関係の形成とは、特別な道徳的資質や高い理想をもつ人間だけが結びつく関係ではないはずだからである。それよりは、経済行為のパフォーマンスに好影響を与えるような信頼や、日常的な社交のなかから自然にわきあがる連帯感程度で十分とすらいえる。そこには、労働の汚さ、きつさが直視され、報われない不利な状況ややり切れなさをも率直に語り合うことから生まれる連帯感というものもあってよい。社会的企業のブームが「小さな政府」の潮流に呼応するものであり、自立自助や支え合いを名目に政府支援の削減に向かうものであれば、技術進歩による生産性の飛躍的向上を望めぬ福祉部門では低賃金労働が今後も避けられないだろう。たしかに、社会的企業は単に経済的に持続可能であるだけでは社会的であるとはいえず、SCの存在を大前提とする。しかし経済的に自立して存続するために収益性やリスク・

テイキングも重視するからこそ、コストをかけずに調達できるSC、ボランティア、低賃金労働に頼らざるをえないという事実も無視できない重みをもつ。そうであるならばなおのこと、目指すべき姿や使命、あるべき生き方があらかじめ指し示されるだけではなく、不利な状況を語りやすくするような、楽しさ、親密さ、融通無碍な雰囲気をもつ社交のあり方というものを考えてみる必要があるだろう。

社会的企業に高い使命を求める人にとっては、これはあまりに消極的な考えに見えるかもしれない。しかしこのようにいうことは、社会的企業の使命を決して否定したりするものでもない。むしろその重要性は今後も増してゆくだろうし、より一層の普及を望むからこそ、誰もが自分にも可能だと思えるような社会的企業のあり方を筆者なりに考えていきたいのである。

◆注

（1）「第三セクター」は、わが国では一九八〇年代に、鉄道などの公益事業の官民共同出資の事業を意味する言葉として輸入されてしまった。しかし本来の意味は、ここに述べたとおり、市場にも政府にも全面的に属さない中間領域を指すので、誤解を避けるために本章では「社会的経済」を用いる。

また社会的経済の思想的源泉は十九世紀にある。とかく新しさが強調されるものの実はその歴史は古い。それは、おおむね社会主義、自由主義、連帯主義、社会キリスト教（社会カトリック）主義に分類される。社会主義は国有化や協同組合などさまざまな思想潮流があり、一概に定義することは難しいが、とりあえず現状の制度（市場・私有財産・貨幣・資本・利潤）に対する何らかのオルタナティヴのプロジェクトを構想するものである。自由主義に分類されるのがトクヴィルやJ・S・ミルやL・ワルラスである。彼らは、秩序の変革や資本利潤の廃絶を目標に掲げるのではなく、アソシエーションや協同組合によって、個人を社会のなかにうまく統合することで社会を持続させようとする（Gueslin［1998］pp. 120, 191）。

（2） フランス語圏での議論の紹介に際しては「アソシアシオン」と表記するのが一般的だが、本章では「アソシエーション」と表記する。

（3） ここでは主に、Batifoulier［1995］と Defouny et Develtere［1999］に依拠する。

（4） EU諸国の協同組合研究系のネットワークEMES（Emergence des enterprise sociales en Europe）に依拠している（http://www.emes.net/index.php?id=2）。

（5） クラブ財は公共経済学のテキストでも扱われることが少ないので簡単に解説をしておく（ブキャナン論文の簡潔な定式化は Rubinfeld［1987］、井堀［一九九六］を参照）。クラブの最適な公共財供給量と適正な規模を知るには、目的関数を $u=u(x,\ G)$、制約条件を $y=x+\dfrac{c(n)}{n}G$ とするラグランジュ方程式 $L=u(x,\ G)+\lambda[ny-nx-c(n)G]$ を解くことで求められる。目的関数は、私的財 x と公共財 G の消費量が増えると、各人の効用の大きさ u が増加するという意味である。制約条件式は、所与の各人の予算制約式を表わし、個人の所得（y）が、彼の購入する私的財と公共財の合計価格に等しいことを意味する。その右辺第一項は、私的財価格を1として数量 x を乗じたものである。右辺第二項 c は公共財の生産費である。$c(n)$ は費用が人数 n の関数であることを意味する。これに数量 G を乗じた $c(n)G$ はクラブ運営の総費用であり、これを n で除した平均費用が各人ごとの会費となる。

$L=u(x,\ G)+\lambda[ny-nx-c(n)G]$ を x、G、λ について偏微分して、効用最大化条件を求めてみる。

$$\frac{\partial L}{\partial x}=\frac{\partial u}{\partial x}-\lambda n=0 \qquad ①$$

$$\frac{\partial L}{\partial G}=\frac{\partial u}{\partial G}-\lambda c(n)=0 \qquad ②$$

$$\frac{\partial L}{\partial \lambda}=ny-nx-c(n)G=0 \qquad ③$$

①式から $\lambda=\left(\frac{\partial u}{\partial x}\Big/n\right)$ となる。これを②式に代入すれば、公共財の効用最大化条件 $c(n)=n\left(\frac{\partial u}{\partial G}\Big/\frac{\partial u}{\partial x}\right)$ が導かれる。これは、公共財価格（＝総費用）が、各人の限界効用比（または限界代替率）の合計に等しいことを意味しており、純公共財の最適供給条件（ボーモン－サミュエルソン条件）とまったく同じである。

次に、制約条件式を $x=y-\frac{c(n)}{n}G$ と書き換える。この式は、各人の私的財消費量が彼の所得からクラブ会費を差し引いた額に等しいことを意味する。Gを固定したうえでこの式をnで偏微分すると、二財の効率的な資源配分を可能にするクラブの最適人数が求められる。言い換えると、公共財供給量と予算を所与として、私的財消費量を減らすことなく、一人当たりの公共財費用を最小化する人数が明らかになる。導かれる最適化条件 $\frac{\partial c}{\partial n}=\frac{c(n)}{n}$ すなわち限界費用＝平均費用を満たす人数nが、最適規模の人数である。これは完全市場理論の企業の最適規模条件（損益分岐点）に相当する。

(6)　クラブ財とワルラスの協同組合論の異同については Barillot [2002]。協同組合は株式会社と異なり、利潤制限により組合員間の格差が生じにくく、株式会社の一株一票ではなく組合員の一人一票の民主主義原則を採用することによって、大株主の支配を阻む。

(7)　ワルラスのプランは、各種アソシエーション間に一個の循環（circuit）をつくろうとするものであった（Gaillard [1965] p. 65）。もっとも、彼の計画ははじめから頓挫し、失敗に終わる。商業が発達し商品を安価で手に入れる場の多いパリでは、信用組合はあまり人々の関心を呼ばず、利益が上がらぬあいだに経営資金が枯渇したのである。このような失敗の経験からワルラスは協同組合のローカルな性格を語るものと思われる。

(8)　民衆の生活のなかから生まれる協同や相互扶助組織の形成については、喜安［一九九四］が詳しい。

(9)　ただし、クラブが社交というサービスを生産すると考えることも可能だろう。人々は社交の楽しみを目的に集まる。最適規模までは人数が増えたほうが、各人にとって社交から得られる楽しみの便益が会費よりも大きい。しかし便益と費用の一致する最適規模人数を超えて増えると混雑現象がはじまる。すなわちお互い知らない者どうしの疎遠な関係が発生して便益が費用を下回るようになる。この場合には退出者が発生し、最適規模まで人数が減少する。

(10) パットナムの主張の強調点は、ここに論じたようなSCがアメリカでは消滅しつつあるという点にある。アメリカでは九〇年代に経済的な富裕化が進む一方で、人々の幸福感はむしろ減少している。彼はその例証として、九〇年代の政治参加率、アソシエーション参加率の低下、友人間の交際と相互訪問の回数の減少を挙げている(Putnam et Williamson [2000])。ただしこのような主張には反論がある。それについては宮川・大守[二〇〇四]の第一章を参照。

◆ブック・ガイド

山内直人『NPO入門』(日本経済新聞社、二〇〇四年)

新書でありながら、NPOの現状、種類、法・税制度などに関する必要十分な情報とデータが収められているすぐれた入門書である。NPO経済論の流行の一方で、NPOの経済理論の本は少ない。理論に関心があるなら、同じ著者による『ノンプロフィット・エコノミー』(日本評論社、一九九七年)を併読すれば、理解が一層深まるであろう。

斎藤槙『社会起業家——社会責任ビジネスの新しい潮流』(岩波新書、二〇〇四年)

本章は、直接さまざまな事例に即するよりも、それらを社会的企業というコンセプトから統一して見渡すことに主眼をおいたが、具体的ケースを知るにはまずこのような事例集から読み始めるのがよいだろう。新書で読める類書として、町田洋次『社会起業家』(PHP新書、二〇〇〇年)渋川智明『福祉NPO』(岩波新書、二〇〇一年)藤井良広『金融NPO』(岩波新書、二〇〇七年)がある。

カルロ・ボルザガ、ジャック・ドゥフルニ『社会的企業(ソーシャル・エンタープライズ)——雇用・福祉のEUサードセクター』(内山哲郎・石塚秀雄・柳沢敏勝訳、日本経済評論社、二〇〇三年)

社会的企業に関する研究書は、前掲『NPO入門』に代表されるアメリカのNPO研究の系統を引くものと、本書のようなヨーロッパの協同組合研究からのアプローチの二つに大別される。本書は、社会的企業のコンセプトを定義したうえで、ポスト福祉国家のEU各国における、市場・政府・社会的企業の関係の多様性を実証的に解明する。大部で内容もやや煩雑とはいえ、ヨーロッパ型の社会的企業（論）を理解するためには必読である。

宮川公男・大守隆『ソーシャル・キャピタル——現代経済社会のガバナンスの基礎』（東洋経済新報社、二〇〇四年）

第三節で援用したソーシャル・キャピタルも比較的新しいコンセプトである。本書はその背景、経済、政治などとの関係、経済理論による解説など、一通りのことをサーヴェイできる。コンセプトの普及のきっかけをつくったパットナムの論文も収められている。

渋谷望『魂の労働——ネオリベラリズムの権力論』（青土社、二〇〇三年）

NPOのリーダーや社会起業家の発言はどの本でも好意的に紹介される。その一方で現場で働く人々の声（本音）まで聞こえてくるものは少ない。自己実現、参加、善意、ボランティア（自発性）などの言説には、低賃金不安定就労を余儀なくされる現場の声を封じる力がある。本書は、市民社会、ボランティア、福祉などのポジティヴな語られ方を、新自由主義型統治のテクニックとして批判的に考えるための一冊。

第三章　組織と仕事
――誰のために働くのか

中澤信彦

プロローグ

先ごろ惜しまれつつ他界したフランス文学者の多田道太郎は、大衆文化をめぐるすぐれたエッセイを数多く著わしたことでも有名である。彼はエッセイ集『物くさ太郎の空想力』でこんな落語の小ばなしを紹介している（多田［一九七八］二〇二 - 二〇三頁）。

いい若者が昼間からゴロゴロ寝ている。年寄がそれを叱って、

年寄「いい若者がなんだ。起きて働いたらどうだ」

若者「働くとどうなるんですか」
年寄「働けばお金がもらえるじゃないか」
若者「お金がもらえるとどうなるんですか」
年寄「金持ちになれるじゃないか」
若者「金持ちになるとどうなるんですか」
年寄「金持ちになれば、寝て暮らせるじゃないか」
若者「はあ、もう寝て暮らしております」

誰もが笑いを禁じえないはずだが、われわれは何に対して笑っているのだろうか？　勤勉の思想を無批判的に賛美することの愚かしさであろうか？　そうであるとするならば、この風刺的手法によって新たに誘発され顕在化された価値とは、勤勉の対極にある怠惰の思想の豊かさなのだろうか？　いや、それだけではあるまい。ここには「働くことの意味をどう問うべきか」という問い、すなわち、働くことの意味を問う際のメタな視点が隠されているように思われる。

本章では、このメタな視点を導きの糸としながら、社員に働くことの意味を再発見させる組織リーダーの役割について考察したい。組織リーダーの資質のみならず、そのリーダーシップが十全に発揮されうる制度的条件(1)（組織の規模）を同時に考察することによって、倫理的な企業組織の起動力である健全な組織内コミュニケーションのあり方を実践レベルで問い直すことが可能になるはずだ。倫理学者でも経営学者でもない筆者の議論がいくばくかのオリジナリティを有するとすれば、それは筆者の専攻分野である思想史の知見、とりわけコミュニケーションの主体としての人間について透徹な思考を展開したアダム・スミスの社会経済思想に着目し、そこに潜むビジネス・エシックスへの視座を具体的に掘り起こし、それを積極的に活用している点にあるだろう。

一　分業・公共財・フリーライダー

分業のメリット

アダム・スミスの経済学では、国民の富の水準は国民一人当たりの消費財（生活必需品・便益品）の量によって示され、それはさらに「労働の生産力」と「人口に占める生産的労働者の割合」という二つの要因によって規制される。スミスはこれら二つの要因をそれぞれ『国富論』の第一編と第二編で考察している。

文明社会における飛躍的に高い労働の生産力を実現する最大の原因は分業である。スミスは、有名なピン製造工場の例において、一人の職人がすべての作業を行なう場合と比べて、分業が行なわれる場合にはピンを生産する労働の生産力が四千八百倍以上にも高まることを示している（Smith［1776］邦訳 第一巻 一二‐一三頁）。工場内の目に見える分業の背後にはさらに広範な見渡しにくい社会的分業が存在している。スミスが分業を、結果を予見する「人間の知恵の所産」ではなく、人間本性のなかにある「取引し、交易し、交換しようとする性向」（*ibid.*, 邦訳 第一巻 三〇頁）の帰結であると述べるとき、彼の念頭にあるのは工場内分業よりもむしろ社会的分業である。各人が専門化した職業をもち、生産物を商品として交換しあうような社会であればあるほど、富は大きくなる、と彼は主張する。分業の程度は市場の大きさによって制約されるから、国と国とのあいだでもできるだけ市場を開放しあったほうがよい。ここに彼の自由貿易および重商主義批判の主張が根拠づけられる。

分業のデメリット

他方、スミスは『国富論』第五編で分業の弊害とその対策について詳細に分析している。文明社会では分業によって国民大衆の視野は狭くなり武勇の精神や知的能力が衰退するから、政府は軍事教練や公（初等）教育によってそうした弊害を最小限に食い止めなければならない、と主張される（*ibid.*, 邦訳 第三巻 一四三－一四四頁）。スミスのこうした主張は、これまで少なくない研究者の注目を集め、「スミスの政治学」あるいは「スミス思想の共和主義的側面」として研究が積み重ねられてきている（この点について本章は紙幅の都合によりこれ以上論じない）が、スミス自身が強調していないにもかかわらず看過されてはならないのは、分業に社会的な分業と工場内の分業の二種類がある以上、分業の弊害もまた、国民の公共精神・公共性の欠如としてばかりでなく、労働者（社員）の協働精神・共同性の欠如としても現われる、ということである。

スミスが例に挙げたピン製造工場のような小規模な工場――その従業員数は「わずか一〇人」

（*ibid*., 邦訳 第一巻 一二頁）であった——であれば、彼自身が「ある者は針金を引き伸ばし、次の者はそれをまっすぐにし、三人目がこれを切り、四人目がそれをとがらせ、五人目は頭部をつけるためにその先端を磨く」（*ibid*., 邦訳 第一巻 一一頁）と書いたように、互いの仕事がいかに関連しているかは一目瞭然である。しかし、数千人、数万人の従業員を抱えることが珍しくない現代の巨大企業において、分業のありようは決して一目瞭然ではない。しかも、今日、ＩＴの発達による仕事の自己完結化は、自分の仕事を背後から支える人間関係を忘却させる傾向を強く有している（内田研二［二〇〇一］五八‐七五頁）。今日の経営組織は協働精神・共同性の欠如という危機に日常的に直面しているといえる。

コミュニケーション不全と企業不祥事

協働精神・共同性の欠如の根本原因は、スミス自身の言葉を用いるなら、社員の「精神が麻痺」してしまい、社員間での「理性的な会話」が衰退することに求められる。つまりコミュニケーション不全である。コミュニケーションは組織における血流である。血流が滞ると生き物の病気が慢性化するように、コミュニケーションが滞ると組織の病気は慢性化する。近年、雪印と三菱自動車が引き起こした不祥事は、そのような風通しの悪い組織風土がもたらした典型例であろう。

二〇〇〇年に発生した雪印乳業集団食中毒事件では、製品回収の決定の遅れが被害を爆発的に拡大させたこともさることながら、集団食中毒の判明から四日が過ぎてようやく行なわれた謝罪会見の席で、社長が大阪工場長に向かって「君、それ（＝大阪工場のバルブから、長期間洗浄していないことを示す乳固形分が見つかったこと――引用者〕は本当か」と声を荒げたことは、情報のパイプが分断され硬直化してしまった組織の実態を衆目にさらすものであった。同じく二〇〇〇年に発覚した三菱自動車のリコール隠し事件の場合でも、社長に報告されていない新たなリコール隠しが会見中に発覚し、それが「リコール隠しはない」と大見得を切った直後だっただけに、社長は「知らなかった……」と絶句した。都合の悪い情報がトップまで届かない風通しの悪い企業風土は、雪印の場合と変わらなかった(2)(産経新聞取材班［二〇〇二］)。

なるほど、組織内のコミュニケーション不全の原因は多様であり、単一の何かに還元することはできない。しかし、その主要な原因の一つとして、複雑化・巨大化しすぎた企業組織を指摘することができるのは間違いない。大きすぎる組織では、職務が細分化され、個々の仕事が高度な相互依存関係のなかにおかれる。他方で、それに拍車をかけるように、コミュニケーションのコストは増大していく(3)。自分の仕事と他の社員との有機的なつながりが見えにくくなる。このように考えると、企業組織内のコミュニケーションを質量ともに高めてゆくことは、「コンプライアンス（法令および企業倫理の遵守）」が強く叫ばれている昨今、経営戦略の一環としてますますその必要性を高めているといえよう。スミスは社会的分業の弊害の克服の担い手として、〔国民より上位に立つ〕政府に強い期待を寄せている――同時にスミスは、政府が「公共の利益」の名のもとに特定階級の利益を追求する危険に対して警戒を怠らない――けれども、それにならって、企業内分業の弊害の克服の担い手として、〔社員より上位に立つ〕経営者・管理者の存在がクローズアップされる必要がある。

公共財

企業内分業の弊害の克服が経営者・管理者の枢要な職務としてクローズアップされなければならない理由は、スミスの「公共財」の理論——彼自身はこの語を使用していないが——からも説明することができる。スミスは「自然的自由の体系」のもとで政府に課せられた課題として、国防・司法・公共事業の三項目を挙げている。これらは今日「市場の失敗」および「公共財」のテーマのもとに論じられている問題に属している。

市場が社会全体にとって望ましい結果をもたらすためには、いくつかの前提条件が必要である。もしそれらが現実に満たされていない場合には、市場は社会全体に必ずしも望ましい結果をもたらすとは限らない。これを市場の失敗という。市場の失敗が起こるケースとしては、①外部効果、②公共財、③情報の不完全性、④費用逓減の四つが知られている。

通常の財・サービスは誰か一人が消費したら、他の人はそれを消費できない。これを競合性という。これに対して、灯台・防衛・公園・図書館などには競合性が（まったく、あるいは、ほとんど）ない。いったん供給されると、多くの人が同時に利用できる。このような財・サービスを公共財という。公共財は、他の人に支払わせておいて、自分はそれにただ乗り（フリーライド）することができる（これを「排除性がない」という）。競合性と排除性がない場合、お金を出しても出さなくても同じ便益を受けられるから、人々が合理的であるならば、誰かが造ってくれるのを待つようになる。しかし、みんながただ乗りをしようと考えれば、結局は誰も灯台を造らない。このような理由で、公共財を市場によって供給することは困難となる。そこで、社会の人々から強制的にお金を集めてこれを供給しよう、という考え方が出てくる。この「強制的に集めるお金」が税金であり、それを徴収するのが政府である。「なぜ政府は必要なのか?」という問いに対する答えの一つがこれである。

フリーライダー

フリーライダー問題はわれわれの日常生活のいたるところで観察することができる(沼上[二〇〇三]第五章)。大学の評判は一種の公共財である。「○○大学の学生はできが良い」という評判は、その大学の学生であれば、努力している学生にも、努力していない学生にも、ともに享受できるメリットである。「もし出身大学の評判だけでうまく就職ができるのであれば、自分は苦労などせず、遊んで暮らしたほうが得だ。まわりで頑張っている同級生や先輩たちが努力して積み上げてきた評判にただ乗りすればよい」。このような考え方をする学生が増えてくるにつれて、大学はフリーライダーで一杯になり、誰も勉強をしなくなってしまう。結果的に、その○○大学の評判は低下してしまう。

同様のことが企業のブランド力についてもいえる。ささいなトラブルでも気軽に報告・共有できるような自由闊達な組織風土を作り出すために注意深い努力を払う。厄介者・怠け者を叱りとばす。後輩を育成する。これらはいずれも、誰かがやればみんながメリットを享受できるという意味で一種の公共財——パットナム流にいえば「ソーシャル・キャピタル」(本書第二章参照)——なのだが、自分から積極的にそれを供給しようと思う人が必ずしも出現してくれるわけではない。みんながフリーライドしようとして、結果的にみんなが最悪の事態に直面するということが十分に起こりうる。先に紹介した雪印乳業や三菱自動車の不祥事などは、その典型的な例であるように思われる。とりわけ歴史ある巨大組織の場合、大きなトラブルにつながりうるような現場のミスを発見しても、「この程度のミスでわが社の屋台骨が揺らぐはずがない（から報告する必要もない）」という慢心、「上司を不機嫌にするような報告はしたくない」という気後れ、「自分一人の小さな力で長年培われてきた組織風土を変えることなど無理だ」という無力感などがあわさって、都合の悪い情報ほど社内を流通しなくなる。社員の大半が企業のブランド力にフリーライドしてしまう。本来、企業のブランド力とは、社員ひとりひとりの公共財供給の努力の結果として維持され発展させられるものであるにもかかわらず。不祥事はそのようなフリーライドの帰結として発生するのである。経営組織のなかで「政府」的な立場にある経営者・管理者にとって、公共財を供給すること、すなわち、風通しの良い自由闊達な組織風土を作り出すことが、その本質的な職務であることは、以上の議論から明らかであろう。それでは、自由闊達な組織風土を作り出すために、経営者・管理者は具体的に何をなすべきだろうか？

二　働くことの意味

働くことへの多様なモチベーション

「豊かな社会」に生きるわれわれには容易に理解できること――それにもかかわらず、しばしば忘れがちなこと――だが、社員はもともと経済的合理性（金銭的報酬）のみによって働くわけでない。儲ける、出世するだけではなく、社会に貢献したい、高潔でありたい、気楽にやりたい、自己を成長させたいなど、経済的合理性だけでは捉えきれない多様なモチベーションを社員はもっており、むしろ経済的合理性だけを押し付けられたら、やる気を失ってしまう存在なのである（高橋［二〇〇四］三〇‐三六頁、小笹［二〇〇七］四四‐四五頁）。社員にフリーライドされる企業では経営者・管理者が社員の多様なモチベーションの発見・把握・喚起に失敗している、といってよい。人間が労働に対して抱いている多様なモチベーションの核心に迫るためには、迂遠に思われるかもしれないが、働くことの意味をめぐるいくぶん原理的な考察を試みる必要がある。

古今東西、働くことをめぐっては多くのことが書かれ語られてきた。カール・シュミット『政治神学』にならうわけではないが、例外的な状況においてこそものごとの本質が立ち現われるのだとするならば、最も例外的な状況における労働のありようについて深い洞察を残した二編の著名な文学作品を取り上げることから本節の議論を開始するのが適当であるように思われる。

ドストエフスキー『死の家の記録』

一つはロシアの文豪・ドストエフスキーの『死の家の記録』である（猪木［一九八七］二〇二‐二〇三頁）。本書は著者自身の獄中体験――一八五〇年から五三年までシベリアのオムスク要塞監獄にて政治犯として服役し強制労働に従事させられていた――の記録にもとづいて書かれたものであり、彼の名を世界的にした出世作である。ドストエフスキーの観察によれば、流刑地の囚人がいちばん大きな苦しみを覚えるのは、何の意味も目的もない無益な労働を強制される場合である。「私はふとこんなことを思ったことがあった。つまり、最も凶悪な犯人でもふるえあがり、それを聞いただけでぞっとするような、恐ろしい刑罰を加えて、二度と立ち上がれぬように押しつぶしてやろうと思ったら、労働を徹底的に無益で無意味なものにしさえすれば、それでよい。……例えば、水を一つの桶から他の桶に移し、またそれをもとの桶に戻すとか、砂を搗《つ》くとか、土の山を一つの場所から他の場所へ移し、またそれをもとへ戻すとかいう作業をさせたら、囚人はおそらく、四、五日もしたら首をくくってしまうか、あるいはたとい死んでも、こんな屈辱と苦しみから逃れたほうがましだなどと考えて、やけになって悪事の限りを尽すかもしれない」（ドストエフスキー［二〇〇四］三九‐四〇頁）。

　ここでは課された労苦の物理的・客観的な量や強度は問題とされていない。囚人の強制労働よりも世間の農民のほうが物理的・客観的な労働量は多いだろうが、流刑地での強制労働には意味も目的も創意工夫の余地も著しく欠けている。それが囚人たちに屈辱感を与え、人間としての尊厳を著しく損なわせ、労苦を物理的・客観的なそれよりも一層重く感じさせる。しかし、非常に興味深いことに、監獄のなかという極限的な状況においても強制されない自分の仕事を求め続ける囚人たちの姿をも、『死の家の記録』は生き生きと描き出している。どうやら人間は、生きている以上、働かずにはいられない存在で、しかも、自由に創意工夫できる、自分の知力の限り、能力の限りを注いで打ち込めるような、自分の特別の仕事を探し求めてやまない存在であるようなのだ。その「自分の特別の仕事」

を通じて、人間は人間らしさ、生きる張りを保ち続けることができるようなのだ。自分を特別な何者かとして表現したい。そんな自己表現への切なる欲求こそ、働くことの意味の核心部分をなすように思われるのだが、この点については後段で再論しよう。

マーク・トウェイン『トム・ソーヤーの冒険』

検討を加えたいもう一つの文学作品は、アメリカの作家マーク・トウェインの『トム・ソーヤーの冒険』である（木原［一九九五］一六六-一六八頁）。そのなかに次のような場面がある。いたずら好きの少年トム・ソーヤーは、ある日、ポリーおばさんから塀のペンキ塗りを命じられた。その塀は長さが三十ヤード、高さが九フィートもある。しかも、夏の盛りでもあったので、一人で塗るのはたいへんな労働である。トムは絶望的な気分になるが、ふと、素晴らしいアイデアが心に浮かぶ。友だちのベンが通りかかると、トムはペンキ塗りがいかにも楽しい仕事であるように、もっともらしくブラシを左右に動かし、一歩さがってその効果を吟味する。ベンはそんなトムの姿を眺めるうち、だんだんとその仕事に興味を抱き、自分もやってみたいという好奇心を膨らませてゆく。ついにたまらなくなって、自分にもやらせてほしい、と声をかける。しかし、トムの返答は、「いや――ダメだな――それはむつかしい相談だと思うな、ベン。だって、ポリーおばさんはな、この塀のことになるとエラク口やかましいんだ。……だから、うんと気をつけてやらなくちゃ。いけねんだ。たぶん、一〇〇〇人に一人しかいないとい思うぜ、いや、二〇〇〇人に一人かな、ちゃんとやれる奴はな」（トウェイン

［二〇〇五］三五頁）。やらせてもらえないとなると、やりたい気持ちがますますつのってゆく。ついにベンはリンゴをあげるからペンキ塗りをさせてくれと頼みこむ。このようにしてトムは首尾よくペンキ塗りの仕事から逃れ、悠々自適の時間を手に入れる。

トムは、この出来事をきっかけにして、「大人にでも子どもにでも、あるものを無闇に欲しがらせようと思ったら、ただ一つしさえすればいいことは、そのものを手に入れにくくさせればいい」という、人間行動についての一大法則を発見するわけだが（同　三七頁）、ここで注目したいのはトムではなくてペンキ塗りに従事したベンの心理のほうである。当初ベンはトムが意思に反して強制的にペンキ塗りをさせられていると思い込んでいた。強制された労働はつらいし、苦しい。これから自分は楽しい水遊びに出かけるのだが、トムはそれを許されていない。かわいそうなトム。それはベンに優越感をもたらすはずだったが、予想に反してトムは実に楽しそうにブラシを動かしている。ベンの好奇心が刺激される。最終的にベンは大事にしていた私有財産（リンゴ）をトムに支払ってまでして、ペンキ塗りの仕事をやらせてもらう。「面白そうだ」「やってみたい」という好奇心が、炎天下のペンキ塗りすら喜びへと変えてしまう。これは労働を提供する対価として報酬（賃金など）を得る今日の資本制システムの原理とは完全に逆をいくわけで、流刑地と同じく、労働のおかれている環境としてはまったく一般的でない。私有財産を支払ってまで行なわれる労働は、むしろ遊びや娯楽に近く、これを労働と呼ぶことにわれわれは違和感を覚えるはずである。けれども、それにもかかわらず、われわれがこの物語を大きな共感とともに読むことができるのは、ここに労働にとって本質的な何かが含まれているからであろう。それはいったい何であろうか？

アイデンティティ

ベンのペンキ塗りへの意欲は、仕事それ自体の面白さだけによって高められたのではない。トムの「たぶん、一〇〇〇人に一人しかいないと思うぜ、いや、二〇〇〇人に一人かな、ちゃんとやれる奴はな」という言葉が非常に大きな意味をもっているように思われる。その言葉によって、ベンは「一〇〇〇人あるいは二〇〇〇人に一人の、塀がちゃんと塗れる子」でありたい（あるはずだ）という自尊心、「トムに負けたくない」というライバル心に火を点けられた。言い換えれば、「他者からの承認を獲得したい」という願望にも火が点けられたのだ。

人間は自分が他人からどう見られているか、気になって仕方のない存在である。他人から無視を決め込まれることほど惨めなことはない。仲間外れにされたくない。見下げられたくない。胸を張って生きたい。すごい奴だと思われたい。これらはすべて他者からの承認を獲得したいという欲求のバリエーションであるが、この欲求こそが労働の核心部分をなすもう一つの欲求である。

そもそも、『死の家の記録』に表現された「自己表現への切なる欲求」は、『トム・ソーヤーの冒険』に表現された「他者からの承認を獲得したいという欲求」と無関係に独立して存在・存続しうるものではない。それは、他者との関係を抜きにしてアイデンティティについて語ることはできない、ということでもある。教育学者の齋藤孝は、「『君は誰だ』と聞かれたり、『自分は何者だ』と自分に問うことがあるとして、『自分は、○○だ』と『張り』をもって答えるとする。その『○○』が、アイデンティティだ。こう言い換えてもいい。『○○として生きてる』と思うことで、『生きる張り』が湧いて、自分にぴったりくる感じのする『○○』が、その人の『アイデンティティ』だ」（齋藤孝［二〇〇二］四七-四八頁）と述べているが、アイデンティティを他者との関連で考える場合、実に的確な説明であるように思われる。つまり、働くことの意味は、自分らしさの表現を求めてひたすらに突き進もうとする垂直の志向と、自分のその営みを承認し共感を寄せてくれる他者の輪の広がりと、この二つのベクトルの合力として立ち現われてくる、というわけなのだ（黒井［一九八二］一七二-一七三頁）。節を移して、働くことの意味についての考察を続けよう。

三　なぜ働くのか？　誰のために働くのか？

幸福な人間関係

『死の家の記録』と『トム・ソーヤーの冒険』が如実に示すように、働くことは労苦の源でありながら喜悦の源でもあって、本来的に両方の可能性を含んでいる。われわれの心中で労苦と喜悦のどちらが優位を占めるかは、われわれがどのような環境のもとで働くかに大きく依存する。それでは、ともすれば労苦となりがちな労働を喜悦に変える環境要因とは、いったいどのようなものなのか？　その答えはこれまでの考察から明らかだろう。決定的に重要なのは、その労働を通じて自分が他者とどれほど豊かな関係を結んでいるかについての自覚なのである。だからこそ、同僚や顧客からの「ありがとう」の一言ですら、時として当の社員にとって自分が他者と結んでいる「幸福な人間関係(4)」を自覚するきっかけになりうるし、そこから「この気持ちを恩返ししたい」と思って次の仕事で最善を尽くせば、また「ありがとう」の言葉が返ってきて、このようにして発生した好循環が社員の心に働きがいを育んでゆくのである(日経CSRプロジェクト編［二〇〇七］二一四-二一五頁)。

たしかに、人件費が高騰し、売り上げ・利益の低迷によって賃金原資が限られている昨今、すべての仕事にカネやポストで報いることはできない。しかし、そもそも人はお金のためだけに働くわけではない。「やりがい」のある仕事を求めて働く。とはいえ、その「やりがい」は「自己実現」と同じではない。それ以上に、「承認」「尊厳」を求めて、「自分は大事な仕事をしていると組織に認められているのだ」という手ごたえを求めて働く。経営組織を運営するうえで日常的に一番重要なのは、自己実現欲求――労働における自己実現という理念は、自己を絶対の基準とする快楽主義と個人主義にもとづいており、その意味で倫理的土台が脆弱である(杉村［一九九七］第二章)――などではなく、それよりも「低位(5)」だと目される承認願望である。

他者からの承認

十七・十八世紀ヨーロッパの道徳哲学者たちは、承認願望という情念があらゆる人間の社会的行為の最も強力で永続的な動機であることを認めていたが、アダム・スミスも例外でなかった。『道徳感情論』において彼は次のように述べている。「われわれが彼〔=最もつまらぬ労働者――引用者〕の境遇を嫌悪する原因は何であろうか。……人々の様々な身分のすべてにわたって行なわれている競争は、どこから生じるのであろうか。そして、自分たちの状態の改善とわれわれが呼ぶ人生の大目的によって、意図する諸利益は何であろうか。観察されること、注目されること、同感と好意と明確な是認とをもって注目されることが、われわれがそこから引き出すことを意図しうる、利点のすべてである」(Smith [1759] 邦訳 上 一二九頁)。

「すべて」に注目しよう。スミスは金銭的報酬が人間の社会的行為にとって副次的な動機でしかないことをわれわれに告げている。人件費が高騰し、売上・利益の低迷によって賃金原資が限られており、すべての仕事にカネやポストで報いることができないとしても、彼らに心理的報酬――「同感と好意と明確な是認とをもって注目されること」――を与えることによって、彼らの尽力・辛抱に十分に報いることができる、というわけである。この点に関して、次の『道徳感情論』の一節も示唆に富む。「教育の大きな秘密は、虚栄を適切な諸対象に向けることである。彼〔=自分の息子――引用者〕が取るに足りぬ諸達成について、自分を高く評価するのを決して許してはならない。しかし、本当に重要な諸達成について彼が僭称することを、必ずしも常にくじくべきではない」(*ibid.*, 邦訳下二〇四-二〇五頁)。ここでスミスは親が子に対して行なう教育について述べているのだが、上司の部下に対する教育(人材育成)についても同じことが当てはまるだろう。人間がどれほど他者からの承認を欲しているか――自分のかけがえのなさについての確証を手に入れようとして、どれほど他者の言葉とまなざしを気にしているか――を、われわれは断じて軽視してはならない。

誰のための仕事?

モチベーションが高まるような面白い仕事は数に限りがある、という見解は事実に反するのではないか。これまでの考察によれば、仕事への満足はその仕事に従事する者がその仕事から引き出す人間関係の豊かさによって決定される、ということになるのだから。保育士が子どもに絵本を読み聞かせるような場面を念頭に思い浮かべながら、次の『道徳感情論』の一節を読んでいただきたい。「われわれが、一つの本や詩をたびたび読んだために、自分だけでそれを読むことには、もはや何の楽しみも見出しえないときに、われわれはなお、それを仲間に対して読むことに、快楽を感じうるのである。……われわれは、彼の楽しみへの同感によって楽しまされるのであって、こうして彼の楽しみが、われわれ自身のそれを活気づけるのである」(*ibid.*, 邦訳 上 三七‐三八ページ)。

聞き手の快の感情が、想像力の作用を通じて、語り手の心に快の感情を喚起させる。「たびたび読んだために、自分だけでそれを読むことには、もはやなんの楽しみも見出しえない」本であっても、自分の語りに耳をすませる聞き手の存在――より正確には、彼がもたらす感情の交流――のおかげで、本を読むという行為は、退屈なルーティンワークであることをやめて、快楽をもたらす創造的な仕事へと変貌する。この場合、自分が誰と関係を結んでいるのか、誰のための仕事に従事しているのかは明らかだ。

このように考えてみれば、そもそも「なぜ働くのか」という問い方それ自体が誤っていることになる。われわれは「誰のために働くのか」と問うべきである（鷲田［一九九六］一七六頁）。プロローグで紹介した落語の小ばなしは、「なぜ働くのか」と問うことそれ自体の空虚さをわれわれに教えていて、その真理性がわれわれわれに笑いを引き起こしているのではないか。この点に関して、求人サイト「ディースター」の宣伝コピーが「今、誰かのために働こう。」であったことは象徴的である。働くことの意味を見失わせやすい今日のビジネス現場の最大の問題点は、その「誰」が見えにくくなっていることにある。この「誰」を日々実感できている者が、労働への高いモチベーションを持続できる。(6) そうであるなら、不可視化された「誰」を可視化することによって社員の労働へのモチベーションを高めることこそ、現代企業の取り組むべき最優先課題ではないだろうか。節を変えて検討を続けよう。

四　コミュニケーションの結節点としてのリーダー

仕事の上位目的と下位目的

こんな逸話がある。あるとき街を歩いていた旅人が、石を積んでいる職人に尋ねた。「あなたは何をしているのですか」と。すると、職人は答えた。「見ればわかるでしょう。石を積んでいるのです」と。旅人が歩みを進めると、同じように石を積んでいる別の職人が目に入った。そこで彼は同じ質問をしてみた。すると、その職人はこう答えた。「私は教会を造っているのです」と。さらに旅人が歩

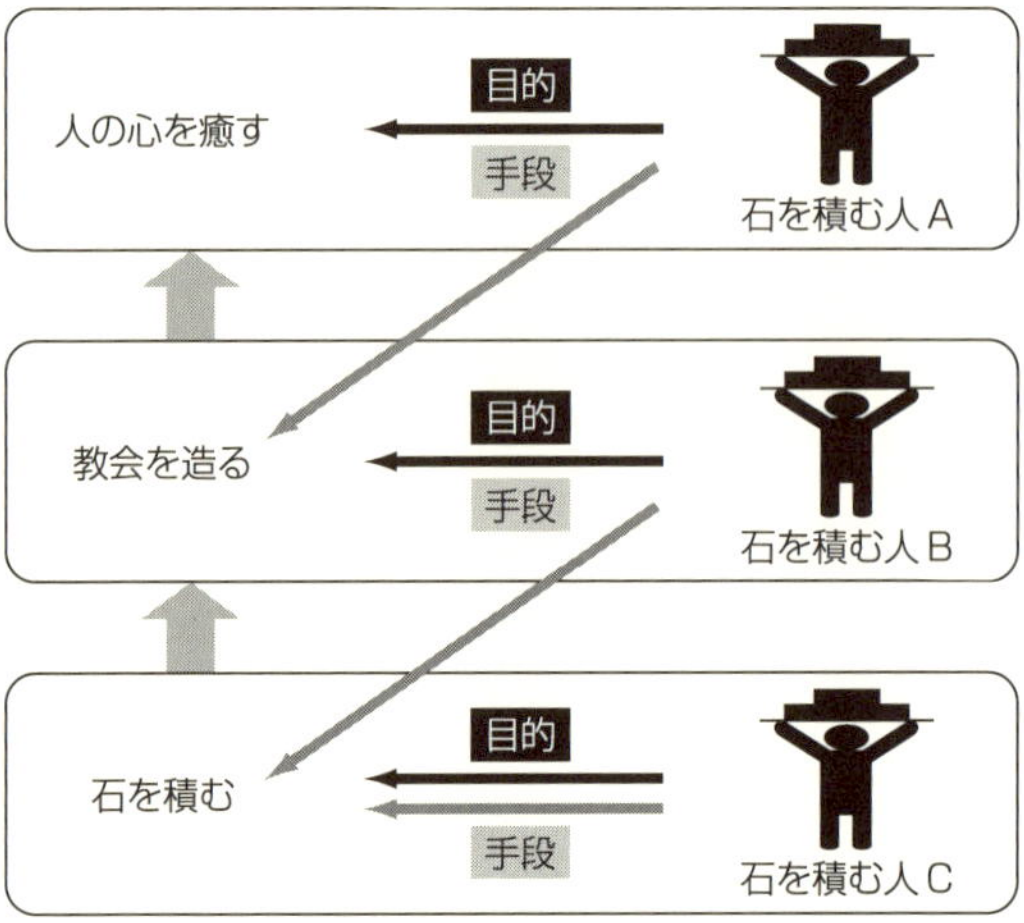

図　目的と手段。「石を積んで教会を造る」場合
出所：小笹［二〇〇七］

みを進めると、またまた石を積んでいる別の職人が目に入った。同じ質問をすると、その職人はこう答えた。「私は人々の心を癒すための空間を造っているのです」と。

この逸話はスカンジナビア航空の会長であったヤン・カールソンの回想録『真実の瞬間』で紹介されているものである（Carlzon［1987］邦訳 一八七‐一八八頁）が、はたしてどの職人が、自分の仕事にやりがいと誇りをもち、高いモチベーションでその仕事を継続できるだろうか？　誰もが、最初の職人より二番目、三番目の職人のモチベーションのほうが高い、と感じるのではないだろうか。

（株）リンクアンドモチベーション代表取締役社長・小笹芳央は、この逸話を引き合いに出しながら、以下のように警告する（図参照）。

目的・手段の連鎖関係の中で構成されている仕事は、実は機能分化・階層分化が進めば進むほど、それぞれの担当する仕事の本来の「上位目的」を見失うような傾向を持っています。石の職人が典型例だったように、仕事というのは、本来の目的、あるいはもっと上位目的よりも、目の前のこの仕事をうまく進めていくという引力にどんどん引っ張られていくものなのです。……だからこそ、常に、目の前の仕事の目的や意味、使命感に気づく機会を、会社側は積極的に作っていかなければなりません。……そうでなければ……本来は手段であるべきものが目的にすりかえられ、上位目的を見失った社員のモチベーションは著しく低下していくことでしょう。(7)（小笹［二〇〇七］一三三 - 一三四頁）

雪印乳業集団食中毒事件の場合、直接の被害をもたらしたのは大阪工場で製造された加工乳であるが、製品原料として使われていた北海道の大樹《たいき》工場製の脱脂粉乳に毒素（エンテロトキシン）が混入していたことが根本の原因であった。毒素が混入してしまったのは、四時間にわたる停電事故で高温のまま放置された脱脂粉乳を廃棄せずに生産ラインに入れてしまったからである。大樹工場には停電時のマニュアルはなく、現場の社員は「エンテロトキシンは再加熱しても毒素を失わない」という食品衛生管理上の基本中の基本というべき知識にも乏しかった。自動化された生産ラインに手作業が介入する余地はほとんどなく、ボタン一つで機械を動かせばパック詰めの商品ができあがるシステムに慣れっこになった社員は、「牛乳は本来生ものである」という基本的事実、「自分たちが国民の健康を支えている」という誇り、「消費者の安全を第一に考える」といった職業的使命感を次第に喪失し、機械の稼動それ自体を目的化するにいたったようだ。しかも、大樹工場が恒常的に製造日の改竄《かいざん》や簿外処理を行なっていたことが、汚染粉乳の実態把握を遅らせた。「本来は手段であるべきものが目的にすりかえられ、上位目的を見失った社員のモチベーションは著しく低下していく」典型的な事例がここに見てとれる（産経新聞取材班［二〇〇二］、今野［二〇〇三］）。

下位目的と上位目的とのつながりを発見するためには、「他者」の存在を認識することが決定的に重要である。先ほどの石の逸話でいえば、教会によって心を癒されている人々の姿が、石を積む人の脳裏に浮かんでいるかどうかが、石を積むという仕事へのモチベーションを根本的に左右する。自分の仕事が誰に支えられているのか？　自分の仕事が誰に喜びをもたらしているのか？　その「誰」を社員に実感させることこそ、現代企業の取り組むべき最優先課題であり、もっと具体的にいえば、組織リーダー（上司）の本来の役割・機能なのである。

組織リーダーの本来の役割

組織リーダー（上司）の本来の役割・機能については、小笹の簡潔にして要領を得た説明が非常に参考になる。組織の規模が大きくなればなるほど、対処しなければならない対人関係の数が多くなる（注3参照）。すなわち、コミュニケーション・コストは高まる。十人なら四十五本で済んでいたコミュニケーションの本数は、百人になると、四千九百五十本にまで膨れ上がってしまう。しかし、十人のチームを十個作り、そのなかの誰かをリーダーに任命すれば、リーダーどうしのコミュニケーションの本数は四十五本、チーム内のコミュニケーションの本数は四十五本×十チーム＝四百五十本となり、あわせて四百九十五本。リーダーの存在によってコミュニケーションの本数は四千九百五十本から四百九十五本へ、十分の一に縮減する。この例が示すように、組織の巨大化にともなうコミュニケーション・コストの増大という問題に対処するために、上司という役割が案出されたのだ（小笹［二〇〇七］八三－八五頁）。自分の仕事が誰に支えられ、誰を助け、誰に喜びをもたらしているのか、といった組織の協働の具体的なありようが、複雑性の縮減によって社員の目にはっきりと見えてくる。社員は自分の仕事の意味を理解し、仕事へのモチベーションを高める。このように、コミュニケーションの結節点として、社員にカネやポスト以外の仕事の積極的意味を与えること——公共財あるいはソーシャル・キャピタルの供給——こそが、上司の本来の役割・機能なのである。

リーダーではなくコミュニケーターあるいはファシリテーター

そうであるならば、上司を組織の「リーダー」と呼ぶことは厳密には正しくないことになる。小笹の上司の定義では、組織の成員を「リード（統率・引率）する」ことに重きがおかれていないからである。その役割・機能に即するのであれば、「リーダー」よりも情報の伝達役としての「コミュニケーター」あるいはコミュニケーションの進行役・推進役・引き出し役としての「ファシリテーター」（中野民夫［二〇〇三］）と呼ばれるほうがふさわしい。構成員の話に耳を傾け、共感し、彼らの人間関係に対する潜在的ニーズを引き出し、そのニーズを媒介させることによって下位目的と上位目的との結びつきに気づくように促してゆく。そのような「コミュニケーター」「ファシリテーター」としての有能さが部下からの高い信頼を集めた結果として、彼（彼女）は組織をリードしていた、と考えるべきである。

もっとも、現代の巨大企業、巨大組織で、「コミュニケーター」「ファシリテーター」の役割をまっとうすることは、決してたやすいことではない。経営学者の高橋伸夫は「たとえ大企業の社長でも課長クラスくらいまで千人程度の人については誰が今どこで何をしていて、どんなキャリアパスを歩んでいるのか、常に関心を持ち続ける努力をすべきである。そんなことできないという経営者は、引退すべきだ。経営者の仕事は『誰でもできる仕事』ではないのだ」（高橋［二〇〇四］五三頁）とまでいう。経営トップの資質に対してなら、ここまで要求することも許される。しかし、ミドル・マネジメントのレベルでは話が異なるはずだ。経営史家の米倉誠一郎によれば、今日では「誰もがリーダーになる機会はある」わけで、リーダーに「特殊な能力が要求される」というのは「思い込み」に過ぎない。「リーダーはべつに〝カリスマ〟である必要はないし、背中でものを語る必要もない。リーダーシップとは、勉強すれば身につくものなのだと思う」（米倉［二〇〇五］三二頁）。筆者も米倉の見解に基本的に同意する。このように考えるならば、中間管理職がリーダーシップを発揮するに際して、ふつうの人以上の努力と実践が必要なことは間違いないにしても、そこに超人的な能力を求めるわけにはいかない。こうしてわれわれは「適正規模の組織」という問題に漂着する。節を移して検討しよう。

五　適正規模の組織

適正規模の組織を作ることの重要性

元みずほ証券人事部課長の内田研二は、適正規模の組織を作ることの重要性について、リストラの本義と関連づけながら、以下のように的確に説明している。「一時的な人件費の増加を覚悟しても人員削減を行うのは、価値を生みやすい適正規模の組織を作るためであり、人件費の追加支出は企業価値を高めるための投資と考えるからである。……リストラとは、価値を生む組織を作るための投資なのである。……適正規模の人員配置で個人に権限と責任を付与し、良好なコミュニケーションで人的リスクを回避しようとする企業には社員に働く喜びがあり、この喜びが企業に生命力を与える。……どのくらいの規模の集団であれば気力と体力をかけて社員の価値を発見することが可能か、常に自問することが大切である」（内田研二［二〇〇二］一五四－一九〇頁）。

この主張を前節終わりの議論と組み合わせるならば、適正規模の組織とは「ふつうの人であっても体力と気力が充実していれば適切にリーダーシップを発揮できるような規模の組織」ということになる。はたして適正規模の組織とはどれほどなのか？　もちろんそれは場合・状況によって異なり、唯一絶対の解答は存在しないだろう。しかし、この問題について、アダム・スミスは非常に啓発力に富む知見をわれわれに残してくれている（竹本［二〇〇五］一三五－一三七頁）。

組織の適正規模に関するスミスの見解

スミスは『国富論』において資本の安全性という観点から「組織の適正規模」の問題に迫っている。彼によれば、一個人が資本の安全性を保つために観察の対象にできる人数は、たかだか数人から十数人の人々である。「一個人が数人または十数人に自分の金を貸すのであれば、自分自身なり、その代理人なりで、各債務者の行動と状態をたえず注意して観察し調査することもできるだろう。ところが、銀行の場合には、おそらく五〇〇人もの様々の人に貨幣を貸し付け、しかも、様々な種類のことがらにたえず気を配っている関係上、大部分の債務者の行動や状態にかんする規則的な情報は、会社自身の帳簿が提供する以外にはなにも得られない。……一私人が、事情もよく知っているし、真面目で節約家だから十分に信用してさしつかえないと考える少数の人たちに自分の貨幣を貸し出す場合と比べると、五〇〇人もの様々な人々に銀行が貨幣を貸し出す場合は、銀行としては重役たちがこれらの大部分についてごくわずかしか知らないのであるから、その債務者を思慮深く選択しているとは言えないのである」（Smith［1776］邦訳 第一巻 四七〇 - 四八九頁）。

「数人または十数人」という人数は、どうやら人間の視野の物理的限界を前提とした数字のようである。第一節ですでに述べたように、スミスが文明社会における飛躍的に高い労働生産力の原因を分業に求めた際、ピン製造業のような小規模な製造業によって例証したのは、大規模な製造業では多くの部門に多くの人々が働いているために、これらの人々を同一の作業場に集めることが不可能であり、作業工程の適切な分割と結合の劇的な効果が観察者の一望のもとにおかれないのに対して、小規模な製造業では、それらが観察者の一望のもとにおかれるからである。実際、スミスが観察対象としたピン製造業の従業員数は「わずか一〇人」であった。

観察・評価という営みは企業組織のリーダーの専売特許ではない。教師という仕事でも、生徒・学生を観察にもとづいて評価することが恒常的に要求されている。この点に関して、筆者は非常に興味深い映像作品を見る機会があった。二〇〇七年三月六日に「世界のドキュメンタリー　イギリス　感情をどうコントロールするか（EQ and the emotional curriculum）」（channel 4, 二〇〇一年製作）がNHKのBS1で放送された。ロンドン南部グリニッジのアナンデイル小学校が行なっている心の知能指数（EQ）を高める教育実践をレポートしたものだが、デビッド・エドワーズ校長が担当する特別授業を受けている生徒の数も、筆者の数えたところでは、何と十人であった。この教育実践の理念的支柱の役割を果たしたダニエル・ゴールマン『EQ――こころの知能指数』で紹介されている事例でも、クラスの生徒数は十五人であった（Goleman［1995］邦訳 四〇八頁）。こうした数字の一致には偶然以上の何か――おそらく本質的な何か――が含まれている、と考えるほうが妥当ではないか。スミスの議論が暗示しているのは、一ダース前後の人員から構成される組織が一般的に適正な規模であり、この人数は人間の視覚のメカニズムに起因するものであるらしい、ということなのである

六　フェア・プレイを重視する社会

規制緩和とフェア・プレイ

企業の不祥事が続発するのを見て、「昔はこんなことはなかった。最近は日本企業の質が落ちた」と嘆く人がいる。しかし、この理解は間違っている。企業行動は変わっていない。日本社会のほうが変わったのだ。一九九〇年代（バブル崩壊）以降、経済の「グローバル化＝自由化」が進展したこと、「事前の保護行政」に代わって「規制緩和」が経済の基本政策として浸透してきたことが、透明性のあるルールとその厳格な適用を要求するようになり、変化以前の行動パターンから抜け出せない企業が不祥事を起こしているのである。

規制緩和の功罪について、ここでは紙幅の関係で多くを語ることができない。弱者にしわ寄せがいっている事実を否定するつもりはない。ただ、確実にいえるのは、規制緩和による自由競争は自由放任ではない、ということだ（本書第四章参照）。自由な経済活動には当然ルールが存在する。「公正な競争を確保するためのルール」「透明性を確保するためのルール」が一層重視される社会へと日本は変わりつつあるのである（國廣・五味［二〇〇五］二五-三二頁）。このような観点から規制緩和を捉えるならば、いま日本はアダム・スミスが展望していた「フェア・プレイ」を重視する社会へと変貌しつつあるともいえよう。「フェア・プレイ」はほかならぬスミス自身の言葉でもあった。「富と名誉と出世をめざす競争において、彼は彼のすべての競争者を追いぬくために、できるかぎり力走していいし、あらゆる神経、あらゆる筋肉を緊張させていい。しかし、彼がもし、彼らのうちの誰かを押しのけるか、投げ倒すかするならば、観察者たちの寛容は、完全に終了する。それはフェア・プレイの侵犯であって、彼らが許しえないことなのである」（Smith［1759］邦訳 上二一七－二一八頁）。

コンプライアンス経営とコミュニケーション

このような社会へと変わりつつある日本であるからこそ、コンプライアンス経営の実現は、自己責任原理のもとでの自由競争＝ルール重視の競争のなかで勝ち残るための当然の経営方針になる。コンプライアンスが生きたものになるためには、企業活動には必ずリスクが存在することをふまえたうえで、組織内コミュニケーションの充実によってそのリスクを極小状態で発見し制御することが必要である。そのような質量ともに高いコミュニケーションの結節点の役割を果たすのが、各組織のリーダー（上司）である。

適正規模の組織を作り出すことによって、リーダーはリーダー本来の役割を果たすことが一層容易となる。それはおそらく一ダース前後の人員からなる組織である。質量ともに高いコミュニケーションを通じて、社員は企業内外の他者とのつながり――「誰のために働くのか？」の「誰」――を実感し、働くことの意味を再発見する。自分を単なる歯車とは考えず、自分の与えられた仕事を高潔な使命と結びつけることによって、やる気、プライドを維持し、高める。それが企業の不祥事を予防・極小化させ、競争力を高め、持続的成長への礎を築くのである。

エピローグ

最後に、本章全体の議論をまとめよう。なぜ企業不祥事が相次ぐのか？　その主たる原因の一つとして、組織内のコミュニケーション不全を指摘できるが、その根底には社員の仕事へのモチベーションを引き出し高めることに企業側が失敗しているという事態が横たわっている。社員ひとりひとりの仕事が誰に対してどのような貢献をしているのかを可視化する工夫が企業側に求められる。それは、組織リーダーの卓越した資質・力量によってのみならず、適正規模の組織という制度設計上の工夫と手を携えて実現されるものである。大学教育に携わる者として筆者は、学生たちがアイデンティティとコミュニケーションと仕事との関係について将来的希望に満ちた結論を在学中に引き出せるよう、粘り強く手助け（ファシリテート）してゆきたい。ただ、企業不祥事を防止する自由闊達な組織風土が社員の個人的な資質・力量だけから生み出されるわけでない以上、企業側にも企業内外の人間関係を可視化させる不断の努力、適正規模の組織の実現へのたえざる取り組みを強く求めたい。それは決して負担やコストではない。企業が社会的存在として生き続けるために必要不可欠な投資である。

◆注

(1) 法的に厳密な言い方をすれば、「社員」とは「株主」を指すが、本章では慣用にしたがって「従業員」の意味で使用することにする。

(2) 両社とも出直しを誓った矢先の二〇〇二年に第二の事件を起こしている。雪印乳業については、子会社の雪印食品による組織ぐるみの牛肉偽装工作が発覚した。雪印食品は最終的に解散へと追い込まれた。三菱自動車についても、同社のトラックがリコール隠しの末に死亡事故を発生させている。

(3) 具体的な数値例で示そう。構成員が二人の組織では、コミュニケーションの線の数は一本〔二×一÷二〕であり、三人の組織では三本〔三×二÷二〕ですむが、十人の組織では四十五本〔一〇×九÷二〕、十一人の組織では五十五本〔一一×一〇÷二〕に達し、百人の組織では四千九百五十本〔一〇〇×九九÷二〕、百一人の組織では五千五十本〔一〇一×一〇〇÷二〕にも達する。十人から十一人へ、百人から百一人へ組織が拡大する場合、どちらも一人増えるだけだが、コミュニケーションの線の数はそれぞれ十本、百本増える。つまり、組織が複雑化・巨大化するほど、コミュニケーションの困難さは増す。

(4) 山崎正和によれば、ポスト工業社会では「労働の目的そのもの、達成物それ自体がこれまでとは異なり、消費者の満足とか共同作業者による賞賛とか、人間関係のなかで心理的に決定される価値へと変わる。もっというなら、幸福な人間関係をつくることそれ自体が労働の価値になる」（山崎〔二〇〇六〕六三頁）。

(5) マズローの欲求階層説によれば、人間を突き動かす欲求は、大まかに分けると五つのカテゴリー――①生理的欲求、②安全・安定性欲求、③所属・愛情欲求、④承認・尊厳欲求、⑤自己実現欲求――に分類され、①が満たされると②、②が満たされると③と階段を登るように、より上位の欲求が重要になっていく、とされる。

(6) したがって、仕事内容から面白みをまったく引き出せなくても、「家族の（扶養の）ために」一生懸命に仕事に励むことは、十分にありうるし、現実にはかなり多くの労働者がそのような労働意識を保持しているように思われる。ただ、この「誰」が家族だけに限られ、それ以上の広がりをもたない――同僚や顧客へと広がってゆかない――場合は、働くことへのモチベーションとしての決定力に欠けるだろう。

(7) 多田道太郎によれば、こうした手段と目的の倒錯は勤勉の思想・論理の帰結である（多田〔一九七八〕二〇四頁）。

◆ブックガイド

アダム・スミス『道徳感情論』（水田洋訳、岩波文庫、二〇〇三年）

「経済学の父」の最初の著作で、道徳哲学史上に燦然《さんぜん》と輝く古典。各個人が利己的な考え方や行動を見知らぬ他者が同感してくれるレベルにまで自己規制することによって社会秩序は維持される、というのがその基本主張である。随所で展開される精緻な人間心理分析は驚嘆に値する。

内田研二『成果主義と人事評価』（講談社現代新書、二〇〇一年）

人事評価は上司と部下のあいだのコミュニケーションの結晶である。評価する人とされる人の心の動きを丹念に追いかけ、安易な成果主義の導入に警鐘を鳴らしつつ、真に価値を生む雇用制度を展望する。

小笹芳央『会社の品格』（幻冬舎新書、二〇〇七年）

不祥事を未然に防ぐには、ルールによる統制の強化だけでは不十分である。性悪説を前提としたシステムは、社員の仕事へのモチベーション低下をもたらしかねない。モチベーションエンジニアリングによって社員ひとりひとりに当事者意識を回復させ、社員自身による統制で「会社の品格」を守るべきことを提唱する。

國廣正・五味祐子『なぜ企業不祥事はなくならないのか――危機に立ち向かうコンプライアンス』（日本経済新聞出版社、二〇〇五年）

二人の著者は企業法務を専門とする弁護士として数多くの企業不祥事の解決に携わってきた。実務経験をふまえて、コンプライアンスおよびＣＳＲの基本的な考え方を理屈ではなく多数の実例によって明らかにする。

黒井千次『働くということ——実社会との出会い』（講談社現代新書、一九八二年）
公刊後四半世紀以上を経たいまでも読みつがれている古典的名著。作家が十五年間の会社勤めを振り返りつつ働くことの意味を探求する。働くことの本質は「自己実現＋共感の広がり」にある。どちらが欠けてもダメなのだ。

第四章　競争と格差
——何のために競うのか

太子堂正称

プロローグ

競争とは何のためにあるのだろうか。それについて考えるにあたって、最初に、競争がもたらす弊害やデメリットだと考えられる端的な例について考えてみよう。

ここではコンビニエンス業界を取り上げる（詳しくは本間編［一九九九］、斎藤貴男［二〇〇四］第三章を参照）。経営本部の指導のもとに、個人がフランチャイズ契約を行なって出店するタイプの店舗は多々あり、それらは多数の問題を抱えているが、最大の問題と考えられるのは、コンビニ業界に頻繁に見られる「ドミナント戦略」型の出店形式である。同じチェーンのコンビニが至近距離にあるのを街でよく目にするが、その多くは次のような場合である。

例えば、ある店舗が一日に百万円の売り上げがあった場合（平均は五十万円程度だが）、さらなる売り上げがその地域で見込まれると思えれば、コンビニ本部はその店舗の近くにもう一つ店舗を建設する。二つの店舗それぞれの売り上げが七十万円だとして、そのチェーン全体の売り上げは四割増しとなる。この場合チェーンとしては大幅な収益増となろうが、当然、もとあった店舗は三割の減収となる。フランチャイズとはいっても、契約においてその地域の独占販売権ないしは出店権を明記してある場合はほとんどなく、このように本部が利益獲得のために無制限に出店ラッシュをかけることを規制するものは何もない。

店舗のオーナーには、脱サラや、売り上げの落ちてきた雑貨屋、酒屋からの転換を図って転身する者が多く、本部に数千万円に上る加盟金・初期費用を支払って、店舗をかまえる。彼らは、大規模チェーンを背後にした一国一城の主という希望を抱いてオーナーになり、自分の店の売り上げを伸ばそうと努力する。しかし、自分の属するチェーンそのものが最大のライバル、商売敵となって自分たちの前に立ちふさがるのである。

契約を解除しようにも、その多くは十年といった長期でなされているために、解約の場合、多数の違約金を取られることとなる。毎月の売り上げからフランチャイズ料を支払うのは当然であるが、本部から商品を通常より安いどころか割高で仕入れなければならないために、同じ商品の価格が同系列のスーパーマーケットとコンビニとでは、大幅に異なることも珍しくない。独自に商品を仕入れることもできず、売れ残りの弁当などの廃棄を少なくしようとしても、本部の指導のもとに強制的に一定数の仕入れを強要される。それらは契約であるがゆえに、認識や見通しが甘かったオーナーのほうにも責任があろう。けれども、ここで現われているのは、各店舗どうしで「潰しあい」を行なう形で、グループ全体の売り上げのみを追求しようとする姿勢であり、個人が企業グループ全体の利益のための使い捨て可能な一つの駒となり、競争が個人を押し潰すために作用しているという状態である。

われわれが常に投げ込まれている競争とは、こうした厳しい条件のもとで他者を蹴落とし、いわゆる「勝ち組」になり続けることを強要される社会なのであろうか。それとも競争にはそれとは違う積極的な意味があるのであろうか、いわゆる「弱者」やさまざまな競争で勝利する自分の美質を見出せない者は、競争がもたらす階層社会のなかで下位の位置にいることを余儀なくされ、それに甘んじなければいけないのであろうか。こうした問いを念頭におきながら、以下の議論を進めていきたい。

一　「潰しあいとしての競争」を超えて

勝ち組と負け組

われわれは「競争」に疲れ、厭きてはいないだろうか？　たしかに現在のわれわれは、封建社会における身分制度からは解き放たれ（江戸時代においても特に後期には経済活動の進展とともに身分や階層の流動化が進んではいたが）、「競争社会」において、職業や居住、結婚、思想、政治参加、そして自由な消費活動や生産活動といった「選択の自由」（M・フリードマン）を謳歌している。

しかし、その一方で、われわれはこの世に生まれ出るや否や、際限のない競争に巻き込まれることも事実であろう。われわれが競争に抱いているイメージのネガティブな側面をやや戯画化すれば次のようになるだろう。すなわち、早ければ小学校からはじまる受験競争を何度も潜り抜けなければ、俗に「勝ち組」と呼ばれる存在になり、有名企業に入社して、生活の安定や、自尊心を満たしてくれるステイタスや異性を手に入れることはできない。仮に優良企業に就職したからといって、競争が終わるわけではなくその過程では多数の落伍者が出るし、その企業自体が競争と淘汰にさらされ、現在多大な業績を誇っていたとしても、いつ運命が反転するとも限らない。そうすれば一転して倒産や失業の不安にさらされ、そうでなかったとしても待っているのは退社するまで続く出世という名の競争である。

ひとたび日常生活に目を向けてみても、われわれは少なくとも身分的には「平等」な世界に生きているがゆえに、先述の受験競争や出世競争、さらに購入する消費物資がもたらすさまざまな差異に一喜一憂し、その獲得自体も一つの競争となっている。そのように生活すべてが競争に「侵食」され、それによって生じた経済的な「格差」に苦しむことになる。それは単に物質的な貧困ということだけではなく、われわれ自身の「本来のあり方」といったものをどこかに置き忘れているような気にさえさせるものである。またそうした競争の敗者たちは、社会から、そして何より自分自身の手で自らに「負け組」という刻印を押すことになる。

格差は何が問題か

現在大きな議論となっているこうした格差社会の問題についての代表的な論考は、橘木俊詔によるものである。橘木は、経済効率を優先し「小さな政府」を目指す政策によって「競争と公正のトレードオフ」が生じ経済格差が拡大したことで、これまで日本社会を支えてきた中流幻想が打ち砕かれるとともに実際の国民生活にも深刻な影響を与えていることを批判する（橘木［二〇〇六］）。橘木の議論は統計的データを用いながら、「格差は自己責任」というような単純な議論を批判している点では正当であるが、「公正」という用語を「平等」とほぼ同じ意味で使い、競争の結果としてのすべての不平等を悪しきものとしている点は疑問が残る。

それに対して大竹文雄は、格差自体の存在は否定しないものの、その原因は競争社会の弊害にあるというよりもむしろ「高齢化社会」の進展によるものであるとし、現実に不平等が広がっているかどうかについては疑問を呈している（大竹［二〇〇五］）。しかし、大竹自身も認めているように特に若年層や青年層に見られるような、「正規労働者」と「非正規労働者」のあいだの経済格差は現実に広がっているし、何より山田昌弘が指摘するように、努力して頑張っていい大学に入りいい会社に就職しさえすれば幸せが待っているという「パイプライン・システム」が成立しなくなり、そうした人々のあいだの信念や希望の崩壊がさらに消費など現実の人間行動に影響を与えているのは確かであろう（山田［二〇〇四］）。格差の問題は絶対的な所得水準や制度の問題だけではなく、何よりそれをいかに捉えるかという認知の問題でもある。本論では、主に後者に焦点を当てながら議論を進めていく。

競争は卑怯？

さて、そうした「格差社会」を批判するとすれば、競争社会そのものを否定することになるというのが、まずは思いつく論法である。競争社会が格差や不平等を拡大してしまうという考えに立てば、競争をより促進する「規制緩和」やそれにもとづく「市場原理主義」はネガティブに捉えられることになる。

例えば、藤原正彦は次のように述べている。

> 市場原理主義の前提は、「まずは公平に戦いましょう」です。公平に戦って、勝った者が利益を全部とる。英語で言うと「ウイナー・テイクス・オール」というものです。公平に戦った結果だから全然悪いことはない。勝者が全部取って構わない。こういう論理です。しかしこの論理は、後ほど詳しく述べる「武士道精神」によれば「卑怯」に抵触します。大きい者が小さい者と戦いやっつけることは卑怯である。強い者が弱い者をやっつけることは卑怯である。武士道精神はそう教えています。しかし市場原理主義ではそんなことに頓着しません。一本道のような論理で、全体を通してしまいます。（藤原正彦［二〇〇五］二七－二八頁）

ここに端的に現われているように、「強者」が「弱者」を駆逐し、さらに全体が一つの原理で支配されてしまうという批判は、基本的に競争社会を「潰しあい」の場として捉えている。

「潰しあい」の場としての競争

ところが、最近では、むしろ「格差社会」の下位にいる層が、既得権をもった層を引きずり下ろし閉塞感を打開するためにこうした「潰しあい」の場としての競争を積極的に捉えようとする議論が目立っているのは興味深い。その代表が、「『丸山眞男』をひっぱたきたい」という強烈なタイトルをともなった赤木智弘の議論である。彼は、正社員労働者としての既得権をもった団塊世代層と、自身がフリーターとして属する、いわゆる「ロストジェネレーション」世代（バブル景気崩壊以後の就職氷河期世代）の断絶を強調する[1]（赤木［二〇〇七］）。

彼の主張では、後者に「ワーキング・プア」や「プレカリアート」（規制緩和による不安定な雇用労働条件のもとで生じた非正規労働者や失業者）として先が見えない貧しい生活を送らねばならない層が多いのは、まさに「平和な安定した社会」を目指す保守的な風潮が原因である。彼にとってそれは既得権の擁護とまったく同一であり、「平和な安定した社会を達成するためには、その人の生活レベルを維持することが最大目的となる。だから同じ弱者であっても、これまでにより多く消費してきた高齢者には豊かな生活を保障し、少ない消費しかしてこなかった若者は貧困でも構わないという考え方に至ってしまうのではないか」と指摘したうえで、そうした閉塞状況を打開するためには「戦争」しかないと述べる。帝国大学で学び選良であった丸山眞男が、徴兵された軍隊内ではまったくそんなことは省みられず、「中学にも進んでいない」農村出身の兵士たちと「平等」に扱われ、それどころか彼らに羨望や嫉妬の入り混じった「イジメ」を受けたことを肯定的に評価したうえで、自分たちの「戦争」とは「小泉改革」による規制緩和と労働の流動化による「国民全員が苦しみ続ける平等」であるとする。戦場においてこそ丸山と一般兵士が同じ土俵に立てたように、そうした状況こそが、既得権をもっていない層が成り上がる唯一の「チャンス」だというのである。

こうした議論は単に赤木にとどまらない。赤木がサブタイトルで「三一歳フリーター。希望は、戦争。」と叫ぶのに呼応して、雨宮処凛《あめみやかりん》は基本的にいわゆる新自由主義の拡大に懸念を示している点では異なるが、「三二歳不安定作家。希望は、革命戦争」と述べて赤木への共感を示し、戦争や天災による社会の「リセット」という形で、同様に現代社会の閉塞状況の打破を唱えている（雨宮［二〇〇九］）。より赤木に近いのは、城繁幸の議論である。城もまた「もし心から格差をなくしたいと願うのなら、それは当然、年功序列の否定をともなわねばならない。新人から定年直前のベテランまで、全員の給料を一度ガラガラポンして、果たす役割の重みに応じて再設定し直すべきだろう」（城［二〇〇六］一六二頁）と述べて個人の自助努力よりもまず、社会の変革自体を処方箋として求める議論を展開する。

「弱者」が「市場原理主義」の担い手となる

赤木が的確に述べているように、「ワーキング・プア」の階層が規制緩和を推進する小泉改革を支持したのは、「若者にしてみれば、非難の対象はまさに左傾勢力が擁護する労働者だ。だから若者たちはネオリベ政府に『労働者の利権を奪い取って、おれたちにわけてくれ』と期待してしまう」からである。だからこそ彼らは正規労働者の既得権に対して反感を示すわけであるが、その議論が、「労働の商品化」にもとづく「ダンピング」としての「アルバイト派遣」「日雇い派遣」そのものを批判する、例えば、中野麻美のような議論（中野麻美［二〇〇六］）ではなく、熱烈な規制緩和論者である八代尚宏が主張するような全面的な労働市場の流動化に接近しているのは非常に興味深い。

八代の議論は、非常にラディカルなものである。正社員である夫が収入を獲得し、妻が専業主婦（パート含む）として家庭を支えるという旧来の労働環境こそが正規労働者と非正規労働者の格差を生み出しており、徹底的な労働の流動化こそが、「現行の正規社員と非正規社員との賃金・労働条件の大幅な格差を、『身分』の違いではなく、個々の生産能力に見合った水準にまで縮小させることができる」というのである（八代［一九九九］）。労働の流動化が失業の問題を解決するという議論は、前述の大竹にも見られるが、これ自体はおそらく安定的な雇用が生活の安定をもたらすという一般の常識とは反して、労働慣行など価格メカニズムに対するさまざまな障害物を取り払えば市場は自動的に調節されるという考えを基本的には共有する、経済学者にとってはふつうの議論である。「非正規社員の雇用の不安定さは正規社員の長期雇用保障の裏返し」と八代が指摘していることは事実認識としては正当であると思われるが、しかし、労働の流動化を人為的に急激に推し進めることのリスクにあまりにも注意が払われていないことは問題である。労働の流動化は労働資源の効率的かつ適切な配分よりも、社会不安という形で将来に対する人々の「期待」を押し潰して、景気の悪化を招いている。日本のＧＤＰの大部分が輸出ではなく内需によってまかなわれている現状を考えたとき(2)、そもそも誰が財を購入するのかという視点と、消費に対する人々の選好を形成し、将来への期待との関わりで需要を創出するのは八代が駆逐しようとする社会慣習や制度であることを忘れてはいけない。

個人主義と経済原理の奇妙なねじれ

もう一つ興味深いのは、赤木らの議論においては、通常、緊密な結びつきを示していると思われる個人主義と競争社会という二つの概念が切り離されていることである。彼らは個人の自助努力を求める議論に強く反発する。たしかに、自分の境遇が思い通りにならないのは、社会や家庭環境などの問題なのかもしれない。虐待や貧困や障害など切実な問題は確実に存在するし、そうした問題への対策が求められるのはもちろんである。しかし、ここで気になるのは、自分自身の運命を「戦争」や「リセット」や「ガラガラポン」に求めるのは、自分では自分の問題はどうしようもできないということを自ら認めているということである。たしかに、本田由紀が「自己実現系ワーカホリック」という言葉で指摘しているように（本田［二〇〇七］）、われわれは「努力」することに疲れているかもしれない。サービス残業といった形などで他者からそれを強いられることに倦んでいるかもしれない。さまざまな形で他律が自律に摺りかえられていることに対するアンチ・テーゼとしては、実のところ筆者も赤木らの議論に共感するところがある。

しかし、だからといって自ら目標を育み努力するというテーゼ自体の意義を根本的に破壊してしまうことは、より社会不安を増すだけであろう。そもそも現在の社会で何かを獲得できない者が、より過酷な戦争状態ではたして生きていけるのかという疑問がすぐに浮かぶし、何より、現実の社会への不満から急激に理想社会を求めるあまり「ディストピア（逆ユートピア）」に行き着くことの悲惨さはすでに二十世紀においてわれわれが何度も目撃し教訓としたはずのものである。フロムは『自由からの逃走』において、それまでの封建的共同体から「自由」を獲得した大衆が、結局はその自由をもてあまし、社会から遊離した存在となることで無力感や疎外感の虜となり、結局は自由を投げ出し、全体主義の担い手となる状況を克明に描き出した。ほかにも、人々が自由ではなく社会主義やファシズムを希求するそうした事態をオルテガは「大衆の反逆」と呼んだが、現代社会の矛盾を指摘するあまり、近代以降われわれが獲得した自由や人権などの基本的理念を放棄してしまっては何の意味もないし、むしろ求められているのは、競争社会において「潰しあい」ではない別の理念を再発見することである。

格差積極的肯定論

その議論に移る前に、もう一つの「ディストピア」ともいえる議論に触れておこう。藤原正彦とは同じ「保守派」でありながら、反対に格差を積極的に肯定している論者として、渡部昇一が挙げられる。彼は、格差の存在が経済成長に不可欠なことを指摘したうえで、相続税の撤廃や所得税の大幅引き下げといった「金持ち優遇の税制」を導入することで、経済のさらなる繁栄を目指すべきだと主張する（渡部［二〇〇一］）。彼の議論は、過度の平等主義を大衆社会における「嫉妬心」の産物としたうえで富者の存在がもたらす社会的効用を強調している点では、本論における後述の議論ともある程度の関連がある。先述の赤木の議論は、それが単に社会の崩壊を望むにとどまっている限り、まさに「嫉妬心」の産物であろう。しかし同時に指摘しておかなければいけないのは、渡部の主張においては意図的に「金持ち優遇の税制」を導入することによって積極的に富者や格差を作り出す、あるいはそれを固定化することが賞賛されている点である。後で見るように、富者の存在それ自体は肯定されるとしても、それは結果として生じる格差であって、意図的に作られたものではない。渡部の議論においては、初期条件として下位の層に生まれた人間は、なぜそうした境遇に甘んじなければいけないかを、まったく了解することができない。自分も努力しだいで「金持ち」になれるという方策や期待が与えられず、全体の繁栄という視点からのみ格差が肯定されるのであれば、それは、自由な競争社会ではなく、むしろ一種の身分制社会の擁護論となってしまうであろう(3)。また、下位の層にいる人間は自分たちの生まれながらの境遇が自然的なものではなく意図的な設計の産物であると知ったとき怨嗟の声を上げるだろうが、それは彼が言うような「嫉妬心」ではなく正当な不満であるし、こうした社会は渡部の意図とは反してユートピアではありえない。

それでは、いままで述べてきたような競争観とは異なる、より理念的な競争の意義とはどういうものであろうか。

二　競争は「強者」のためのものか

競争は人間にとって悪?

先述の藤原の議論のような、競争社会の進展が、自分たちの共同体の価値観と齟齬《そご》をきたすのではないかという怖れは、実は、産業革命が勃興し進展しつつあったイギリス（ブリテン）ですでに広く論じられたものであった。いわゆる「富と徳」問題である。およそ三百年前のイングランドとスコットランドとの合邦（一七〇七年）が行なわれた時代に、当時スコットランドの政治家であったフレッチャーは、政治参加や国防といった市民としての義務をまっとうする自由な「市民」によって運営される古代ギリシャの都市国家を理想とする「シヴィック・ヒューマニスト」としての立場から次のように批判した。すなわち、合邦による経済発展が、恩顧授与（官職の任用にまつわる汚職）や奢侈といった道徳的な「腐敗（corruption）」をもたらし、スコットランド独自の伝統や自由、独立、さらには「市民」としての自律や人格、公共空間への参加といった理念が脅かされるというのである(4)。つまり、彼は、過度の経済の発展（上記の理念を破壊しない限りである程度は認められるが）をまさに人間性を侵食するものとして捉えていた。

競争社会に対するより新しい批判としては、ヴェブレンの議論が代表的なものである（Veblen [1899]）。彼によれば、人間には自分たちの生存のために身の回りの資源や環境にはたらきかけて効率的で有用なものづくりを行ない、またそうした行動を賞賛する「製作者本能」という美質が本性的に存在する。しかし、未開時代には支配的であった「製作者本能」は、経済の発展にともない、自分でものづくりをしてそれに自ら価値をおくのではなく、武器や暴力でもって他者のものを「略奪」し、その戦利品の数で他者からの羨望のまなざしとしての栄誉や評価を求める精神にとってかわられていく。そうした略奪的精神の近代社会における現われが「顕示的消費」という概念であり、人々は他人から賞賛を浴びるために、自分の虚栄心を見せつけるために、「有閑階級」として生活にとりたてて有用でも効率的でもない過剰な「浪費」を競争するようになる。われわれは自律した自己決定にもとづく選好によって財を購入しているのではなく、「制度」としての社会的な思考習慣にそうした消費をいわば強制されているというのである。

通常、文明の発展を表わすと思われる経済的繁栄は、ヴェブレンにとっては一皮むけば、略奪物の成果を競って見せつけあっていた野蛮な古代人の精神が、形を変えて復活したものに過ぎなかった。こうした金銭欲にとりつかれた「営利企業」が、ものづくりの精神としての「製作者本能」を体現する「産業（industry）」を侵食していく近代の競争社会に対して、彼はシニカルな眼差しを投げかける。こうした彼の議論は、われわれの住む現代社会の問題点を鋭く抉り出している点で非常に興味深く刺激的である。しかし、だからといってわれわれは未開社会に戻るわけにはいかない。ヴェブレンは、自分のそうした思想を体現するかのように、晩年には世俗での栄達や名誉を捨てて山荘で孤独な隠者のような生活を送ったが、それは彼のような高邁で卓越した精神をもった者だけがとれる態度であろう。われわれは自分たちの消費行動がかなりの部分、制度によって支配されていると悟ることができたとしても、それ自体から「降りる」ことはおそらく不可能である。

「利己心」と「奢侈」の肯定

このような経済の発展が人間性の堕落をもたらすのではないか、という疑念に対して、フレッチャーの同時代人であり『蜂の寓話』で有名なマンデヴィルは、人間のもつ虚栄心としての「高慢」を悪徳としながらも、むしろそうした高慢や虚栄心こそが富者による奢侈としての消費によって需要を生み出し、大多数の貧者にも職を与え、社会全体の富を生み出し、商業社会を発展させるとした。『蜂の寓話』は当時の社会や人々を蜂や蜂の群れにたとえて詩の形で風刺したものであるが、そこでは蜂たちの「利己心」にもとづくさまざまな悪徳が結果的に全体の善に結びつき繁栄をもたらす様子が描かれている。彼自身の言葉によれば「私悪は公益なり」なのであって、個人的な動機を追求する「利己心」や「奢侈」はそれ自体が単独で肯定されているのではなく、回りまわって全体の利益となるという一種の公共性ともいうべき観点から擁護されている。『蜂の寓話』には欲望の介在する場として女衒《ぜげん》や詐欺師などに象徴される忌まわしい存在も必然的に登場する。しかし、ある程度富を得た蜂たちが近視眼的に小市民的道徳を求め「ブンブンうなって」悪徳の全面的排除を求めたとたんに、「蜂の巣」は崩壊し、それまでの繁栄はすべて無に帰すことになる。

このようにマンデヴィルが「利己心」と「奢侈」の効用を肯定したことは、欲望を捨て去ることとなどできない「弱者」としてのわれわれ一般人が社会において大きな役割を果たすということを認めたという意味で、非常に大きな意義がある。当時の経済思想には「低賃金の経済論」と「高賃金の経済論」の二つの流れが存在した（小林［一九七六‐一九七七］）。マンデヴィルは高賃金が労働者階級の怠惰を招くとして低賃金を肯定したが、その点では、彼の議論はまだわれわれにとって完全な福音とはならない。けれども、彼の議論は「高賃金の経済論」を説くデイヴィッド・ヒュームとアダム・スミスに、発展的に受け継がれるのである。

「富裕の一般化」と「高賃金の経済論」

「経済学の父」と呼ばれるアダム・スミスは、友人の経済学者・哲学者ヒュームとともに、経済発展の果実が下層にまで行き渡るプロセスを強調する。先述のマンデヴィルや、「貿易差額説」を唱える重商主義者たちは、高賃金による奢侈が輸入を増大させ、生産コストの上昇が輸出を減少させるとして低賃金を推奨した。(5) わが国の「失われた十年（一九九二〜二〇〇二年）」の後の「いざなみ景気（俗称、二〇〇二〜二〇〇七年）」での好景気の原因の一つは、非正規労働者の増大など労働分配率を低下させたことにあったと考えられるが、人件費に代表される生産コストを圧縮することで自分たちの利益を図ろうとする試み（いわば「ゼロサム・ゲーム」）は、こうしたかつての重商主義者の議論に通じるところがあろう。

しかし、ヒュームとスミスは「高賃金の経済論」の旗手として、「ゼロサム・ゲーム」あるいは

「潰しあい」としてではなく、競争が、国民全体の福利を、何より、下層階級の福利を増大させることを強調した。彼らは私有財産と競争にもとづく商業社会が富の不平等という「格差」を生み出すことを認めてはいたが、しかし、彼らがそれを擁護した理由は、「格差」の存在が、逆に社会階層の下位にいる人々の境遇を改善することにあった。

そうした状況で上層の階層は多大な消費を行なうが、しかし、ヒュームは、まさしくそうした「奢侈」こそが、堕落ではなく、文明社会の発展、すなわち「技芸の洗練と学問の発達」をもたらすと指摘する。

例えば、貴族の高価な着衣は製造にたくさんの工程を必要とする。しかし、それによってそうしたひとつひとつの工程を担う職人や労働者の雇用が確保され、生活が保障されているのである。さらに人々は上層身分の富裕に「共感」することで勤労意欲を掻き立てられ、社会全体の富を押し上げるとともに、その秩序をより安定的なものにする。最初は王侯貴族だけに許された奢侈が、産業の発展とともに一般の人々にも享受可能となってくる。現代においても、かつて三Cとして高嶺の花であったカラーテレビや自家用車、クーラーといった消費物資が、大規模生産にもとづくコスト低下による値下がりと賃金の上昇によって大規模に普及したし、最近では家庭用パソコンの値下がりなども例として挙げられるだろう。そして何より、そうした洗練の過程は単に物質的なものにとどまらず、人々を「勤勉（industry）」にし、学問や文化といったものにまで波及するとヒュームは主張する。

さらにスミスはヒュームとともに、このように上位層の豊かさが社会の底辺にまで拡大していくという「富裕の一般化」の概念を展開しつつ、労働者の高賃金が怠惰を招くという議論を批判して次のように述べる。

豊かな労働の報酬が〔人口の〕増殖を刺激するように、同じく庶民の勤勉をも増進させる。労働の賃金は勤勉の刺激剤であって、勤勉というものは他の人間のすべての資質と同じように、それが受ける刺激に比例して向上する。生活資料が豊富であると労働者の体力は増進する。また自分の境遇を改善し、自分の晩年が安楽と豊富のうちに過ごせるだろうという楽しい希望があれば、それは労働者を活気づけて、その力を最大限に発揮させるようになる。(Smith [1776] 邦訳 第一巻 一三八頁)

このように、高賃金こそが分業とあいまって全体のパイを押し上げ社会全体をさらに富裕にするばかりか、さらには労働者の「雇用」をもたらして「勤勉」にし、将来への「希望」を与える。[(6)] スミスにとって競争とは、社会の上位層だけが利益をむさぼるものではなかった。彼の意図は、「どんな社会も、その成員の圧倒的大部分が貧しくみじめであるとき、その社会が隆盛で幸福であろうはずはけっしてない」(*ibid.*, 邦訳 第一巻 一三三－一三四頁)という言葉に明瞭に表われている。

限定付の格差の肯定

上記の議論のように、ヒュームもスミスも、それが下層階級の福利を増進させるという観点から「格差」の存在を容認している。例えばヒュームは、平等主義の観点から所有の完全な平等を求め、所有権それ自体に異議を唱えた「水平派（levellers）」と呼ばれる人々を、「おそらく宗教的な種類のそれから発生した一種の政治的狂信者」としたうえで次のように痛烈に批判する。

これらの完全な平等の観念は、いかにもっともらしく見えようとも本質的には実行不可能であり、もしも不可能ではないにしても、人間社会にとって極度に有害であることは、歴史家たちが、また常識ですらわれわれに教えるところであろう。財産をいかに平等にしようとも、人々の技術、管理そして勤勉の程度の相違は、たちまちその平等を打ち砕くであろう。あるいはまた、もし諸君がこれらの美徳を抑制するならば、諸君は、社会をもっとも極端な窮乏に陥れる。……その上すべての不平等を、その出始めにおいて警戒するためには、最も厳格な取調べが必要であり、それを罰し、矯正するためには最も峻厳な司法権が必要である。しかしながらそれほどに大きな権威は、やがて圧制に堕し、きわめて不公平に行使されるに相違ない。（Hume［1751］邦訳 三三頁）

格差を単純に「戦争」や「リセット」や「ガラガラポン」によって矯正したとしても、次の瞬間から不可避的に新たな格差が生じ、絶えずその作業を続けていかなくてはならなくなる。さらに、それは必然的に権力の増大を招き、個人の多様性を圧殺していく。ヒュームが記述したこうした光景は、二十世紀の左右の全体主義の悲惨さを連想させる。経済格差という害悪を除去しようという努力がもっと大きな害悪を招いたのであった。

だが繰り返すが、ヒュームやスミスがある程度の格差を肯定したといっても、それは、幾多の過程を経て個人ひとりひとりに還元されるプロセスを重視したためであり、それが誰よりも社会の下位層の利益になるからであった。格差の存在は、あくまでもそのための手段として肯定されているのである。

競争とは相手を蹴落とすことか？

さらにもう少しスミスの議論を見てみよう。たしかに、競争という日本語は、"competition" "rivalry" "contest" "emulation" などさまざまな意味を含むと考えられるし、そのなかにはたしかに相手を蹴落とすというような意味も含まれよう。スミスは『国富論』では主として competition を使用しており、これ自体が元来は「ともに（com）求める・励む（pete）」という意味である。さらに、井上義朗は、スミスの『道徳感情論』を引用し、現代の経済理論で多く使用され排他的な語感をもつ rivalry と対比しながら、競争のもつ emulation（真似をすること）という要素の意義について強調している（井上義朗［二〇〇七］）。井上に従って、スミスの該当箇所を紹介しよう。

> フランスとイングランドは、それぞれ、他方の陸海軍力の増大を恐れる理由を、なにか持っているだろう。しかし、それらのいずれにとっても、他方の内部的幸福と繁栄すなわち、その土地の耕作、その製造業の発展、その商業の増大、その港と碇泊所の安全性と数、すべての自由学芸および科学におけるその熟達に対する嫉妬は、間違いなく、二つのそのような大国民の尊厳にふさわしくないことである。これらはすべて、われわれが生活している世界の本当の改良である。それらによって人類は便益を受け、人間本性は高貴にされる。そのような諸改良において、各国民は自ら卓越するように努力するべきであるだけではなく、人類への愛から、その隣人たちの卓越を妨害するどころか、促進するように、努力すべきである。これらはすべて、国民的競争の適切な対象であって、国民的偏見あるいは嫉妬の対象ではない。(Smith［1759］邦訳 一三三－一三四頁。強調は引用者による）

ここで使われている「国民的競争」の「競争」の原語は emulation であるが、井上はこの部分から emulation としての競争、すなわち、「競争相手を蹴落とすことなく、互いの優れた部分を真似ながら、自己を高めていく」ことの重要性を指摘する。彼によれば、「競争のメリットが、優れた競争相手を目指しての自己鍛錬にあるとすれば、競争相手にはいつも、いくらか自分より高めの位置にいてもらわねばならない。そうであってはじめて、それは自分の目指すべき目標になり、自己を高める契機にもなる。ゆえに競争相手がもし脱落しそうに陥ったら、相手を自分より高めの位置に押し上げるべく助力せよ、とスミスは説いている」（井上義朗［二〇〇七］四八頁）ということになる。すなわち、ここでは競争が、嫉妬心の発露ではなく、単なる個人の卓越のみならず、他者との協調、さらには、他者への援助までも含んだものとして語られている。卓越とは、単に他者よりも自分を上におくことではないし、またその際に、相手を出し抜いたり蹴落としたりしてなされることではない。優れた他者の存在があっても卓越は成り立つし、むしろ、emulation ということを考慮に入れるならば、それこそが卓越の前提条件となっているのである。(7)

これは、本書第三章で論じられたような、「フェア・プレイ」の概念とも非常に関係がある。たしかに時には相手を出し抜くことが競争で勝利するために必用な力量であるとしても、偽装請負が発覚して業務停止命令を受けたとある派遣業者の社長による、「業界ナンバーワンになるには違法行為が許される」（『毎日新聞』二〇〇六年二月二日付）というような言明は競争社会のあり方を大きく捉え損なっている。競争のルールや基盤そのものを破壊してまで営利を追及することが賞賛されるような風潮をわれわれは認めてはならない。いずれにせよ、「経済学の父」によって唱えられた競争観は、「潰しあい」や「ゼロサム・ゲーム」で相手を打ちのめすというよりは、下層民の利益や雇用、さらには「勤勉」や他者への「共感」、「フェア・プレイ」といった概念と不可分のものであったのである。

三　格差と自己意識

格差の何が問題か

二十世紀における自由主義の擁護論の第一人者であるハイエクは、産業革命がスラム街で貧困にあえぐ都市の悲惨な労働者を多数生み出したという資本主義批判に対して、むしろ資本主義の発展こそが、それがなかったならばこの世に存在しなかったであろう貧しい人たちが、生存できる余地を生み出したのだと反論する（Hayek［1954］）。彼の意図は、スミスたちと同じく、経済の成長のみが貧民の生活も含めた大量の人口を支えることができるということにあることは注意せねばならない。だが、産業革命によって人口が爆発的に増大したのは歴史的事実としても、この記述はやや言葉足らずであり違和感を抱くかもしれない。

シプラーがアメリカの格差問題を指して次のように述べていることは、そうした違和感を上手に言い当てている。「アメリカの貧困者は香港や一六世紀ならば貧しくない。彼らは今ここで、このアメリカにおいて貧しいのである……彼らは、この国の他の人々が享受しているものから見て貧困化されており、社会が意思さえあれば提供できるものから見て貧困化させられている。」（Shipler［2004］邦訳一三頁）アメリカと同様に、日本の格差の問題はほとんどの場合は、食糧危機や飢餓の問題ではなく、その意味で生存そのものに直結するものではないかもしれない。しかし、格差の問題とは、単に生存できているから、最低限の生活物資が供給されているから存在しないというものではない。先に述べたような、赤木や雨宮らが代弁する「プレカリアート」や「ワーキング・プア」の感情は、「他の人々が享受しているもの」を自分たちは獲得できないという苛立ちである。そして、自分たちは「負け組」であるという認識や観念が実際の消費行動や目的追求に大きく影響してそれらを阻害しているのが、格差社会の一番の問題であろう。

格差と自己意識

そのように格差の問題は認知の問題であり、それは自己意識と深く関係している。他者と自分を見比べ劣等感を感じる、その大きな要素の一つとしてここでは恋愛を取り上げるが、この問題は認知としての格差を語るうえで非常に端的な例であると思われる。最近、秋葉原で起こった通り魔殺人事件にしても、犯人が異性と上手に関係を結べないことへの苛立ちを動機の中心としていたことは記憶に新しいし、格差問題の第一人者である橘木俊詔も、女性における結婚や容姿の差異という極めて微妙な問題へと経済格差の問題を拡張している（橘木［二〇〇八］）。おそらく恋愛関係はその人の自己意識を何より投影する場であるがゆえに、また家族という社会生活の根本となるものであるがゆえに、そこで生じた劣等感は回復不能な域にまで達し、極端な場合には無差別殺人の動機にまで拡大する。

しかし、そうした弱者の蓄積した鬱憤に対する解決策として、小谷野敦は誰にでも恋愛は可能であり、恋愛できない者は落伍者であるという「ロマンティック・ラブ・イデオロギー」を虚妄であると批判する（小谷野［二〇〇〇］）。われわれはテレビや小説、漫画や映画などさまざまなメディアによって「恋愛は訓練しだいで誰にでもできる」と刷り込まれているが、それは近代思想による「恋愛教」という「洗脳」であり、そのなかで何とかそれについていこうと必死にもがくのではなく、そうした思考をイデオロギーなのだと相対化してそうした競争から「降りる」、つまり恋愛自体をあきらめることが、不必要な悩みから解放される手段であると彼は主張するのである。

前述のヴェブレンも、「男性による女性の所有」の誇示が、奪い取った戦利品を互いに見せつけてステイタスや「見栄」を競いあう略奪社会の最も初期の形態であるとしている。無論、本来的なあり方、望ましいあり方ではないが、現代の競争社会においても異性との関係を築くことはわれわれの「見栄」と深く関係してしまっているだろう。その意味で小谷野の議論は非常に興味深いものがある。ただここで一つ疑問なのは、そうした思考習慣や「制度」をイデオロギーであるとして相対化してその場自体から「降りる」ことは、ヴェブレンもそうであったようにかなり高踏的な態度であり、弱者にそれができるのかということである。ひとたび消費物資の魅力にとりつかれてしまった者は、メディアによって「恋愛教」を刷り込まれてしまった者は、頭の一方でそれがイデオロギーだと知りつつも、その夢から醒めることはおそらくかなり困難なことであろう。

しかし、それでも小谷野の主張には競争と格差の問題を考えるにあたって、非常に重要な示唆が含まれている。それは一元化された価値を絶対視するなということである。まさにわれわれの社会の格差問題の根本は、次の節で述べるように、一つの価値観に囚われ、その基準に自らを押し込めようとして生ずる葛藤にあると思われるからである。二つ目として、競争それ自体から全面的に「降りる」ことはできなくとも、競争は一つのものをめぐって争っているわけでは必ずしもない。というのも、これも後で示すように、競争とは非常に多様なものであり、人々は一つの競争で負けたとしても、その場所を「降りる」ことによって、別の競争に移ることができるからである。

「成果主義」ははたして競争の原理か

競争が価値の一元化をもたらす、あるいは第一節で見たように「全体が一つの原理で支配されてしまう」という批判は、たしかにありうべきものである。市場の評価はその人や作品の「本質」や何より努力とはほとんど関係がなく、先述のように陳腐なものがはびこりしまいには堕落へと向かっていくのではないかと、あるいは、業績など一つの価値観で人々が階層化される「成果主義」にわれわれが支配されるのではないかという疑念である。

しかし、市場でなされる評価というのは、あくまでも金銭的なものであり、その他の価値とは無関係なはずである。金銭的価値は一つの大きな価値観ではあるが、すべてではない。自己評価やすべての判断を市場にゆだねてしまうからこそ、そこで評価されなかった場合に絶望感の虜になってしまうわけであるが、その意味では競争社会を批判する人間も、市場でなされた評価を絶対的なものとみなすという点で、結局は同じ土俵に立ってしまっている。

ここで興味深いのは、競争社会とは、業績評価による「格付け」や「成果主義」と不可分であるという認識に対して、ハイエクは、人々の功績やもっている価値によって一元的に格付けされた社会を、自由とは異なるもの、先ほどの筆者の表現でいえば「ディストピア」を招くものであると批判している点である（Hayek［1960］）。

ハイエクの議論の骨子は次のようなものになる。一つ目として、仮に何らかの競争における結果や成果を評価して、その人の「功績」や「価値」や「本質」といったものが百パーセント格付けされる社会になったとしたら、それは百パーセント正しい評価であるがゆえに、下位層は、自分がどの側面から見てもその立場でしかありえないという救いようのない無力感や底知れぬ敗北感を味わうということである。内田樹はまさにこの観点から、現在のシステムは自分たちの「本質」を正当に評価していないと嘆く先述の赤木らの議論に対して、次のような疑念を提示する。「自己努力の成果が迅速かつ適切に評価されて応分の報償が得られるシステムを要求するということは、言い換えれば自己努力の不足のために成果を上げられなかったものが速やかにかつ適切に社会的低位に格付けされるシステムの構築に同意することを意味しているのである。徹底的な能力主義の導入による格差解消という構想のアポリアはこの点に存する」（内田樹［二〇〇七］三五頁）。

ハイエクの議論の二番目の点としては、実際には、「功績」にせよ「価値」にせよ「本質」にせよ、われわれはそれらを百パーセント正しく評価することなどできないし、さらにそもそも成果というものは、努力や生来の本人の能力、そして何より「運」に依存するものであるということである。これらが分離不可能であるにもかかわらず、あたかもそれらが可能だと信じて社会の運営を行なうことは理性の濫用であり、社会全体を大きな混乱へと導いてしまう。もちろんここで、本人の努力が成果と結びついてそれがまたその人の努力のためのインセンティブとなるような、好ましいあり方を否定しているわけではまったくない。それはわれわれの社会に必要不可欠なことである。そうではなく、指摘しておきたいのは、計量不可能なものをあたかも可能であるとみなすイデオロギーが、格差社会の問題の根底には存在するということである。

競争とは競争から「降りる」こと

競争とは単に勝者を決定し、脱落者を排除していくシステムではない。逆説的ながら、競争においてはそのたびごとに「降りる」ことによって進歩や多様性が生じている。またこれは、競争は一回限りのものではなく多数存在するということも意味する。

ハイエクは、そうした競争の性質について次のように述べる。「第一に競争とは、その結果が予測しえないものであり、何者かが熟慮のうえで意図した、あるいは意図しえたものとは全体において異なるからこそ、またその限りにおいてのみ価値がある。さらに、一般に競争が有益な効果をもつためには、ある特定の期待や思惑が外れたり裏切られたりすることが必要である」(Hayek［1978］p. 180, 強調は引用者)。

すなわち、競争は、「期待や思惑が外れたり裏切られたりする」なかで、幾度となく、また種類を変えて繰り返されるものであり、さらには、次のステップへの道しるべでもある。受験勉強でも何でも、われわれがいままで参加した何らかの競争を思い出してみよう。何らかの一回の競争で、下位に甘んじたとしよう。しかし次のトライアルのためにわれわれは、その経験や知識を生かして準備することができる。上位になったとしても、次に同じ位置にとどまることのできる保障はないし、とどまったとしても、それはその競争においてのみである。そしてわれわれはある競争において自分自身の適性がどうしても見出せない場合、そこを「降りて」別の競争へと移ることができる。

そもそも、競争が「勝ち組」を目指すものであるとすれば、いったい「勝ち組」とは何を指しているのであろうか。先述の出世競争にしろ、例えば官僚を目指す場合、公務員試験という競争があり、それを潜り抜けても、事務次官という最終的なポストまでは幾多の競争があり、そこにたどり着くのは同年代でたったの一人だけである。民間企業でも事情は同じであろう。最終的なポストについたところで、退任するまでそこから転落する危険と常に背中合わせである。結局のところ、競争が単に「勝つ」ことを目的にしているのであれば、「負け」ていないものなど、世の中にはほとんどおらず、競争の意味が「勝つ」ことに限定されるのであれば、それは貧困な概念であろう。

そして何より、競争において一番大切な情報である自分の位置や状況が摑めるのは、その競争に参加するがゆえにであり、他の方法では不可能である。それを指してハイエクは次のように述べる。「競争とは本質的に意見の形成の過程である。……人々が、さまざまな可能性や機会について現に知っているだけのことを知るようになるのは、競争のおかげである」(Hayek［1949］邦訳 一四四頁)。

われわれ自身のあり方や選好や欲求などは、われわれ自身が一番よく知っていると同時に自己理解とは完全なものではない。ある意味自分自身も自分にとって他者であり、われわれは根源的な無知の世界に身をおいている。つまるところ、競争の最大の意義とは、競争を通じなければ、匿名の個人が交差する互いに顔の見えない「大きな社会」では、われわれは自分が何者であるかもわからない、ということである。たしかに、古い封建的共同体においては、共同体がわれわれのあり方そのものを規定しており、自分とは何者かという問いが生じることは比較的少なかったであろう。しかし現代社会では、われわれは自分自身のあり方を幾多の競争において「降りて」いくなかで見出していくのである。(8)

エピローグ

これまで競争社会の抱える問題点について触れつつ、その意義について論じてきたが、中心となるのは、競争は本質的に「弱者」のためにあるということである。かつてヒュームは、われわれは自分の利己心を克服できず他者に対する「限られた寛容」しかもっていないことを、さらにハイエクはわれわれの知識が局所的・分権的なものにとどまることを喝破した。さらに、われわれは互いに顔が見えてわかりあえる共同体だけが生活の場ではなくなっているという意味でも、また、われわれは自然からも切り離されてしまっており、単独で荒野に投げ込まれれば、数ヶ月も生き延びることは難しいであろうという意味でも、われわれは本質的に「弱者」なのである。われわれの社会はそうした諦観にもとづいており、そのうえで、競争はそれがなかった場合と比べて、すべての参加者に利益を与える。そしてそれにとどまらず、競争は社会の上位層ではなく、むしろ「下流」の人々のためにあるということをここまで論じてきた。

たしかに、競争が個人の努力をすべて掬い取る役割を果たしているかといえば、そうではない。賞賛に値するような努力が必ずしも報われるとは限らないような事例をわれわれは多く目にするかもしれないし、われわれ自身の経験にもそういうことがあったかもしれない。

だが、先述のようにハイエクは「予測が裏切られること」の効用を説いたが、ナイトも、競争市場において利潤が発生する根拠を社会の「不確実性」においた（Knight［1925］）。客観的な確率を予測できる「リスク」だけならば、それは単なる確率ショックとして処理され、期待値が求められることで完全情報と基本的に同様の結果となり、競争の参加者の期待利得はトータルではゼロとなる。つまり、「リスク」とは、例えば保険やポートフォリオといった形で対応できるものであり、そのためにそれは人々の将来への期待（予想）に本質的な影響を与えるものではない。一方で、大災害が起こる確率や逆に大発明が起こる確率などは、確率分布がまったく予測できない「不確実」なものであり、そこに「企業家」の利潤機会があるのであった。ケインズも同様に、長期利益は経済主体がいくら「合理的」に行動したとしても本質的に不確実な予測不可能なものであり、企業家の将来への投機としての「アニマル・スピリット」が経済の原動力であるとする（Keynes［1936］、小畑［二〇〇七］）。この世はかなりの部分、運から成り立っているが、だからこそわれわれはそこに「投機」ないしは「投企」することで利潤の獲得を狙い、さらには自分自身の選好やあり方そのものまでも発見し、自らの目標に向かって努力を重ねていくのである。

またここでは示唆するだけにとどまるが、運には「納得の体系」とでもいうべきもう一つ別の要素もあることにも触れておきたい。人は努力してもだめだった場合、運の要素を認めることで結果に対して、「納得」し、「諦め」、「降りる」ことができる。例えば、倍率が数倍、数十倍にもなるさまざまな資格試験は、もう一度同じ人間で同じ条件でやり直してみたならば、相当、合格者の中身は変わるであろう。しかし、このことこそが公平性を担保し、われわれに納得する契機を与えているのではないだろうか。その意味で「努力しても必ずそれが百パーセント報われるとは限らない」ということは、実は弱者にも救いの余地を残している。どうにもならない立場にある人間でも、そこまで力のない人間でも、運や状況によっては逆に力以上の立場につける可能性があるということである。もちろん、コネなどで不当な利益を得ることは許されることではないが、人間が運によってある程度支配されているということは、弱者にも一つの福音なのではないだろうか(9)。

さらに、競争は組織と対立する概念ではない。本書第三章では、組織や集団におけるアイデンティティの構築とそれらの適正規模について論じられているが、現代社会では人々が所属する組織は、企業や家族といった単一のものに限らず複数存在し、そのなかでわれわれは異なった役割やあり方を見せる。われわれが「降りて」いくなかで見出すものは、実際にはそうしたさまざまな小さな共同体や組織ということになろうが、それには適正規模が存在するし、人々が必要とする組織の種類や中身もまた異なる。競争はそうした無数の組織をつなぐものであり、それを通じてわれわれは自分自身の求める組織の組み合わせを発見していくのである。

そして繰り返すならば、競争とは、たった一つの基準において競われるものではない。先述の雨宮の言葉を借りるならば、それは一回限りではなく絶えざる「リセット」の繰り返しである。それは、自分が何に向いているか、どんな適性があるか、いま、何を競っているのか、それ自体を発見していく過程なのである。そして、その人の「本質」や「本来のあり方」というものも、無数の競争のなかの数多くの価値観や評価軸のなかで重層的多面的に織りなされるものであり、時間の経過とともに絶えず姿を変えていくものであろう。

◆注

（1）「ロストジェネレーション」問題については、朝日新聞「ロストジェネレーション」取材班［二〇〇七］を参照せよ。

（2）日本貿易振興機構（ＪＥＴＲＯ）のＨＰ（http://www.jetro.go.jp/world/japan/stats/trade/）の年次貿易動向によれば、二〇〇七年度の日本の輸出総額（ドル建て）は七千百二十七億ドル、輸入総額は六千二百十一億ドルであり、ＧＤＰ全体（四万三千八百三十八億ドル）における輸出の占める割合は十六・三パーセント、輸出から輸入を差し引いた純輸出のＧＤＰに企業が占める割合は二・一パーセントとなる。

（3）「格差論は甘え」（『週刊日経ビジネス』二〇〇六年七月十日号）、「過労死は自己管理の問題」（『週刊東洋経済』二〇〇七年一月十三日号）と断じる某女性の発言も、基本的に渡部と同じような楽観的な格差観あるいは競争観にもとづいていると考えられる。

（4）この「市民」をわれわれのような現代の自由な市民と単純に同一視することはできない。前者は労働から解放されることで公共生活への参加を享受できたが、その資格は成年男子に限られており、また市民権をもたない奴隷の労働によって経済が支えられていたことにも注意しなければいけない。しかしまた同時に、権利と表裏一体の関係にあるはずの義務という観念をともすれば忘れがちであり、それによる自由の濫用が問題になる現代社会において、市民の公共空間への積極的参加を求める新しい「共和主義思想」に対して、従来の自由主義思想を補完するものとしてだけではなく、対抗軸としての注目が集まっている。「富と徳」問題ならびに「シヴィック・ヒューマニズム」概念、共和主義思想については田中秀夫［一九九八］、田中・山脇編［二〇〇六］を、その現代的展開については、佐伯・松原編［二〇〇七］を参照せよ。

(5) 実際は重商主義はさまざまな論者に分かれ、「貿易差額説」はその一つである。重商主義の分類ならびに、「高賃金の経済論」については小林［一九七六－一九七七］を参照せよ。

(6) 同時に、スミスは競争社会における分業がもたらすデメリットに対する視点も忘れてはいない。本書第三章を参照せよ。

(7) ヒュームも「貿易の嫉妬について」という論考で「競争心（emulation）」と「模倣（imitation）」を関連づけ、外国貿易における他国の隆盛は憎むべきものではなく、それを模倣することで自国の製造業や国民生活の繁栄につながることの重要性を指摘している（Hume［1758］邦訳 八三－八七頁）。

(8) ハイエクのこの議論を、例えば伊藤［二〇〇〇］に見られるような新古典派理論の「（製品）差別化」の議論と比較されたい。詳細に論じる余裕はここではないが、両者はある程度までは重なり、またある点から離れていく。

(9) 競争にあたっての初期条件の設定やその後の再分配など制度的な議論についてはここでは触れなかった。また、競争社会や「運」に対する信念を支える経済成長を経済思想としてどう理念的に裏づけるかについても、別稿に譲らねばならない。

◆ブックガイド

橘木俊詔編『封印される不平等』（東洋経済新報社、二〇〇四年）

四人の論者（橘木のほか苅谷剛彦・斎藤貴男・佐藤俊樹）が対談を行なっている前半では、結果の不平等が教育を中心に機会の不平等に直結していることが憂慮されているが、これは重要な指摘である。ほかにも、「競争社会は旧ソ連への道」といったトピックなど、賛同するか否かにかかわらず刺激的な内容である。

桂望実『平等ゲーム』（幻冬舎、二〇〇八年）

現代のユートピア（ディストピア）小説。社会の歪みを是正するために作られた「鷹の島」。所得は完全平等、職業はくじ引きで交代、意思決定もすべて直接投票で指導者もいない。人々は無欲で嫉妬心も存在しない。そうした究極の平等社会の行く末は……。

アダム・スミス『国富論』（大河内一男訳、中公文庫、一九七八年）

誰でもその名を知っている本ではあるが、本書は無味乾燥な理論書でも博物館入りした過去の遺物でもない。分業以外にも、例えば商工業者が独占と既得権の擁護者に転落してしまう危険性の指摘など、スミスの視点は単なる競争礼賛ではなく常に両義的・多面的である。

フリードリッヒ・A・ハイエク『市場・知識・自由——自由主義の経済思想』（田中眞晴・田中秀夫訳、ミネルヴァ書房、一九八六年）

全集にアクセスしにくい読者にとって、コンパクトにハイエクの思想のエッセンスについて知ることができる便利な一冊。ハイエクは一般に「新自由主義」の旗手と見なされているが、一読すれば、彼の意図はもう少し別のところにあることが感じられるであろう。

ソースティン・ヴェブレン『有閑階級の理論――制度の進化に関する経済学的研究』（高哲男訳、ちくま学芸文庫、一九九八年）

われわれがいま生きている社会を相対化するのに必読の書。競争社会を最終的に擁護するにしてもそれに必要なのは盲目的な信仰ではない。ヴェブレンの冷静かつ皮肉に満ちた刺激的な筆致は、まさにわれわれの思考習慣＝「制度」を一変させる。

第五章　消費者主権
――お客様は神様か

原谷直樹

プロローグ

われわれはいかに大衆の心を摑む努力をしなければいけないか、そしてお客様をいかに喜ばせなければいけないかを考えていなくてはなりません。お金を払い、楽しみを求めて、ご入場なさるお客様に、その代償を持ち帰っていただかなければならない。お客様は、その意味で、絶対者の集まりなのです。天と地との間に、絶対者と呼べるもの、それは「神」であると私は教えられている。（三波［二〇〇一］一五一頁）

消費や消費行動の望ましさを問うとはいったいどういうことなのだろうか。問いの所在を明らかにする前に、まずは消費に関する象徴的な事例として、フェア・トレードの流行と悪質クレーマーの増加という二種類の現代的な消費現象を見てみよう。

一般に〝良い〟消費行動の代表例として考えられるのがフェア・トレードである。フェア・トレードという発想自体は二十世紀後半には登場していたが、コーヒーやバナナといった一次産品を中心に着実に広まり、近年急速に注目を集めるようになってきている。日本でも「スターバックスコーヒー」がフェア・トレード商品のコーヒー豆の取り扱いを開始し、途上国のコミュニティとの持続的取引を創業の理念に掲げる「ザ・ボディショップ」が、フェア・トレードのオイルやバターといったさまざまな自然原料を用いた化粧品などを扱って着々と店舗数を増やしているように、徐々に人目に触れる機会が増えてきているように思われる。

そもそもフェア・トレードとは、とりわけ発展途上国との貿易の不公正を避けるために、最低価格保証を含めた長期契約を結んで適切な労働条件を用意し、ソーシャルプレミアム（上乗せ金）などを通じて生活環境を含めた生産者の地位向上を目指したものである。また、環境への配慮や動物の権利などを考慮した商品生産を理念として含むことも多い（Lirvinoff & Madeley［2006］）。こうしたフェア・トレード商品は通常の商品に比べて高価になることは避けられないが、公正な取引を望む消費者が自ら進んで購入したり、フェア・トレード商品を原料として用いた商品を選択したりすることによって、企業への導入が促されることになる。つまり、フェア・トレード商品は消費者の〝望ましさ〟に対する基準にもとづいて自覚的に選択されているといえるだろう。

一方で、悪質クレーマー問題は〝望ましくない〟消費行動の一種として挙げられる。「クレーマー」という用語自体、厳密に定義することは困難ではあるが、ここでは、購入した財・サービスに対して何らかの不満を感じ、企業に対して何らかの対応を要求するにいたった消費者のこととしておく(1)。現代日本では苦情や「クレーマー」が増えており、多くの企業は専用の対応窓口や担当者を設けるといった対処を迫られている。苦情にとどまらず、企業と消費者のあいだでトラブルになることも増え、社会問題化しているといってよいだろう。教育や医療などの現場でも、「モンスター・ペアレント」や「モンスター・ペイシェント」と名づけられるような人々とのトラブルが顕在化しつつある。

そして、とりわけ悪質なクレーマーの増加は大きな社会問題となってきているようだ。実数としてデータのわかる範囲でも、例えば飛行機内の客室乗務員に対する迷惑行為（暴言・暴力などを含む）は一九九七年から二〇〇一年のあいだに五倍となっている（本川［二〇〇二］）。また、駅・電車内での不法行為発生件数は一九九六年から二〇〇〇年で約二倍に増加している（森［二〇〇五］）。クレーマー数の増加はクレーマー対策費用の増大をもたらすが、それが販売価格へと転嫁されて一般の消費者が最終的なコストを負担するという事態が予想される。クレーマーを顧客サービス向上のための有用な情報源と捉えて、積極的にクレーム情報を吸い上げるシステムを準備する企業が増えている一方で、現場のレベルでは度を超したクレーム行為への対処のために精神的な消耗が激しくなったり、他の顧客へのサービスに手が回らなくなってしまったりするというケースも出てきているようだ。

悪質クレーマーはエゴイスティックで〝望ましくない〟消費者であると一般に考えられ、問題視されているといえるだろう。しかし一方で、クレーム行為は、これまで企業に対して弱い立場にあることを強いられてきた消費者が、「物言う」消費者として自らの要望や権利を企業に対して堂々と表明することができるようになったということであって、それは消費者のもつ正当な権利の行使であり、非難されるべき行為であるとはいえないという考え方も存在する。

これら二つの事例に登場するのはいずれも〝自律的な〟消費者であり、消費者自らが自分の意志にもとづいて行動していると考えられる。しかし両者に対する世間的な評価は両極端に分かれているようだ。このような〝自律的な消費〟に向けられる望ましさと非難の乖離をいったいどのように考えたらよいのだろうか。

一　消費の望ましさとは

消費の重要性

消費社会化の進展が喧伝される現代社会において、消費者は経済の中心的な地位を占めているといえよう。「消費社会」（Baudrillard［1970］）あるいは「消費資本主義」（松原［二〇〇〇］）の開始点をどこにとるかは意見の分かれる論点であるが、おおまかにいえば二十世紀の初頭から先進諸国ではじまり順次広がっていったと考えることができるだろう。

もちろん、アダム・スミスが消費を経済活動の唯一の目標と位置づけたように、いわゆる市場社会において消費の果たす役割の重要性そのものが否定されたことはない。経済学という学問領域において、消費が市場メカニズムを動かす主要なファクターであるという認識は共有のものと考えてよいだろう。しかし、工業化の進展によって大量生産・大量消費が可能となり、財・サービスの多様化が進む現代において、消費の重要性がこれまでになく高まっていることは疑いようがない。

われわれは生産者や労働者である以前に消費者として市場社会に直面し、さまざまな種類の消費への欲望を抱え、それらを充足するために経済活動を行なっている。消費行動が個人のアイデンティティを形作り、消費のあり方がその社会の文化を特徴づける、そうした消費資本主義の社会をわれわれは生きているのである。

消費者とビジネス倫理

しかしながら、ビジネス・エシックスという言葉の訳語あるいは日本語の言い換えとして経営倫理や企業倫理という言葉が用いられていることが示すように、これまでビジネスの領域において倫理が問題となるのは主に企業＝生産者の側であった。そこでは企業こそが「反倫理的」行為を行なう存在であり、消費者はそうした企業による「反倫理的」行為の被害者として登場してくるのが常である。したがって、消費者は企業活動の問題を問いただし、企業に社会的責任のある行為を求めるという役回りをもつのみであって、消費者自身の行動の望ましさや社会的責任というものはあまり問われてこなかった。近年注目を集めた食品偽装やリコール隠しといった事件においても、多くの人々の関心を集めたとはいえ、その行為の妥当性を問われたのは当該企業の経営者ならびに被雇用者というごく限られた人たちであった。そして一部の人々が実際にそうした事件における商品の購入者すなわち消費者として被害に直面した以外は直接的なかかわりをもたないにもかかわらず、われわれは想像上の消費者として、こうした企業の「反倫理的」行為に遭遇しえたという可能性に恐怖し憤慨したのである。

たしかに、企業組織の巨大化が進んだ現代社会においては、企業と消費者のあいだには資金や交渉力、情報量など多くの面で大きな格差があるため、消費者の側が一方的な弱者としての立場に立つ可能性が高いことは否めない。したがって消費者は大企業による横暴から守られるべき存在であるという見解が出てきたこと自体は自然なことであろう。いわゆる消費者運動やコンシューマリズム（消費者主義）というものも基本的にはこうした考え方にもとづいて生まれたと考えられる。消費者運動においては、消費者が団結して、企業と消費者のあいだの交渉力の格差を埋めることで企業からの損害の回復を可能にするということと、消費者教育によって「賢い消費者」を育てることで企業行動を牽制し企業から損害を受ける可能性自体を減少させるという二点が、企業の望ましくない行為への対処法として推進されてきたと見ることができる。

しかし、企業が利潤追求のために望ましくない行為を行ない、そこで被害を受けるのが消費者であるのだから、消費者は保護されなければならず、また消費者は企業の行動を監視する役割を担うべきであるというのは、一面の真実であるとはいえ、その逆の事態については考えなくてよいのだろうか。

責任主体としての消費者

企業が自らの利潤を最大化するために順守すべき規準から外れる行動をとる可能性があるのならば、消費者が自らの効用を最大化するために望ましくない行為を行なう可能性もあると考えるべきだろう。実際に近年では、冒頭に挙げたように消費者のモラルが問われる問題が多数発生しており、消費行動の望ましさ自体が一つの大きな論点となってきている。この章で取り上げたい消費の問題も、基本的にはこの点に関わっている。

基本的な問題の構図は、〝企業の社会的責任〟の場合と同様である。すなわち、経済活動の基本的な原理である自己利益の追求という規準と他の何らかの規範的規準とが相対立するような事態をどのように調停すべきかということである。ここにはもちろん、消費行動においても自己利益の追求こそが唯一の規範的規準であるという選択肢も可能性としては含まれている。しかし本章で検討したいのは、こうした利益追求至上主義とは異なる選択肢にはいったいどのようなものがあるのかということである。より一般的な表現で言い換えるならば、消費者＝お客様は神様なのだから何をしてもよいのだろうかという問いに応答を試みることが、本章の目的である。そして、この消費の規範性を考えるにあたって、真っ先に検討しなければならないのが、経済学において長らく中心的な地位を占めてきた消費者主権という規範概念である。

二　消費者主権という理念

規範的理念としての消費者主権

消費社会化が進展するなかで消費者の影響力はますます大きくなり、企業活動のあり方も消費者の意向に左右されるようになってきている。このように、経済全般の趨勢の決定権を消費者がもっているということを指して、「消費者主権（Consumers' Sovereignty あるいは Consumer Sovereignty）」の原則と呼ぶ。

消費者主権という用語自体はウィリアム・ハットが一九三四年に使用したのが最初だとされている。しかし、もともとはオランダ語で「顧客は王様だ（De klant is koning）」という慣用句が古くから用いられており、そこから転じてマーケティングのテキストなどで「顧客は常に正しい」というようなフレーズが広く知られていた。これらから着想を得てハットが名づけたので、完全に彼のオリジナルな用語というわけではない。しかし消費者主権という言葉はその後、経済学の領域では広く用いられる一般的な概念となった(2)。

現代経済学において消費者主権とは、各消費者は自らの利益について最も適切な判断を下すことが可能であり、そうした個々の選択の結果が市場での各財の評価へと反映されることを通じて、生産が方向づけられて市場全体の資源配分が決定されるということを意味しており、経済の基本原則の一つとして考えられている（Stiglitz [1993], 福岡［二〇〇〇］)。そして、誰かの効用を減少させることなしにはこれ以上誰の効用も増大させることができないというパレート最適の状態を、完全競争均衡が達成することが証明されることによって、消費者主権は経済における事実のみならず規範命題として受け入れられるようになった。

もちろん、完全競争市場が成立するためには厳しい条件を満たす必要があり、消費者に限っても、判断を下すために必要となる情報が入手可能であること、かつそれにもとづいて合理的な判断が可能であることという二つの条件が要請される。しかし、もしこれらの諸条件が満たされて完全競争市場状態になりさえすれば、個人の自由な選択＝消費行動には、社会的に望ましい状態をもたらすという規範的価値が与えられ、結果として個々の消費行動の規範性はまったく問われる必要がないということになる。このように資源配分の効率性と結びつけて定義される消費者主権のことを、以下では「現代経済学的な消費者主権」と呼ぶことにしたい。

もちろん、このような規範概念では「倫理」として不十分であるという批判は根強く存在する。例えば経済倫理学者のコスロフスキーは、利己的な効用最大化のみを重視する資本主義的人間観においては、「倫理学は、最大限の快楽をもった目的のために資源を最適配分することに還元される。この最大限の快楽という目的は、しかし空虚で形式的なものである」（Koslowski［1982］邦訳 五三頁）と述べ、「すべての宗教的で道徳的で審美的な規範から完全に解き放たれた消費者主権というもの、また、主観的欲求と支払用意だけに従う市場システムというものは、憲法と法規範のない投票民主主義と同じくらい危険なものである」（*ibid.*, 邦訳 七八頁）と批判している。

しかし、「現代経済学的な消費者主権」の規範性は、個別消費者の行動の規範性とは異なる次元で成立していることにその意義があるといってよいだろう。そして必ずしも消費者の行動原理が自らの快楽を最大にするということに限られると想定されているわけではないことにも注意が必要である。個々の消費者は自らの規準に従って消費行動を行なう。彼らの選択基準は利潤追求的なものであるかもしれないし、何らかの信念にもとづいたものであるかもしれない。そしてそれは社会規範に照らして賞賛されるような行為であるかもしれないし、非難されるべき行為かもしれない。しかし、これら個々の行為の倫理性についての判断とは中立的に、行為の集合としての社会的帰結には効率性の実現という規範的価値があるというのが、「現代経済学的な消費者主権」の意味するところである。

消費者主権は成立するのか?

しかし本当に完全競争の形式的条件を満たしさえすれば、「現代経済学的な消費者主権」は成立するのだろうか。経済社会学者のスレイターは消費者主権という概念には二つの異なった次元の主権問題が隠されていると指摘している（Slater［1997］)。一つは消費者自身の欲望に対する主権という問題であり、もう一つは消費者の市場における主権という問題である。前者では、消費者が他者からの影響を受けることなく自らの消費への欲望を自律的に形成しうるというのが主権の行使のあり方であると考えられる。後者では、消費者の需要水準によって財生産と資源配分が決定されるというのが主権の行使のあり方である。

このような〝主権〟の二重性に注意を払うと、これまで経済学的な「消費」理解に対して投げかけられてきたさまざまな疑義をうまく整理することができる。前者の消費欲望の自律性に関していえば、これまでに多くの論者が欲望の社会性を指摘している。代表的なものとしてヴェブレンの顕示的消費やジンメルの流行論、デューゼンベリーのデモンストレーション効果などが挙げられるだろう（Veblen［1899］, Simmel［1911］, Dusenberry［1949］）。これらはすべて、消費者の欲望が他者からの影響や他者との関係性から生み出されるメカニズムを示している。また、ダグラスが消費のもつ儀礼的な性質を指摘し、ボードリヤールが記号的な意味の体系によって消費は決定づけられると主張したように、そもそも消費者が自己の内なる欲望を満たすために消費行動を行なうという想定自体にも懐疑の目が向けられている（Douglas & Isherwood［1979］, Baudrillard［1970］）。したがって、現実の欲望形成のプロセスを考えれば、欲望の自律性というのは非常に疑わしい条件であるといえる。

ガルブレイスの生産者主権論

しかしながら、規範的価値としての「現代経済学的な消費者主権」にとってより問題となるのは、もう一方の市場における主権のほうだろう。そしてこの点に関して、現代社会においては消費者が市場における主権を行使することが不可能になっていると警告したのがＪ・Ｋ・ガルブレイスである。ガルブレイスは一九五八年に発表された『ゆたかな社会』で、企業は消費者の需要する財を生産するだけではなく、企業の生産する財に対する消費者の欲望を作り出していると主張した。

ガルブレイスによれば、高度に発展した資本主義社会では、企業が巨大化し、非常に大きな生産力を有するようになる。しかし、消費者が本来もっている自然な欲求は企業の生産力と比例して増加し続けることはない。その結果、企業の供給と消費者の需要のあいだにはギャップが生じてしまうことになる。企業は自らの生産力に釣り合うまで消費者の需要を増大させる必要に駆られ、そのために利用されるのが広告や販売技術なのであるとガルブレイスは指摘している。

企業が広告や販売技術を駆使することで消費者の欲望は刺激され、他律的に需要が作り出される。そのようにして作り出された需要は、消費者が本来もっていたものとは異なったものとなる。「欲望が宣伝や販売術や外交員の巧妙な手管によって合成されうるという事実は、その欲望がそれほどさし迫ったものでないことを示している」(Galbraith [1958] 邦訳 二〇六頁) とすれば、そもそも現実の消費行動の対象が実際に消費者にとって必要とされるものなのかどうかさえ怪しくなってくる。むしろ、「このような〔依存効果によって生産過程自体から生まれる――引用者〕財貨に対する需要は、あやつらなければ存在しないのだから、それ自体の重要性または効用はゼロである」(*ibid.*, 邦訳 二〇八頁) とさえいえるかもしれない。生産者は財・サービスを生産すると同時に宣伝活動を通じてさらなる財・サービスの生産への欲望をも作り出す。消費を行なう過程においてさらなる消費が喚起されるこの状態を指して、ガルブレイスは「依存効果」と呼び、消費がそれを「満足させる過程」に依存していると主張したのである。

このような状態では消費者主権などは成立せず、実際には生産者主権の状態に陥っているというのがガルブレイスの認識である。したがって、消費者主権という規範的価値が阻害されているという意味で、現状の消費社会が批判されるべき状況にあるということになる。また同時に、生産者主権の状態では消費者の消費行動の源泉となる欲望が消費者の本来もっていたものとは異なる以上、その欲望から喚起された消費行動は押しつけられた他律的な選択によるものであり、したがって、消費者を責任主体としてその消費行動の責任を問うことができないということになってしまう。

このように、ガルブレイスが突きつけた消費者と生産者のあいだでの主権の奪いあいという問題は、「現代経済学的な消費者主権」が成立しうるかどうかを左右する重要な論点になると考えられる。実際に企業の側がどれだけ消費者の欲望を意のままに操ることができるのかという点に関しては多くの異論も出ており、ガルブレイスが考えたほど容易なことではないというのが大勢の見解である。多くの企業はプロモーションよりもマーケティングに力を入れるようになっており、何もないところから新たに欲望を形成するのではなく、隠された欲望を見つけ出すことで消費への需要を掘り起こそうとしている（石井［一九九三］）。しかし、生産者が消費者から主権を奪取しようとするために現実経済では市場における消費者主権が脅かされているのではないかという疑念は、消費社会化の進展につれてますます大きくなってきており、それが消費者運動や消費者政策にも通底して受け継がれていると考えられるだろう。

消費者運動と消費者の権利

消費者運動の起源は十九世紀にイギリスで生まれた生活協同組合に求めることが通例ではあるが、現代的な意味での消費者運動やそのための団体が組織されたのはやはり消費社会化のはじまった一九三〇年代に入ってからのことである。一九六〇年には国際的な消費者運動団体の連絡組織として国際消費者機構（Consumers International：設立時は International Organization of Consumers Unions）が設立され、日本でも日本消費者協会や全国消費者団体連絡会などが会員として加わっている。

こうした消費者運動のなかで、消費者の権利という考え方が徐々に広まっていった。それを決定づけたのが一九六二年にケネディ大統領が行なった「消費者利益保護に関する特別教書」である。この教書のなかでケネディは「消費者の四つの権利」として、安全を求める権利、知らされる権利、選ぶ権利、意見を聞いてもらう権利、を挙げた。つまり、消費者は自らの健康や生命が危険にさらされるような商品の販売から守られるべきであり、虚偽的な誇大広告は禁止されて商品に関する正確で詳細な情報を知ることが可能でなくてはならない。そして、さまざまな商品が競争を通じた価格で選択可能であるべきであり、消費に影響する政策決定に関して消費者の利益が十分に考慮されなければならない。これらは、のちにフォード大統領が加えた消費者教育を受ける権利もあわせて、消費者のもつ基本的な権利として認識され、その後の消費者運動や消費者行政に大きな影響を与えている。(3)

こうした「消費者の権利」の規定の背後に、先に示した消費者主権成立のための条件やその実現の困難さを見てとることが可能である。現実経済において消費者は生産者と比較して弱い立場におかれているという基本認識が議論の出発点におかれており、生産者主権をくじいて消費者主権を達成するための手段として消費者の権利が規定されていると考えることができるだろう。

消費者政策における消費者の保護と自立

また、政府による消費者政策も基本的な考え方は同様であるといえる。日本では一九六八年に制定された消費者保護基本法（一九八三年に改訂）を中心に、国民生活センターの設置や消費者保護会議の開催などを通じて、消費者政策が進められていった。消費者保護基本法では、生産者への規制と消費者の啓発が主要な内容となっているが、行政と生産者については責務として規定されているのに対し、消費者については役割であって義務的な性格ではないという特徴がある。その名前が示すように、消費者は保護されるべき弱者であり、行政が生産者を監視・指導することで消費者の保護という責務を遂行するという捉え方なのである。したがって、消費者の権利という概念は消費者保護基本法には明記されていなかった。

しかし、消費者政策のスタンスは徐々に変化を見せ、毎年開催される消費者保護会議の決定において、一九八五年には「自立する消費者」の育成の必要性が指摘され、一九九七年からは「消費者の自己責任」が明示されるようになった（御船編［二〇〇六］）。弱者としての消費者保護から消費者の自立の支援へと、消費者政策の基本方針が変化していったと考えられるだろう。そしてついに、二〇〇四年の改正によって消費者保護基本法から消費者基本法へと移行し、その名前から保護という言葉が消えることになった。その内容についても、消費者の自立がより強調されるようになっており、消費者は自ら知識の習得や自主的で合理的な行動に努めなければならないとされている。消費者の権利が明記された一方で、そうした権利を能動的に行使する責務が消費者に負わされるようになったのである。

消費者基本法で記述されたような、自ら必要とされる情報を収集し、それにもとづいて合理的に消費行動を行なう「自立的で賢い消費者」というのは、むしろ「現代経済学的な消費者主権」で想定されていた本来的な消費者像に近い。消費者保護基本法の目的が、主に生産者への規制によって市場における消費者主権の確立を目指すことにあったとすれば、消費者基本法は市場での主権のみならず、消費者自身の主権の確立をも目指していると理解することができる。その意味で消費者基本法は、二重の消費者主権を同時に満たす、「現代経済学的な消費者主権」の完全なる実現を企図しているのだと考えられるだろう。(4)

このように見てみると、現実の経済と理想的な消費者主権とのあいだの乖離を埋め、真に消費者主権を成立させることを目的として、消費者運動と消費者政策が展開されてきたことが理解できる。

三　消費者主権を問い直す

しかし、そもそも消費者主権の理念には、「現代経済学的な消費者主権」が示すような社会的効率性という規範的価値しか含まれていないのだろうか。そこから望ましい消費のあり方について何らかの指針を見出すことはできないのだろうか。消費者主権という考え方そのものを問い直すために、ここではその概念の本来の提唱者であるハットの議論に立ち返り、その含意について考えてみたい。

ハットの消費者主権論

先に触れたように、消費者主権という概念を最初に用いたのはウィリアム・ハットであった(5)。しかし、消費こそが経済の最終目標なのであるから、すべての経済プロセスは究極的には消費者の欲求を満足させるために動いており、したがって経済全体の決定因は生産ではなく消費であるという考え方自体は、そこに消費者主権という名称が与えられて一般化する以前から経済思想史上に一定の影響力をもっていた立場である。それをハットが新たに消費者主権と名づける際には、その主権という用語の選択からもうかがわれるように、政治体制、とりわけ民主主義政体とのアナロジーが強く意識されていたと考えてよいだろう。しかしハットの消費者主権に関する説明のなかでは、消費者は財の生産と分配、ひいては経済活動全体に究極的な支配力を有することが高らかにうたわれてはいるものの、その主権の行使の仕方、つまり消費者主権をもたらす具体的なメカニズムについてはとくに述べられてはいない。その意味でハットの考えた消費者主権とはあくまで政治システムの比喩として述べられた抽象的な概念であったといえる。

それでは、消費者が主権者であるとはどのような意味をもつのだろうか。ハットの議論のなかでは、生産や資源配分の究極的な決定力をもつ主権者としての消費者と、それに服従する臣民としての生産者とが対置させられている。しかし、彼自身が繰り返し強調しているように、市場社会においては、人は消費者であると同時に生産者である。人々は消費者として他者に指令するとともに、生産者として他者からの指令に従う。消費者の需要としての抑圧を、人は生産者として必ず経験しなければならないという事実は、ハットの立論において非常に重要な意味をもっている。また、この指令と服従は、市場取引において直接的に実現されるようなものではないことには注意が必要である。消費者の欲求は複雑な経済のプロセスを通じて、社会的な需要の動向として間接的に生産者へと伝達されるとハットは考えていた。ハットにとって消費者主権の意義は、消費者が自らの欲求を通すことができるということではなく、すべての人々が生産者として服従しなければならない権力が、消費需要という社会意志であって、特定の個人や階級の意志ではないということにある。つまり、個別の消費者の消費欲求が実現するか否かは、ハットの考える消費者主権の成立には直接的には関係がないということになる。

消費と投票のアナロジー

このようなハットの議論は、投票行動としての消費というアナロジーとともに考えてみれば、その含意がより明らかになるだろう。消費者主権が民主主義との比喩であるためか、しばしばともなって用いられるものとして商品の選択を投票にたとえるアナロジーがある。(6) 代議制民主主義において投票が主権者の意志を表明する手段であるのと同様に、消費者も商品の選択という投票行動を行なっているというアナロジーも、現代経済学では広く受け入れられた論法である。例えばサミュエルソンは経済学のテキストのなかで、「〈何が〉作られるかということは、消費者たちのドル投票によってきまる。投票と言っても、それは、投票場で二年ないしは四年に一回というような方法によってではなく、あれではなくこれを買うという彼らの毎日の決定によってである」(Samuelson & Nordhaus［1989］邦訳 四〇頁）と説明している。そして、「消費者は、彼らの生得または習得の好みを彼らのドル投票で表現することにより、社会の資源が終局的にはどのような利用に供せられるのかの方向づけをする」(*ibid.*,）というように、消費者主権の行使の手段として投票としての消費選択を位置づけている。

しかし、民主的な投票と消費者の購入行為とのアナロジーには重大な問題が二つあるといえる。一つの問題は、消費者主権の行使の手段を市場における商品の選択、ひいては購買行動のみに限定してしまっているということである。しかしもう一つの、投票権の不平等という問題のほうがより深刻であろう。つまり、民主的な投票はその投票力の公平性が図られているのに対し、自由市場経済における購買力には大きな相違があるということである。これに対しては、限られた予算のなかでいかなる消費行動を選択するかという条件に限定された状況こそが、単なる投票以上に、消費者の意志をその行為に正しく反映するのだという反論がある。しかし、仮にこれを認めたとしても、個人間の初期予算の不公平を正当化することにはならないだろう。

この消費と投票のアナロジーが示す問題は、消費者主権が実際には主権者である消費者のあいだで一部の人々に権力を偏らせた不公平さをはらんでおり、規範概念として不正なものであるということを意味しているのだろうか。この問題に対してハットが示した解答は非常にラディカルである。ハットは市場経済においては収入の差異、ひいては購買力の差異が生じてしまうということを認めており、より公平な市場投票を実現するためには機会の平等の積極的な確保が不可欠であると主張している。しかも、形式的な機会の平等ではなく実質的な購買機会、すなわち購買力の平等を実現するべきであり、そのためには政府が積極的な役割を担うべきであるとしている。そして具体的な手段としては、累進課税や相続税の強化や公教育の普及などが挙げられている。たしかに、強い再分配政策によって所得が平準化すれば、すべての個人にとって購買力としての投票権の平等が実現する。ハット自身は自らを古典的自由主義者であると見なしているにもかかわらず、消費者主権という理念のためには政府の経済への介入も否定せず、経済的自由への制限ともとられかねない平等主義的な政策を支持しているのである。

消費者主権の規範性

このように、ハットの消費者主権論は、「現代経済学的な消費者主権」の概念とはかなり異なった論点に重きをおいている。ローゼンバーグは「現代経済学的な消費者主権」とは実際には、消費者主権と選択の自由、そしてパレート最適という三つの異なった規範原理の混合物であると指摘している(Rothenberg [1968])。もしこれらがそれぞれに分離可能であるならば、選択の自由とパレート最適から区別されたハットの消費者主権からは、もっと異なった規範性が得られるのではないだろうか。

消費者主権と選択の自由

ハットの消費者主権と選択の自由が独立したものであることは明らかである。選択の自由が一定の予算制約のもとで、消費者がその使途を複数の選択肢のなかから自由に選択することが可能であるかどうかを問題としているのに対して、消費者主権は最終的な財・サービスの生産状態を消費者が決定しうるかどうかという問題であり、市場での商品購入のみの問題ではないからである。したがって、商品が豊富に用意され、そのなかから選択する自由が確保されていたとしても、それらの商品が消費者の望むものでなければ、消費者主権は成立していないといえる。反対に、商品選択の余地がない状態であっても、仮に最初から消費者の望む生産物を用意しうるのであれば、それは消費者主権の状態にあるといえるだろう。さらにいえば、原理的に消費者主権の発現の対象は市場で購入される財・サービスのみに限られるものではなく、公共財などを含めた広範な経済システムのあり方に向けられることができると考えられる。

もちろん、ハイエクが強調したように、選択の自由にもとづく自由市場が消費者の意向を生産者に伝える優れたシステムであることは疑いようがない。その意味では、消費者主権を達成する有効な手段として選択の自由を組み込むことも可能である。しかし、ハットは選択の自由の根拠として通常考えられている、消費者が自らの利害関心について最もよく知っているという想定には疑問をもっていた。ヴェブレンの議論などを引きつつ、消費者が自らの利益について正しい知識をもち、正しい判断を下す賢明さを備えているというような想定をすることは、現実的に不可能であると主張している。

また、個人のもつ選好や嗜好は独立したものではありえず、社会環境や他者から大きな影響を受けている。ハットは多くの人々は実際には慣習の奴隷であるとさえ考えている。「消費者主権への支持を構成するのは寛容という善性であって嗜好ではない」（Hutt [1936] p. 295）。したがって、ハットにとって選択の自由は二次的な価値であり、消費者主権に必須の条件ではないと考えられる。

消費者主権とパレート最適

それでは、ハットの消費者主権とパレート最適はどのように異なっているのだろうか。「現代経済学的な消費者主権」の規範性は社会的厚生を最大化するということにあり、その意味でその規範的価値は基本的にパレート最適の概念によって支えられているといえるだろう。それに対して、ハットの消費者主権に関する議論の中心は政治的・社会的安定をもたらす能力に向けられている。これ自体はパレート最適の概念と相反するものではないので、消費者主権は安定性と効率性という二つの価値を同時に達成できると考えられるかもしれない。しかしハットは、消費者主権によって実現される主要な価値は、厚生の最大化ではなく、他者の欲望への寛容であると明確に述べて、パレート最適もまた副次的な価値に過ぎないとしている（*ibid*., pp. 295–297）。

先に指摘したように、消費者主権においては、生産者は自らの収入を得るためには消費者の集合としてのコミュニティに対して臣下にならざるをえない。ハットによれば、「消費者として指図し、生産者として従う」というこの図式は、人々が生産者として必ず経験する強制が、消費者の需要の「不偏にして非人格的な」権力であるという点で社会的価値をもつ。つまり、消費者の需要としての主権の行使は、社会の複雑性のなかで非人格的に昇華されていなくてはならない。消費者主権は個人の自由に対する非人格的な制約となるからこそ、人々がそれに従うことに抵抗をもたず、結果として社会的安定をもたらすので優れていると考えられるのだ。また、消費者としても、市場においてすべての消費者のすべての欲求が満たされるわけではない以上、自らの欲求を断念して他者の異なる欲求が通る状況を受け入れなければならない場面に必ず遭遇することになる。つまり、消費行動と生産活動の双方を通じて、人々は他者が自分とは異なる望みをもっていることと、決してすべての望みがかなうわけではないということを学習する。

このようなプロセスを経て、人々は他者への寛容を身につけるようになるとハットは考えている。したがって、ハットにとって消費者主権のもつ規範的価値とは、自由と寛容の精神を涵養《かんよう》し、政治的・社会的な安定を促進するということにこそあるといえるだろう。

四　消費者は神様なのか

ここまで行なってきた「消費者主権」をめぐる思想史的回顧にもとづいて、消費の望ましさをめぐる現代的な論議に対してどのような態度を導き出すことができるだろうか。ここで再度、悪質クレーマー問題を取り上げて、その規範性について検討することにしたい。

クレーマーの何が問題なのか？

悪質クレーマーが問題であるということは一般にいわれているが、根本的な問題として、そもそもクレームを正当なものと悪質なものとに区別することはできるのだろうか。一つの方法は、法的責任の範囲で区別するということだろう。クレームの内容に関して、企業側に賠償のような法的対応の責任が認められるようなものを正当なクレームと考え、企業に法的責任のない問題に対するクレームを悪質クレームと考えるというものである。例えば、製造物責任法などはこうした観点からのクレームの線引きを容易にするために導入されたと考えられるだろう。しかしながら、現実のクレーマー問題は、法的責任を超えた要求に対してどのように対処するか苦慮しているケースがほとんどである。それではなぜ、企業側は法的責任の範囲を超えて対処を試みようとしているのであろうか。

クレームの原因が消費者の不満であるということは、企業の提供する財・サービスと消費者の期待とのあいだに齟齬《そご》が存在するということである。つまり、消費者の期待と企業が実際に提供するものとをあらかじめ合致させておくことができれば、クレームの発生する余地はないはずである。しかし、「消費資本主義社会」の苛烈な競争のなかで、顧客満足の追求という名のもとに、サービス範囲の拡大が進められてしまうと、両者の一致は難しくなる。企業は常に消費者の予測を上回るサービスを提供することを強いられ、消費者の期待もさらに膨らんでいくという無限のサイクルに陥ってしまうだろう。

ここで顧客満足に関する優良企業として有名なディズニーの事例で考えてみたい。ディズニーランドでは身長制限のあるアトラクションの列に身長の足りない子供が並んでしまっていた場合、アトラクションに乗れる身長になったときに並ばずに乗れる証明書を渡すようにしているという（Disney Institute & Eisner［2001］）。しかし、そもそもサービス提供の条件を満たさない顧客に代替サービスを行なう義務などなく、並んでしまったことへの対価と解釈しても、説明責任の観点からすれば、列の前に身長制限の表示を出しておくだけで十分なはずである。このような消費者の期待を超える対応をすることがディズニーの評判を上げているのだと考えられるが、それではもし、このことを知っている消費者が他のアミューズメントパークに行き、同じような対応を求めたとしたら、これは悪質なクレームということになるのだろうか。

「お客様は神様」か？

クレーム行為は、それが法的に正当な補償の要求であれ、悪質クレームと見なされる過大なサービスへの要求であれ、もしその要望が通れば、そのクレーマーにとって利益となる。その意味では、クレーム行為へのインセンティブは常に存在し、効用最大化行動の一環として解釈することはできる。もちろん、過大に要求されたサービス提供のためのコストが新しい価格に適切に反映されるようになれば、クレーマーのみが手にしていた独占的な利得はなくなってしまう。しかし、クレームとそれへの対応によって以前よりも（少なくとも一部の）消費者が望む財・サービスが提供されるようになったと考えるならば、これはまさしく「現代経済学的な消費者主権」の体現にほかならないといえないだろうか。

　しかしながら、このような考え方が正しいとすれば、その要求の過程で暴力や恫喝などの違法行為を犯さない限り、いかなるクレームであっても正当なものであり、問題のない行為であるということになってしまう。消費者は自らの欲求を満たすことを要求する権利を行使しているだけであって、それを悪質クレーマーと呼んで非難するのは消費者の需要に正しく対応できていない生産者の言い逃れに過ぎない。これは明らかにわれわれの一般的な規範意識から乖離した見解ではあるが、「現代経済学的な消費者主権」からはこのような判断が出てきてしまうように思われる。

　しかし、「現代経済学的な消費者主権」が消費の望ましさを考える際に特異な判断しかもたらさないとしても、「消費者主権」という理念そのものを放棄するか、その特異な判断を受け入れるかの二択を迫られることにはならないだろう。われわれにはハットの消費者主権論における規範性という第三の選択肢が開かれているように思われる。

エピローグ

　消費者主権の概念をめぐるさまざまな論点をたどることで、消費者主権と消費の規範性について検討を試みてきたが、本章の目的は最初に述べたように、消費に関する唯一の倫理規準を提出するなどという無謀なものではなく、消費の望ましさに対する新しい視点を提供することにある。ここまでの議論で明らかになったように、「現代経済学的な消費者主権」の概念は、市場における消費全体の望ましさを問うには有益であるかもしれないが、消費者の行動の望ましさを問う場合には不十分であるか不適当な規範概念になる危険性を秘めている。

しかし、ハットが考えた本来の消費者主権はもっと多様な規範的含意に開かれたもののように思われる。少なくともハットの唱えた消費者主権は、消費者のエゴイスティックな行動を無条件に肯定するものではない。したがって、消費者主権を認めるからといって、個々の消費行動の望ましさを考える必要がないということにはならないだろう。消費者は集団として経済の趨勢を決定づけるという意味では神に等しい絶対的な権力を保持しているけれども、その力の行使のあり方が常に〝正しい〟ものになるとは限らないという意味では神のごとく至高でも万能でもありえない。もし、消費者＝お客様は神様なのだから、何をしても許されるし、すべての言い分が聞き入れられるべきだというのが消費者主権の意味するところであると考える人がいたならば、以下のようなハットの言葉を思い起こすべきだろう。

〝人々の声が神の声である〟という仮定にもとづいて消費者主権という理念を望んでいるわけではない。そうではなくて、歴史に対する常識的な見解、すなわち、人々は平等な自由と機会を自分たちに与えるような政体においてのみ、支配を受け入れるはずであるという見解に基礎をおいているのである。（Hutt［1936］p. 298）

◆注

（1）日本語ではそれ自体が否定的なニュアンスをもった用語として扱われているクレーマーであるが、もともとの英語ではそのような含意はなく、単に「権利を要求する人」という意味のみで、その権利の正当性については中立的である。日本では、一九九九年の「東芝クレーマー事件」を契機にクレーマーという言葉が広まった際に、理不尽な権利請求者という意味で受け入れられるようになったようだ。本章では、クレーマーという用語自体は本来の中立的な意味で用いて、問題となるタイプについては悪質クレーマーと呼ぶことにしたい。

（2）ハット自身の説明によると、彼がこの表現を最初に用いたのは一九三一年の未発表論文においてであり、公刊されたものとしては Hutt［1934］における、the sovereignty of the consumer が最も古い（Hutt［1940］p. 66）。しかし、「消費者の主権」は当時の正統な経済理論における暗黙的な規範であって自明のものとされ、その詳細な含意についての説明は Hutt［1936］まで明らかではなかった。ただ、この概念自体の伝播は速く、一九三五年にはすでにハイエクなどが援用して言及している（Hayek［1935］）。

（3）国際消費者機構では消費者の八つの権利として、基本的ニーズが保障される権利、安全が保証される権利、情報が与えられる権利、選択する権利、意見が聞き届けられる権利、救済を受ける権利、消費者教育を受ける権利、健全な環境で生きる権利、を掲げている。同機構ＨＰ（http://www.consumersinternational.org/）を参照。

（4）二〇〇八年十月現在、消費者行政を一元化する消費者庁の創設が検討されているが、そのためのタウンミーティングの資料には論点として、「消費者自身も、自分で自分を守るために『賢い消費者』になる努力が必要ではないか」と例示されている。内閣府サイト上の資料「消費者行政の推進――消費者が主役となる『国民本位の行政』への転換」（内閣官房消費者行政一元化準備室、平成二十年八月）（http://www8.cao.go.jp/taiwa/ronten20080906_1.pdf）を参照。

（5）ウィリアム・ハットはイギリス生まれの経済学者である。ロンドン大学でＥ・キャナンの指導を受け、いったん出版社に勤めた後、南アフリカのケープタウン大学で教鞭をとるようになった。ケープタウン大学退職後にはＪ・Ｍ・ブキャナンによってヴァージニア大学に招聘された。自由主義的な経済理論とそれにもとづく公共部門の分析のほか、アパルトヘイト政策批判を展開したことでも知られている。

（6）商品選択を投票にたとえる方法は消費者主権という用語よりも歴史が古く、最初に使用されたのは Fetter

［1905］においてである。

◆ブックガイド

ジョン・K・ガルブレイス『ゆたかな社会』（鈴木哲太郎訳、岩波現代文庫、二〇〇六年）

経済学の基本的な前提である欲望の無限性を否定し、物質的にはすでに満たされた「ゆたかな社会」における消費への欲望は、大企業によって作り出されたものであると警告した。消費者主権に対する根本的な懐疑を示した古典的著作である。

ソースティン・ヴェブレン『有閑階級の理論——制度の進化に関する経済学的研究』（高哲男訳、ちくま学芸文庫、一九九八年）

富を見せびらかすという顕示への欲求こそが有閑階級の奢侈的な消費を動かしていることを習慣の進化という観点から明らかにしている。経済思想史上に数少ない、消費欲望の内実に切り込んだ業績である。

メアリー・ダグラス＆バロン・イシャウッド『儀礼としての消費——財と消費の経済人類学』（浅田彰・佐和隆光訳、新曜社、一九八四年）

商品の機能性や必要性のみを消費の理由とする説明を退け、消費の文化的意味を探る人類学的研究。消費が社会関係を維持するための手段として用いられており、儀礼的性格を有していることを示している。

松原隆一郎『消費資本主義のゆくえ——コンビニから見た日本経済』（ちくま新書、二〇〇〇年）

さまざまな消費論をもとに消費資本主義を類型化したうえで、戦後の日本経済を各類型の変遷として描き出し、今後の望ましい消費資本主義のあり方を提示している。消費と現代経済の関係を知る入門書として最適である。

三波春夫『歌藝の天地――歌謡曲の源流を辿る』（PHP文庫、二〇〇一年）

「お客様は神様です」という言葉を広めた三波春夫による自伝と歌芸論であり、この言葉が生まれた経緯やそこに込められた意味を説明している。「神様へのたった一つのお願い」として中座しないことを挙げ、芸人への賞賛とともに他のお客への配慮を求めているのは示唆的である。

第六章　食と安全
——何がどう問われるのか

板井広明

プロローグ

僕は、寝床の中で、オーストラリアの牛から、僕の口に粉ミルクがはいるまでのことを、順々に思って見ました。そうしたら、まるできりがないんで、あきれてしまいました。とてもたくさんの人間が出て来るんです。……工場や汽車や汽船を作った人までいれると、何千人だか、何万人だか知れない、たくさんの人が、僕につながっているんだなと思いました。でも、そのうち僕の知ってるのは、前のうちのそばにあった薬屋の主人だけで、あとはみんな僕の知らない人です。……だから僕の考えでは、人間分子は、みんな、見たことも会ったこともない大勢の人と、知ら

ないうちに、網のようにつながっているのだと思います。（吉野［一九三七］八五‐八八頁）

これは、吉野源三郎『君たちはどう生きるか』の一節で、文中の「僕」は、物語の主人公、中学生のコペル君である。丸山眞男は「……この作品はこれなりに、昭和十年代の東京と日本と世界の姿を実に忠実に映し出していいます。しかもちょっと想像力と応用能力を働かせれば、ここに少年向きに描かれている『貧乏物語』が、今日でも世界的規模で考えてそのまま生きていることを見抜くのは、そんなに困難ではありません」（丸山［一九九六］三八四頁）と、一九八一年に書いている。おそらく、現代でも事情は変わっていない。いや、日本と世界の結びつきは、一層緊密にさえなっている。

小麦などの農産物やエビやタコなどの海産物、そしてそれらを原料にした加工品が、世界中から、時に何千キロ、何万キロも隔てた地域から、日本に運ばれてくる。二〇〇一年の日本のフード・マイレージは、約九千億トン・キロメートルだった。韓国やアメリカのフード・マイレージの約三倍に相当し、世界で最も大きい[1]（中田［二〇〇七］一二一‐一二三頁）。

われわれの豊かな食生活は、海外からの食料の大量輸入によって成り立っているが、それを支える世界の生産や流通の現場では、いかに安く、早く、安定的に供給できるかをめぐって、日々、熾烈な競争がある。しかも資本にとって、持続可能性は地球全体では重要な価値だが、局所的には重要ではないので、社会や自然の環境破壊をともなう持続可能でない生産に、歯止めがかからない。一見、豊かな日本社会の裏側には、苦境に立たされている多くの人々がいるのである。

一　現代における食の問題

日本の食

戦後、アメリカの「小麦戦略」や、さまざまな産品の輸入自由化もあって、日本の食生活は一挙に欧米化した（鈴木［二〇〇三］）。肉食が日常化して、動物性脂肪の摂取が奨励された。「食の外部化」も、ますます進んでいる。いまや、インスタントやレトルトの食品は当たり前だし、スーパーやコンビニの惣菜コーナー、ファースト・フードなどもすっかり定着した。凄まじく糖分を含んだ清涼飲料水も、人気である。

戦後の食の変化をもたらした需要側の要因として、《消費者の高級志向、多様志向、簡便志向、健康志向》が指摘されているが（時子山・荏開津［二〇〇五］）、《効率性、予測可能性、計算可能性、制御》を特徴とした社会のマクドナルド化（Ritzer［1996］）によって、利便性を追求した結果ともいえる。食は、誰かと関わりのあるものではなく、ただ商品として、すぐ手にできる便利なものになってしまっている。

さて、二〇〇七年、日本の食料自給率（カロリーベース）は、三十九パーセントだった。戦後四割を切ったのは一九九三年で、三十七パーセントまで落ち込んだ。平成の米騒動といわれた記録的な冷害による米不足が要因で、現在まで、日本の自給率は四割前後と低迷している。

もっとも、二〇〇〇年代の生産額ベースの自給率は、七割か六割後半で推移していて、二〇一五年は六十六パーセントであった[2]（農林水産省［二〇一六］）。自給率をカロリーベースではなく、生産額ベースで捉えるべきだという指摘がある。国産豚の場合、飼育に使われた輸入飼料や石油なども算入すると、豚の五十三パーセントは国内で飼育されているにもかかわらず、カロリーベースの自給率では、五パーセントになってしまうからである（池田［二〇〇八］一七四‐一七五頁）。その点で、われわれは、両方の自給率を見ながら、穀物自給率なども考慮しつつ、食のあり方を考える必要がある。

また食品添加物の問題は、安部司『食品の裏側』（安部［二〇〇五］）であらためて注目を浴びた。加工食品をはじめとした現代の食生活に、天然であれ、化学的であれ、添加物の存在は欠かせない。豆腐は豆乳を固めるために、にがりや塩化マグネシウムなどの添加物が不可欠である。弁当などに使われる合成保存料とその代替品には、安全性について疑問視されるものもあるが、食中毒による害を考えるとなくすわけにもいかない。天然の化学物質の毒性という問題もあるし、亜硝酸のように、毒作用をもつ一方で、解毒作用をもつものもある（栗原［二〇〇〇］二六八‐二七〇頁）。あるリスクの削減が別のリスクの増大につながることもある。およそリスクのない選択などありえず、常に何らかのリスクをともなった選択をせざるをえないという「リスク・トレードオフ」の視点が不可欠になっている（中西［二〇一〇］第一章）。

食品偽装の問題もある[3]。食品偽装の背景としては、都市生活者が増え、生産と消費のあいだに距離ができたことが大きい。その歴史は案外古く、『今昔物語集』巻三十一「太刀帯《たちはき》の陣に魚を売る媼《おうな》の語」が初出かもしれない――今は昔、都の太刀帯（皇太子の警護をする者）の陣に魚を売る老女がいた。太刀帯らは、美味しいので、よくその魚を買っていたが、鷹狩に出かけた折、その老女が蛇をとっているところに出くわす。老女は、切り身にした蛇を塩漬けにして魚と称して売っていたのである。おそらく、この類いの話は、都の生活にはそれほど珍しいことではなかったのだろう。

しかし近現代の食の問題は、以前のような牧歌的なものではなくなった。二〇〇八年には、天洋食品製の餃子に、有機リン酸系の物質が混入して、十人ほどの被害者が出た。三笠フーズの「事故米」の場合には、メタミドホスなどの有害な物質が、基準値の五倍の〇・〇五ppm検出されている。言語道断な事件である――ただ基準値を超えているからといって、すぐさま危険であるわけではない(4)。

遺伝子組換え（GM）作物の問題もある。遺伝子操作によって、楽に生産でき、高い収量を得られるのがGM作物である。除草剤耐性のGM作物の場合、セットになった除草剤をまくと、周囲の雑草は枯れるが、GM作物は枯れずに成長する。農家が草むしりなどに苦しまずにすむというわけである。害虫耐性のGM作物だと、害虫がその葉などを食べると死ぬ仕組みになっている――全世界的にGM作物の作付面積が広がるなか、うたい文句とは裏腹に、収量は上がっていないと指摘するものもあるし（久野［二〇〇二］）、種子や農薬が高価なため、生産を継続できない地域も出はじめ、インドでは多くの自殺者が出ている。モンサント社など、ごく一部の企業によるGM種子の独占販売という問題や、GM作物が栽培される周辺地域の遺伝子汚染という、EUが懸念する問題もある。

日本では、遺伝子操作された作物を食べることに、多くの人が不安を感じている。DNAレヴェルの問題であることや、アレルギー物質が生成された事件などを受けて（藤原邦達編［二〇〇〇］九四頁）、身体に悪影響を及ぼすのではないかという不安である――原材料表示に、「遺伝子組換えでない」とあっても、日本の場合、五パーセントまで、GM作物の非意図的な混入は許容されている（EUは一パーセント未満までで、認可されたGM作物に限られる）。

かつては、危険かそうでないかは、昔から食べられてきたという伝統的な規準や、腐食の程度といった外見で判断できるものが多かった。しかし、農薬などの化学薬品の使用や遺伝子操作、加工食品の増大などによって、昨今の食品の多くは、外見だけでは、そのリスクがわからなくなってきた。伝来の食物でも、新たに発ガン性物質が発見され、不安が広がる一因となっている。

また食への不安の高まりは、メディアが盛んに食の危機を煽っている面もあるし、消費者が利便性を追求した結果のツケが、まわってきただけともいえる（神門［二〇〇六］一九頁）。テレビ番組で、体によい食品と紹介されると、スーパーでその食品が売り切れてしまうように、フードファディズム（特定の食物や栄養素が健康に与える影響を過度に信じたりすること）に陥っているのも確かである。

消費者の食への志向が、①積極型、②健康志向型、③無関心型、④分裂型のどのタイプかを調べたアンケートでは、③④の特に何もしていない人が七割を超えたという（阿部［二〇〇五］二三五－二三七頁）。これを、そのまま実態と考えるわけにはいかないが、案外、一般的な傾向かもしれない。現代の一つの特徴は、家族が、時間はバラバラ、食べるものもバラバラで、好き勝手に食事をとる「勝手食い」だからである（岩村［二〇〇八］四七頁）。健康志向とか、食への関心の高まりといっても、実情として、食は軽んじられている。

食の安全と安心

食をとりまく事情があまりに複雑なので、目の前にある食品を、誰が、どのようにして作ったのか、見え難くなっている。それは都市化と並んで、大量の採取・生産・流通・消費・廃棄のシステムを可能にした科学技術によるところが大きい。

われわれは、科学技術のメカニズムを理解する必要はなく、電車に乗るように、ただ使いこなせればよい。しかし現代の科学技術は、ふつうの人間に使いこなせるレヴェルを、はるかに越え出てしまった。それは、疎外の情況でもあるが、科学技術は便利な生活を成り立たせていると同時に、現代の不安を、より一層、強める要因にもなっている。

一方、先進国の食を支える生産国では、人々が貧困に喘ぎ、自然および社会の環境破壊も無視できない。集約型のエビの養殖によって、マングローブ林が広範囲に伐採・破壊されたため、二〇〇四年のスマトラ島沖地震による津波が、沿岸部を直撃して、甚大な被害をもたらしたことは、記憶に新しい（村井［二〇〇七］九-一〇頁）。農水産物の大量生産には、膨大な農薬や肥料が不可欠である。それらが投与された土地や海水域では、微生物が激減・消滅し、地力が衰え、病害虫が蔓延しやすい。放牧や農地開墾のための野放図な森林伐採によって、土壌の流出や砂漠化も生じている。

輸送に関わるエネルギー資源の大量消費の問題や、伝来の多様な作物にとってかわった高収量の換金作物という単一種大面積栽培《モノカルチャー》による食材の貧困化と生産地での食料確保の困難さといった問題もある。むろん大量のゴミ処理問題も深刻である。

さらに、投機マネーが、二〇〇七年からのサブプライムローンによる金融不安を受けて、穀物の先物取引に流れ込んだ。バイオ燃料の開発と絡み、より安定した投機先を求めたからである。この影響で穀物価格が高騰した結果、主食の原料が手に入らないことに業を煮やした人々が、エジプトやフィリピンをはじめとして、アフリカ、中東、アジアなどで、暴動を起こした。

このように世界的にも、量と質の両面で、食の供給は問題であり、食の未来は、漠たる不安の霧の中にある。だから、食の安全や安心に、われわれの関心が向くのは、ごく自然なことなのである。

ここで、これまで無限定に使っていた「安全」と「安心」の概念整理をしておこう。安全（／危険）は量的な概念で、残留農薬の許容量などの科学的な知見にもとづいた測定値という客観的なもので示すことができる。それに対して、安心（／不安）は、われわれが安心に感じているかどうか、という非常に主観的なもので質的な概念である（村上［二〇〇五］三七頁）。

政府諸機関が、食品に含まれる残留農薬などを、十全にチェックすることで、食の安全は確保できる。しかし、人々のあいだに広がる漠然とした不安が払拭されない限り、食の安心は確保できない。残留農薬が基準値以下というデータが提供されても、農薬を使用することへの不安や、検査体制への信頼性の低さなどによって、食の安心は容易には達成されないからである。安全は技術に関する事柄であり、安心は人々の心情に関する事柄だが、その根幹には、信頼という厄介な問題が潜んでいる

（中嶋［二〇〇四］二〇七頁）。

この安心と不安をめぐる問題には、前述したような消費者のリテラシーの問題とともに、ワイドショー的に報道を行なうメディアの問題も大きい。特にメディアの報道が、われわれの生活に与える影響を考えると、看過できない問題なのだが、節を変えて、食と安全、そして倫理という広大なテーマの裾野に分け入っていくとしよう。

二　思想史における「安全」の問題

安全＝セキュリティー

いかにして貧困を解消するのか——これは「個人や法人その他の団体が経済主体として日々執り行なっている商品・サービスの生産・購入・販売に関わる諸活動」（本書序章）であるビジネスと食に関する経済思想史上の重要なテーマの一つである。商業ではなく、農業を基幹に経済を捉えるべきだとしたケネーらの重農主義をはじめ、人口は幾何級数的に増大し（一、二、四、八……）、食料は算術級数的にしか増大しないため（一、二、三、四……）、食料不足が招来するというマルサスの命題など、数多くの議論がある。ここでは、食の問題で、特に重要視されている安全の問題に、焦点を絞ろう。

安全（セキュリティー）は、流行語のような観があるが、元来は「気にかけないですむ／すますこと」といった心の平安を意味していた。日本では、防犯といった消極的なイメージだった安全が、積極的に作り出されるものとして、一般に、大量に、使われればじめたのが、近年の特徴であろう。

グローバル・セキュリティーという問題は、まさに安全の積極的イメージである。グローバルな規模での監視体制ともいえるこの傾向は、個体認証などの高度な情報テクノロジーの発達を背景にして、ヒトやモノの移動を監視し、また移民を排除するものとして、特に九・一一以降、機能している。

食の世界におけるセキュリティーとしては、「食料安全保障（Food Security）」がある。日本では、いかに食料自給率を上げるか（海外依存度を減らすか）、というナショナルな文脈で語られることが多い。農業は環境的・文化的な要素が強く（水田が環境保全の機能を果たしているとか、自給率が下がると伝統食の維持が困難になるなど）、市場メカニズムに任せるべきではないという主張が付随することもある――この議論に対しては、穀物は輸入すればよいのであって、自給率を高めることには何の意味もないという批判がある。これ以上の農業保護は、かえって日本の農業を駄目にするし、各国は得意な分野に生産を特化したほうが、お互いにメリットがあるという比較生産費説的視点からの批判である。

論者によって二百もの使われ方があるといわれる食料安全保障の概念は、一九七四年十一月に、ローマで開かれた世界食料会議で検討されたのが最初で、そのときは、世界の食の安定供給が問題であった。二〇〇一年にＦＡＯ（国連食糧農業機関）が精緻化した定義は、「すべての人が、いかなるときにも、活動的で健康的な生活のために、日々のニーズや食の好みに合致する十分かつ安全で営養のある食料を、物理的、社会的、経済的に手に入れることができる状態」である(5)（FAO［2002］Glossary）。

飢餓から脱け出るためには、どんな食料が与えられてもよいのではなく、その地域の一般的な食のスタイルにあわせる形で、食料が供給される必要がある――コメを食べないところに、コメを提供するのは問題で、文化的な要素を考慮する必要がある（Pottier［1999］邦訳 二六頁）。

食料安全保障に密接に関連するのが、「人間の安全保障（Human Security）」である。これは「人間開発（Human Development）」を土台にした考え方で、アマルティア・センの潜在能力《ケイパビリティー》アプローチが、理論的な支柱になっている。国家を超えて、個人に焦点を合わせ、その生活を守り、基本的な人権と自由を重視する考え方で、各人の潜在能力を高め、不利益をこうむるリスクを回避することを、社会のあり方とともに問うのが、人間の安全保障である（セン［二〇〇六］二三-二四頁）。

このように現代のグローバルな世界では、安全をめぐる諸言説が渦巻いている。理論的にも実践的にも、安全の確保は緊急の課題となっているのである。

安全と公開性

現代における安全の問題を鋭く指摘した思想家として、フーコーがいる。フーコーは、法や規律ではなく、安全が、社会の防衛とともに全面化することを主題化し、個々人を人口という集団として扱い、その生命過程に介入する生権力の問題を指摘している（Foucault［2004］）。

近代国家の統治目的は、荒れ狂う暴力や蔓延する貧困から人々を守り、身体・生命・財産を保障することにあった。とすれば、自由や平等という価値よりも、安全が優先されるのは必然でもある。その意味で、安全の問題は近代の統治、そして現代世界にまで及ぶ、抗い難い潮流である。

ここでは、安全を主軸にして、自らの思想を展開した人物、ベンサムの功利主義を取り上げる。彼の思想は、「(最大多数の) 最大幸福」というフレーズで知られている。統治の目的は、その社会にいる個々人すべての幸福の最大化である。この幸福という統治目的は、さらに「生存、安全、豊富、平等」という副次的な目的に分解される。これらのなかで、安全が最優先目的である。安全が確保されなければ、生存できないし、経済的な富裕（豊富）も実現できず、平等などは、まったく不可能だからである。

ベンサムがいう安全は、「身体の安全の権利、名誉保護の権利、所有の権利、必要な場合に援助を受ける権利」などを意味する。身体の自由や政治的自由といった「自由」も、「安全の一分枝」であるという（Bentham [1802] 邦訳 一九四頁）。自由は、例えば個人に危害を加えることに対する安全として、定義され、確保されるからである。だから、ベンサムにとって、自由と安全とは対立するものではない。自由は、法的に定められて、はじめて存在するものなのである。

しかも「さまざまな安全のなかで、基礎的な安全とは公開性」であった（Bentham [1838-43] ii, p. 8）。それは単なる情報公開だけでなく、施設そのものの公開をも含んでいる。政府の発行する白書などだけでなく、政府の建物内を、いつでも、誰でも、見ることができるように公開するのである。

ベンサムの監獄改革プランであるパノプティコンは、独自の建築原理と運営ルールによって透明性を確保していたが、すべてが見透かせ、公開されていることで、不正をはたらく余地がなくなり、安全が確保できる。「公開性なくして善政は永続せず、公開性の保障のもとで悪政は続かない」（Bentham [1999] p. 37)。人々が将来に対して抱く期待を損なわないように統治を設計するためにも、公開性をはじめとする「失政への安全 (securities against misrule)」は重要なのであった。

食料と監視のシステム

ベンサムの安全に含まれる「必要な場合に援助を受ける権利」を、少し詳しく見ておこう。十八世紀末のイングランドの食料難に際して、ベンサムは、冷蔵室に食料を貯蔵することを考えた。食料不足の際には、冷蔵室から食料を供給すれば、食料価格の高騰を防ぎ、食料供給を一定に保つことができる。ただ彼が考案した冷蔵室のプランは、当時の食料保存技術と比較して、時代遅れのものだったので、実現にはいたらなかった。

次にベンサムが考えたのが、便宜的措置として、穀物の最高価格を定め、穀物価格が高騰しない方策をとることだった。極端な食料不足の場合、価格を高騰させるのは、売り手ではなく、買い手であった。買い手は穀物が安いうちに手に入れようと、先を争って買い求めるからである。しかし、最高価格を定めておけば、価格がそれ以上値上がりしないことが、あらかじめわかっているので、人々は買い急ぐのをやめ、穀物価格も高騰しない。売り手にとっても、最高価格の設定は、それ以上の価格上昇を望めなくなるため、穀物を売り控えて儲けようという動機を失う。その結果、人々には穀物が供給されるので、買い手と売り手双方にとって、メリットであるとベンサムは考える (Bentham [1952-54] iii, pp. 254-6) ――この点、スミスは逆で、最高価格の設定は、売り手に食料の売り控えを生じさせることで、食料供給を鈍化させ、飢饉を一層深刻なものにしてしまうと考えていた（Smith［1776］邦訳 第二巻 二三七‐二三八頁）。

しかも、最高価格を定めた法律を実効化するのは、人々の監視による違反者の取締りであった。人々の「あらゆる目（all eyes）」が監視し、「あらゆる舌（all tongues）」が違反行為を知らせる。かくして最高価格は遵守される（Bentham［1952–1954］iii, p. 259）。ベンサムの構想する統治の運営は、立法者や政府関係者だけではなく、公開性（透明性）を通して、被治者が参加することで十全なものとなる。

昨今、食の安全を確保するために、食品の生産・加工・流通・販売の履歴を明確にするトレーサビリティーや、チェックリストにない農薬や作物にも一律の基準値を設けるなどして、それらの流通を規制するポジティブリスト制による情報公開が進められている。残留農薬が基準値を上回るという事件の頻発は、こうした制度上の変更を反映しているともいえるが、情報公開にとどまらず、組織そのものを公開し、何が安全か危険かをチェックする監視という要素を、綿密に織り込んでおく必要があると示唆する点で、ベンサムの提案の内容は、意外に現代的なのである。

さて、ベンサムが一八〇一年に『最高価格の擁護』を書いた後、イングランドでは、穀物法をめぐってリカードウやマルサスなどが活発な議論を展開した。ベンサムを含め、そこで問題とされたのは、量としての食料の確保であった。当時、紅茶をはじめとする飲食料の偽装や使い回しは、すでに公然と行なわれていたものの、ＢＳＥや残留農薬、遺伝子組換えといった問題があるわけではなく、食料の質が正面から問われることはなかった。その点が現代の食の安全問題との大きな違いである。十九世紀と現代では、安全＝セキュリティーという問題圏を共有しつつも、食をめぐる問い方が異なっていたのである。

三　食の倫理――われわれは何を食べるべきか

南北問題

プロローグのコペル君の話は、世界中の人々が、密接につながっているということだった。グローバルな経済システムが、世界をほぼ覆いつくしているが、それはいったい、どのような関係性としてあるのだろうか。

まず、グローバルな経済に巻き込まれている諸国の関係は、決して対等なものではない。誤解を恐れずにいえば、利益を得る国と、不利益をこうむる国に二分された、非対称的な世界である。(6) グローバルな経済システムは、一見、合法的な仕方で営まれているが、構造的に不正義が内包されている。

この問題を、食の問題に即して見ると、単一の換金作物を大量に採取・生産した商品が、「貧しい南」から「豊かな北」へ大量に流通し、それを消費する「北」の「飽食」と、「南」の構造的貧困という情況がある。「北」の消費者と「南」の生産者は分断され、「南」の労働者は自らの生産物を消費する自由・資源をもっていないことが多い。そして、南北それぞれの地域内での南北問題もある。ワーキング・プアをはじめとした、現代日本における貧困問題は、入れ子型の南北問題の一つである

――この点で、国や地域単位での考察では、問題の焦点がぼやけてしまう恐れがある。

《紛争、天然資源、内陸国という地政学的条件、統治の失敗》という「陥穽（trap）」とともに（Collier [2007]）、従来から指摘されてきた南北問題の要因の一つに、途上国の生産物が一次産品であるということがある――近年、先進国から途上国への農産物などの輸出が増えていることなどを挙げて、貧しい南と豊かな北という構図に疑問を呈する議論が見られるが、それは表面的な議論であろう。

一次産品を生産する途上国と、それを消費する先進国という構図は、なかなか覆らないのだが、途上国間での入れ替わりは激しい。エビを例にとると、新興の中国・ベトナム・ブラジル・メキシコが輸出量を増やし、従来からの輸出国であるタイ・エクアドル・フィリピンなどは停滞か減少傾向にある。その要因として、「一般に新興国のほうが生産環境、賃金条件等が優位であり、一方で伝統的な輸出国では集約的養殖の持続性の隘路に突き当たるという問題が指摘」されている（室屋［二〇〇六］二六頁）――コーヒー生産でも躍進著しいベトナムでは、九割が粗放型のエビ養殖であり、環境負荷をできるだけ低く抑え、従来の集約型のエビ養殖がもたらした環境汚染の問題を克服しようとしている（同 二一一頁）。

また二〇〇八年、バイオ燃料に穀物が供給されはじめて、穀物の需要がますます高まり、穀物価格の高騰を招いた。『世界の半分が飢えるのはなぜ？』の著者ジグレールが、バイオ燃料の大量生産は、世界の食料価格を破壊する「人道に対する罪」であると主張したのに対して、ブラジルのダ・シルバ大統領は、ラテンアメリカの貧困や飢餓をなくすためにこそ、バイオ燃料の開発は必要であり、「それを無反省に断念させ、食料とエネルギーの欠如によってもがき苦しんでいる諸国を、依存と不安定に追いやることは、真の『人道に対する罪』である」と反論している（da Silva［2008］p. 5）。

たしかにブラジルのように、農業や漁業にテコ入れをして、これから発展していこうとする国の場合、世界の食料事情にかまっている余裕はないかもしれない。これは、南北問題に付随する、発展か環境かという厄介な問題の一つである――世界のエネルギー資源を潤沢に消費してきた先進国が、これから経済発展を目指そうとする途上国に対して、地球環境を理由に、現状にとどまれというのは、虫のいい話ともいえる。

食の問われ方

食を通して、われわれは世界中とつながり、影響しあっていることを確認した。しかも、世界は、いまだ、あまり良いとはいえない情況にある――むろんアフリカを含めて発展途上国の状況は「すべて良くはなくても、以前よりはましになった」（Lomborg［2001］邦訳 一五四頁）。たしかに、そうである。しかし巨大な不幸の連鎖は厳然としてある。そのことに敏感でありすぎていけないことはない。

そこで、食を通して、われわれにできることは、何だろうか。ここでは、迂遠ながら、古代の文献の一節を見てみよう。

人はパンだけで生きるのではなく、人は主の口から出るすべての言葉によって生きる。（『旧約聖

書』「申命記」八章三節）

この古代の言葉は、文脈から離れて見ると、①前半は、人間を物質的に見て、ただ食べる存在、②後半は、人間を精神的に見て、食べるだけではなくて、もっと別の何か、例えば、希望や愛などによって生きる存在と見ている。

世界には、深刻な飢餓に苦しむ、九億二千五百万以上もの人々がいる（FAO［2010］）。この厳しい現実を前にすれば、①の見方こそが、重要だといえる。一方、②の見方では、食べることよりも大事なものがあるという主張である。②が重要なのは、第一に絶望的な情況においても、食べ物より希望や理念といった精神的な価値が意味をもつ場合があるからであり、第二に、確固とした倫理的規準をもって食品を選択しなければ、世界に対して、無責任な結果をもたらしかねない情況があるからである――日本でナタデ・ココの流行が過ぎ去り、日本からの注文が激減して、大量の在庫を抱えた生産地の悲惨な情況を想起するとよい。日本では付和雷同というか、流行一色になる傾向が強いように思われるが、そうした「熱狂」からは、いい加減、目覚めるべきであろう。

グローバルな経済のなかで、強者の立場にいるわれわれは、これらのことに自覚的でいる必要がある。奴隷貿易や児童労働の廃絶に際して、それらに加担している企業の商品の不買運動が大きな力をもったように、われわれが何らかの行動を起こして、世界の生産や消費のあり方に、一定程度の影響を及ぼすことはできると思われる。

その点で、現代日本では、どのように食は問われているのであろうか。

そもそも、「食」とは、漠然とした言葉である。第一に食品や食材を、第二に食生活や食文化を意味する。昨今の食産業における偽装などの事件を受けて、食に倫理を！という声が高まっているわけだが、その際、食の倫理という言葉は、「安全な食材を扱うべきだ」とか、「食品偽装を行なうな」を意味していることが多い。そこで問われているのは、食の第一の意味の食品や食材に関わる生産者や流通業者、販売業者の法令順守《コンプライアンス》の倫理である。そして、法令を作成する政府や、チェック機能を担っている諸官庁の責任も同時に問われている——信頼性が低下している現代の日本社会では、安全が社会秩序の基礎に据えられ、法的正当性にもとづいて、さまざまな事柄が解決させられる。だから、食の世界においても、問題は法的な場面に縮減される傾向がある。

　しかし、食の第二の意味である食生活や食文化という側面に光を当てた食の倫理の主張もある。現状を問題ありとして、「伝統」に回帰しようとする議論である。日本型食生活の称揚や、洋食に対して和食を、グローバルな食のあり方に対してローカルな食のあり方（地産地消）が唱えられる。[7] 日本という地域的特性に根ざした食生活が正しく、より自然な食生活を取り戻そうということだが、幾分、ナショナリズムや保守性を帯び、時にノスタルジックな言説になる——「日本の食」をいいつつも、在日外国人が外されて、もっぱら「日本人の食」だけが念頭におかれた言説も多いという指摘や（神門［二〇〇六］一四頁）、何を食べるかを問う前に、どのように食べるかを問い、飽食の現代文化を批判するものや（斎藤純一［一九九三］）、スローフードから「新しいコミューナルな食の在りかた」を模索する動きもある（島村・辻［二〇〇八］七八頁）。

さらに第三の食の倫理として、食を哲学的に考察するものがある。レヴィナスの哲学を援用しつつ、身体の所有という点から、「私と他者との関わり」に、食の倫理性を探るものや（長谷部［二〇〇二］）、プラトン、ヘーゲル、ハイデガーらの哲学に即して、西洋近代の主体‐客体図式の超克を、食の哲学は担わねばならないとするものもある（山本［二〇〇五］）。また食と倫理の根拠が、《自然（古典的存在論）→人間的自然（近代的存在論）→医学・営養学的合理性（科学的自然）》と変容したことをふまえ、伝統を重視する「近代化への抵抗」と、法制度の改革や監視の徹底などの「さらなる近代化」との双方を視野におさめて、食の問題を考えるべきであるという議論もある（村澤他［二〇〇七］）。

このように食の倫理には、さまざまある。しかし、それらでは、まだ問われていないことがある。世界の食料事情を考慮しつつ、われわれは、いかにすべきかに関する規範的な問いである。

功利主義と食の倫理

食を規範的に問うものは、意外に少ない。最も日常的で身体的な活動だからであろうか。往々にして、食は各人・各集団の好みの問題として片付けられがちである。そこで着目したいのが、一般常識に対して、批判的に議論を展開してきた功利主義である――功利主義は、快楽を善、苦痛を悪と捉え、物事の結果が人々の幸福を増進するかどうかで、その正しさを判断する。

十八世紀末のブリテンでは、女性は市民的政治的権利をもたず、男性に依存する存在とされていたが、快苦を感受する存在に等しく配慮すべきであるという功利主義の観点から、女性の幸福も男性と同様に考慮されるべきであるというベンサムの主張があった（板井［二〇〇八b］）。このように常識という偏見に対して、根拠を明確にして批判を展開した功利主義は、人々の感情を逆撫でするものとして嫌われながらも、統治と倫理学の重要な一翼を担ってきた。

功利主義の立場から、食の倫理を主張しているシンガーは『動物の解放』（一九七五年）以来、動物への道徳的配慮という問題に取り組んできた。人間と動物を区別する考え方を、種差別主義として批判し(8)、人間と同じく快苦を感じる動物に、道徳的配慮をしないでよいわけはないという。

ベンサムも、動物に苦痛を与えることをよしとせず、「動物の虐待禁止の直接的な法律は、人間の虐待禁止の間接的な法律になる」といっていた。動物愛護の思想は、功利主義となじみやすく、快苦の感受を基礎にした倫理を構想しようとする点で、ベンサムとシンガーは共通している――なお、動物への残虐な行為が日常化していたイングランドで、R・マーティンが動物虐待防止協会を設立したのは、一八二四年のことである。

シンガーが、動物に道徳的配慮をすべきだと主張した背景には、二十世紀後半の先進各国で、食肉消費量が爆発的に増大したことがある。それを支えたのが工場畜産による効率的な食肉生産である。

劣悪な工場畜産では、動物たちは死ぬ直前まで、陽の当たらない狭い場所に押し込められて飼育される。狭い檻の中で鶏などは、お互いに踏みつけあって怪我をし、時には死にいたり、豚のなかには、身動きできないために発狂してしまうものもある。成長剤や抗生物質を投与されて急激に成長するため、自らの力で体を支えて立つことすらできない牛もいる――これらのことが、肉を食べたいという人間の欲望ゆえに、起こり続けているのである。

隣人には、相応の配慮を払う多くの人々が、工場畜産での動物の悲惨な情況に無関心で、肉食を続けるのはなぜか、とシンガーは問う――苦痛を受けている存在の数を、世界から、できるだけ減らそうという功利主義的な視点からすると、この問いは妥当であろう(9)。

シンガーによれば、今日の平均的アメリカ人は、肉食の結果、十人に三人は肥満となり、三分の二は健康問題を抱えている。健康維持のコストとして、アメリカ人成年が払う金額は、年平均三百ドルに及ぶ。一九五〇年代のレヴェルまで肉の摂取を控えれば、健康のためのケアのコストも大いに削減され、多くの動物の「受難」も減るという(Singer and Mason [2006] p. 280)。

一キログラムの食肉を生産するには、ブロイラーだと二キログラム、豚肉は四キログラム、牛肉は八〜十キログラムの飼料が必要だとされる。現在のような肉中心の食生活を続けていては、世界人口を養うための食料が、不足してしまう恐れがある。これは、アメリカだけの問題ではなくて、日本の問題でもある。五割に及ぶ輸入穀物は、畜産の飼料としても、消費されている。だから、われわれが、欧米化した食生活を改めるだけでも、畜産による穀物消費量は減少させられるだろう。場合によっては、日本の食料自給率を上げることができるかもしれない。

ヴィーガンの勧め？

このような現状に対して、シンガーは、指針となる食の倫理規準を五つ挙げる[10]。

①透明性――いかにして食物が作られ、どのような流通経路をたどって、われわれのもとにやってきたのかを知るために、また不正に対する安全策として必要な規準。

②公正――食料生産の際に、余計なコストが課せられるべきではないという規準。持続可能でない方法での食料生産、例えば、根こそぎ捕獲するトロール船による漁など、他者や環境に高い負荷をかけることは、将来世代にも悪しき影響を与える点で、認められない。また無駄が多いわりには、商品価格がおさえられて、不公正な価格形成を可能にする点でも問題がある。

③人間性――些細な理由のために、動物に甚大な苦痛を与えることは、誤っているという規準。特に、工場畜産品を拒否する意味がある。

④社会的責任――基礎的なニーズを保障する正当な賃金と、安全で差別のない労働条件を提供する責任という規準。フェア・トレードなどの推奨と関連している。

⑤ニーズ――生命や健康維持が、他の欲求よりも正当化されるという規準（Singer & Mason［2006］pp. 270–271）。

これらの規準から、シンガーは食べてよい食品のリストを作成している。

まず地場の野菜はよい。遠隔地からの輸送燃料などのコストを節約できるし、透明性が確保されているからである――さらに有機野菜が推奨されている。もっとも、有機野菜は環境によい生産方法による作物だが、必ずしも安全な食物ではない（松永［二〇〇七］一四一頁）。その点で、安全と持続可能性のトレードオフの関係が生じている。

また地場の栽培段階で使用する燃料コストが、輸送のコストよりも高い場合などは、輸入野菜を買うほうがよい。輸入野菜を買うことで、海外のより貧しい人々に利益をもたらすこともできる。

持続可能でない養殖による魚は、食べるべきではない。例えば、鮭の養殖の場合、密集して養殖されるため、抗生物質や殺菌剤が投与され、周辺海域が汚染される。しかも、鮭一キログラムを生み出すのに、五キログラムの餌が乱獲され、その結果、天然の鮭の食べる餌が減ってしまい、周辺の生態系を大きく崩してしまうという問題もある。

天然の魚も、それなしで十分な食材と蛋白質に恵まれる地域ならば、食べることは避けるべきであるとされる。魚が受ける死の苦痛を避けるべきだからである。

無脊椎動物では、エビやカニなどの甲殻類は、包丁を入れると、ジタバタするので、苦痛を感じうると見なして、食べるべきではない。一方、貝などの双殻類は、触れると反応するが、苦痛を経験しなさそうなので、それらを食べることに反対する強い倫理的理由はない。

工場畜産による牛肉や豚肉なども、前述の悲惨な飼育情況のほかに、大量の排泄物が、近隣の河川域を汚染するという問題があって、効率的な畜産による食品は食べるべきではないとされる。

シンガーは、農場や工場でしか畜産品を買えないようにして、生産の現場で、くちばしを焼かれた鶏や、意識があるのに切り刻まれる牛の様子などを人々に見せれば、鶏肉や牛肉を食べるのをやめるだろうという（*ibid.,* p. 279）。たしかに、われわれがふつう見るのは、スーパーや精肉店にある肉の塊か、綺麗にパックされた食肉である。そこに残酷さを感じさせるものは微塵もない。だから、それらの食肉が生産される現場がどのようなものであり、いかにして動物が殺されるのかを、直接見ることは、畜産の問題を考えるうえで、必要なことではあろう。

そして、ヴェジタリアンのなかでも、一番厳格なヴィーガン（vegan）にならざるをえないというのが、シンガーの結論である。卵や乳製品の生産には、産卵鶏や乳牛だけが必要で、雄鶏や雄牛は生まれても去勢され食肉にされる。乳製品や卵も含めた動物性食品を避けるヴィーガンの食習慣でなければ、屠畜は完全には避けられないからである。

いまは豆乳をはじめとする代用食があるので、ヴィーガンになるのは容易である。肉食を断つことは、動物の福祉を向上させるとともに、工場畜産など食産業による環境汚染を食い止めることであり、エコな生活スタイルをとることにもなる。さらに、畜産のための飼料穀物を食用にまわせるので、食料供給の点でも、ヴィーガンになることには利点がある。「これらはすべて、何を食べるか、というわれわれの選択のゆえであり、われわれは、よりよい選択をしなければならない」（*ibid.,* p. 284）——ただ規準の⑤ニーズに照らせば、経済的事情で、よりよい選択ができない人々の行為を、非倫理的であるとは非難できないとシンガーはいう。

さて、われわれは、このような食の倫理に対して、どのような態度をとればよいのだろうか。シンガーのいうように、素直にヴィーガンになればよいのだろうか。

エピローグ

日本では「動物性食品を避け、……植物性食品を中心に採る人々」＝ヴェジタリアンはなじみが薄く、彼ら向けのメニューがあるレストランも稀である。「適切に準備されたヴェジタリアン食は、健康に有益であり、必要な栄養素を満たた」すのだが（蒲原［二〇〇五］二一、三七頁）、問題はシンガーが推奨するヴィーガンである。ヴィーガンは卵や乳製品も避けるため、必須の栄養素であるビタミンB12が欠乏する。そこで彼らはサプリメントや添加食品を用いる（同 一二四頁）。しかし、この食のあり方は、健全なのだろうか。

いや、これは健全かどうかという「常識」（＝成長の過程で身につけた「偏見」）ではなく、批判的に吟味する事柄なのだとシンガーならばいうだろう。われわれは、昔の人たちの偏見を愚かしいと感じることがあるが、われわれが自明に思っていること＝「偏見」も、後代の人から見れば、馬鹿馬鹿しいものと思われる可能性があるのだから、自らを相対化する必要はたしかにある。

しかし、である。シンガーの提案には、どこか近代主義的な胡散臭さも感じられる。食べすぎによる肥満は、資源の浪費や環境汚染につながる倫理的問題であるとシンガーはいうが（Singer and Mason［2006］p. 280）、そのような自己責任論的視点では、安価で高カロリーのジャンクフードしか食べられないアメリカ社会の貧困層の実態（堤［二〇〇八］一一 - 三三頁）に考えが及ばないし、限られた食材によるヴィーガン食で、健康的な生活は可能であるというところに、非常に機能主義的な考え方が見られるからである。そこには多様な食のあり方や個人の自由の否定につながりかねない問題がはらまれているのではないか――むろん、そうした提案には、世界から苦痛を減らそうという一貫した理念があるし、世界の食料事情や自然環境に配慮したうえでの提案である。その点で、「地球全体の共生を可能とするために、……個人の自由を縮小する」「食の倫理」の確立を（安本［二〇〇〇］三〇〇頁）という漠然たる議論とは異なってはいる。

さて、本章では、食にまつわる問題を安全という問題に絡めて、思想史を紐解きつつ見てきた。しかし「働かざる者、食うべからず」のパウロ的命題は、いっそう過酷な形で人々の生活を翻弄し、「働けども働けども　わが暮らし良くならず」が、現在の経済システムに構造的に埋め込まれている。食の問題も、このような経済の荒波に巻き込まれ、先行きが不透明である。GM種子の管理に関連する知的財産権、「途上国の飢餓」に対して「先進国の飽食」（そしてダイエット）という食料供給の偏り、食習慣のあり方、スローフード、階層差や二極化の問題、モータリゼーション、予防原則など、本章で取り上げていない論点も多い。食が奴隷労働、動物実験、地球温暖化などの環境問題、不公正な貿易といった問題と関連している情況についても、ほんのわずかしか触れられなかった。

ただ、付け加えていうならば、安全で安心できる食を得られたとしても、それがはたして豊かな食生活の実現になるのかは、大いに疑っていいだろう。何も美食を目指せというのではない。食物や食文化の多様性が、効率性や収益性によって失われていくなかで、安全や安心の追求だけで、われわれの世界が豊かになるとは思えないのである。生殖からの性の解放とともに、フランスの社会思想家フーリエがかつて目指した食の生物学的機能からの解放、「美食のコミュニズム」（廣瀬［二〇〇五］九頁）は、われわれの手元から遠く隔たってしまっている。それを、家族の団欒の回復とか、食の楽しみとか、食べ物への感謝とか、食に付随するもろもろの価値を賞賛することで、取り返そうとする言説はある。どれがまっとうな主張なのか、判断は留保しておこう。

われわれは、メディアに惑わされることなく、「安楽への全体主義」に陥ることなく、世界の食料事情と向きあいながら、何を食べるべきなのか、そしてそれは、どのような問題とつながっていて、なにゆえ倫理的なのかを、生活の場で、不断に問い直していくしかないのではないだろうか。

◆注

（1）フード・マイレージは「輸入相手国別の食料輸入量×輸出国からわが国までの輸送距離」として算定される。参考にされたのが、T・ラングの「フードマイルズ」である。イギリスでは、サステインという団体を中心に「フードマイルズを意識して、なるべく地域内で生産された食料を消費することなどを通じて、環境負荷を低減させていこう」という市民運動になっている（中田［二〇〇七］九四‐九五頁）。

（2）カロリーベースの自給率は「国産供給熱量÷国内総供給熱量×百」で、畜産物の飼料自給率を考慮して算出される。生産額ベースの自給率は「食料の国内生産額÷食料の国内消費仕向額×百」で、畜産物および加工食品の輸入飼料および輸入食品原料の額を国内生産額から控除して算出される（農林水産省［二〇〇八］）。

（3）食品偽装には、牛肉を豚肉と偽ったり（ミートホープ）、産地を偽装する（船場吉兆など）違法なものと、ジャガイモなどの澱粉を片栗粉として慣習的に販売する違法でないものがある。十九世紀英国で起きた健康被害を伴う食品偽装とその暴露の歴史について、Wilson［2008］を参照。

（4）　食品安全委員会の「メタミドホスの概要について」（http://www.fsc.go.jp/emerg/meta.pdf）によると、体重が五十キロの人の場合、〇・〇五ｐｐｍのメタミドホスを含んだ事故米は、毎日〇・五キロ以上（米三・三合に相当）食べると、ＡＤＩ（毎日、一生涯食べ続けても健康に悪影響を与えない量）の値を超える。また一日に二・五キロ食べない限り、ＡＲｆＤ（二十四時間以内に食べても健康に悪影響を与えない量）の値に達することはない。

（5）　「食料権」は一九四八年に認められたものの、適切な食料を得る権利として認められたのは、一九七六年発効の「経済的、社会的および文化的権利に関する国際規約」においてで、「各国の義務が明確化されたのは、規約採択から三十三年を経た一九九九年」である。二〇〇四年十一月に「国家食料安全保障の文脈において食料権の漸進的な具体化を支援する任意のガイドライン」がＦＡＯで採択された（ディウフ［二〇〇七］）。

（6）　コリアーは、世界を豊かな先進国の十億人、発展途上国の四十億人、最底辺の十億人に分け、アフリカ大陸が大半を占める最底辺の十億人を、いかに救済すべきか、と問う（Collier［2007］）。

（7）　日本の食文化で称揚される味噌が、現在のように全国的に美味しいものになったのは、戦後の農村生活改善普及事業によるところが大きく、それ以前は「味噌玉」として、あまり味もよくなかったようである（松永［二〇〇七］一五二頁）。このように伝統の称揚には十分気をつける必要がある。

（8）　シンガーも、快苦感受という規準で生物に線引きをする点で、クラス差別主義的であるという批判がある（岡本［二〇〇二］一五八－一六〇頁）。しかしシンガーの議論は快苦の感受能力という明確な規準を示し、種差別主義のような人間と動物の曖昧な区別はしていない。その意味で、この批判は、あまり有効ではなかろう。

（9）　工場畜産の問題を、平均功利主義、総量功利主義、先行存在説から検討している伊勢田［二〇〇八］二四三－二五一頁も参照。

（10）　Singer & Mason［2006］には、メイソンという共著者がいるが、メイソンは理論的な食の倫理には、コミットしていないようなので、ここでは、シンガーの見解として取り上げる。

◆ブックガイド

スーザン・ジョージ『なぜ世界の半分が飢えるのか――食料危機の構造』（小南祐一郎・谷口真理子訳、朝日新聞社、一九八四年）

飢餓が凶作などの自然現象によってではなく、アグリビジネスや先進国政府の政策によって引き起こされていること、そして、途上国への援助や開発が、いかに先進国に富をもたらしているのかを、説得力ある形で解き明かしている古典的著作。

池上甲一・岩崎正弥・原山浩介・藤原辰史『食の共同体――動員から連帯へ』（ナカニシヤ出版、二〇〇八年）

胃袋＝食における連帯の模索――これを念頭におきつつ、各章では、近現代日本（米食共同体）やナチス期の国家による動員、有機農業の両義的な歴史、昨今の食育の背景が論じられる。今後の食のあり方を考える際に、本書が指摘する論点を避けては通れない。

中嶋康博『食の安全と安心の経済学』（コープ出版、二〇〇四年）

BSEやEUの食品行政の事例を紹介しつつ、食品リスク、食品安全対策といった制度的な側面と、食の安全・信頼を回復するための理論的・文化的・制度的提案をまとめている書。食の安全に関して、体系的・経済学的な知識を得ることができる。

神門善久『日本の食と農――危機の本質』（NTT出版、二〇〇六年）

日本農業への外国資本・外国人労働者の導入や、社会保険料の食生活連動制など興味深い提言が含まれている。食と農の問題の根源には、市民の責任放棄があり、「悪玉の官僚」対「善玉の市民」という構図の問題性を突いた論争的な書。

辻信一『スロー・イズ・ビューティフル――遅さとしての文化』（平凡社、二〇〇一年）

ＮＧＯナマケモノ倶楽部世話人の著者が、近代社会のスピード化に抵抗して、スローな生き方を、食（スローフード）、労働、建築デザイン、身体、ビジネスなどの場面で提示した書。いつの間にか、慣らされているスピード化への解毒剤として一読の価値がある。

第七章　企業と国家
——国境を越える責任とは

中山智香子

プロローグ

やや旧聞に属すが、二〇〇五年に「ザ・コーポレーション」、つまりまさに「企業」というドキュメンタリー映画が日本で公開された。原作者のジョエル・ベイカンはカナダのコロンビア大学の法学教授であり、原作と映画がほぼ同時進行で作られた。映画では「企業とは何か」という極めて直裁な問いを投げかけるインタヴューに対して、例えば英米の公開大企業のCEOや株式の売買人、N・チョムスキーやN・クライン、V・シヴァら反グローバリゼーションの論客たち、フォックステレビの元記者や映画監督M・ムーア、経済学者M・フリードマンなどが意見を述べ、エピソードを紹介する。

インタヴューの断片は速いテンポで再構成され、企業が法人として擬人化された機関であり、この「法人」の人格は病的であるという主張をあぶりだしていく。現代世界において、この性格は一国の社会だけでなく、国境を越えた影響を及ぼすという。

しかし他方で、国境を越えたグローバルな企業による支配は、消費者が衣食住の生活全般・細部にわたって、世界の各地からのモノやサービスの恩恵を受け取ることのできる、原則的にポジティヴな可能性も示唆している。また上記の映画の原作では、アメリカの伝統的な多国籍企業の一つであるフォード創業者の曾孫が、企業のCEOたちやNGOの代表者とともに、「二十一世紀の企業は、環境や社会の問題を解決する主力になることができるし、またそうなるべきである」として、人権宣言の一般原則の遵守を誓ったエピソードも紹介されている（Bakan［2004］邦訳 四四 - 四五頁）。

ここでの争点は経済思想の観点から、まず大きく分けて、企業が国境を越えて自由に活動することを理論化し推奨する経済的自由主義の側と、これに反対する側の対立と整理することができる。そこに「現代世界」の前提としての、グローバリゼーションへの評価が絡んでいる。グローバリゼーションとは、この文脈から見ると、企業の多国籍の存在や活動を肯定する動向である。つまり原則として、企業が国際的な広がりにおいて有利な場所へ直接・間接投資できること、世界の国々のあいだで貿易が自由に行なわれること、労働や情報が障害なく移動可能なこと、国際的な通貨決済システムが制度的に整備されていることなどを肯定する動向である。かつて一九八〇年代にM・サッチャーは、グローバリゼーションに「代案はない（There is no alternative: TINA）」と述べたというが、これに反対する論客たちが論じるには、グローバリゼーションとは単なる状況描写ではない。むしろ、かなり多くの前提や制約の存在のもとで、はじめて可能になるものであり、したがって代案もある。そこで、例えばWTO（世界貿易機関）やサミットの会合の際にしばしば問題化されるように、そもそもグローバリゼーションを世界的・国際的レベルで肯定するかどうか、またそれをどのような合意や法・制度的システムによって承認するのか、さらには、それを各国がよしとするかどうか、また各国の意思決定にもとづき、国内のレベルで国家・市場・企業の位置関係をどうするか、つまり国家がどこまで企業の活動に規制をかけるか、国家は何にどこまで役割を果たすべきか、さらにそこから国営事業の民営化の問題などへと、諸論点は連なっていくことになる。

本章ではこれらの問題群に潜む倫理的・社会的責任という問題の所在を確認し、考察する。おそらくはじめに確認しなければならないのは、上に列挙した問いが、例えば「グローバリゼーションを……肯定するべきかどうか」など、本来はいずれも「……すべき」という価値判断を含み、倫理的な意思決定を含意しうることである。ところが、その意思決定に関わる主要な経済的アクターは国家と企業であり、さらに国家が究極的に消滅することをグローバリゼーションの前提とする立場をとると、アクターはもっぱら企業となり、上記の映画のように、企業自体の善し悪しだけを問うことになる。現代世界における倫理的・社会的責任の問題を考察するためには、ひとたびこうした諸前提を保留し、グローバリゼーションの文脈のなかでの（各）国家の位置、企業との関係の構造を検討することが重要である。もちろん一方で、世界全体を一つの共同体、システムと見なし、文化や宗教などの違いを超えて世界に共通する理念を考える立場も存在するが、世界中に紛争と貧困が広がる今日の状況に照らすと、これは楽観的に過ぎる。倫理とはつきつめれば「殺すなかれ」にいたる人間どうしの行為規範であり、人間が生きる営みをあずかる経済活動が、誰かを死にいたらしめる危険を含んで、決定的なカギを握っているからである。

さて、国境を越えた規模での倫理的・社会的責任への問いは、歴史的に見ると、十九世紀半ば頃から、自由主義・資本主義的先進国の一元的な価値観に対する後発国の異議申し立てとしてはじまり、大戦間期の激動のなか、アメリカでビジネス・エシックス、すなわち企業経営者の倫理的理念という考え方を生み出した。第二次大戦後、冷戦期には、多くの発展途上諸国が独立を求めて自発的に自由主義化、市場化を受け入れ、共産主義との表立ったイデオロギー的対立もあずかって、倫理的責任への関心は沈静化したかに見えた。しかしやがて一九八〇年代から冷戦構造崩壊後にかけて、「リベラル・インターナショナリズム(1)」による国際社会が明確に姿を現わしはじめたなかで、市場化、商品化は戦争や臓器など人間の尊厳を損なうレベルに及び、新たな次元での倫理的・社会的責任が問われるにいたっている。一見奇妙な組み合わせに見えるかもしれない「国家の社会的責任」という問題関心は、従来「殺すなかれ」の根幹を握ってきた国家が責任を手放すとき、国境を越えて波及効果が生じる現代世界において、むしろ意義を増大させる。「社会」が国際社会を含意することになるからである。なお、通貨・貨幣システムのグローバリゼーションと倫理というテーマについても、例えば「カジノ資本主義」の概念が示唆する問題などが存在するが、ここでは対象としない。

一　経済思想史が示す国家の位置

『コーポレーション』のベイカンは、原作において、企業がそもそも十七、八世紀に生まれた当時から、むしろ国益や公益に奉仕する事業のために考案されたことを指摘している。国家とは、企業に対して法人格や有限責任、財産権などを付与したり取り除いたりできる唯一の存在であった。また彼によれば、国家はグローバルな文脈においても、国際的な制度や機関の設立に立ち会う代表者であり、あるいはその場において、その国に固有な企業の利害や社会的関心を擁護し、外に向かって主張することができる存在である。

> 国家だけが、他の国家と協力して通商条約を結んだり、世界貿易機関などのグローバルな制度を設立することができ、それらが逆に、国家の企業に対する規制能力や、国家みずからが作り出した財産権を制限してきた。（Bakan［2004］邦訳 二〇一頁）

国家はグローバル化された現代世界における「国際」社会のアクターとして、つまり各国独自の事情や利害を保護するための盾として、また企業に何らかの規制をかけることのできる唯一の砦でもある。この認識をふまえながら、グローバル化した世界における国家の位置と役割について確認する。

次頁の表は、グローバリゼーションに対する賛否と、国家による調整・介入への賛否からマトリックスを組み、A〜Dの領域に当てはまる思想や政策の方向性を概観したものである。以下でこのマトリックスを参照軸としながら、問題点を整理していくことにする。まずは、このマトリックスに関わる経済思想史に照準してみよう。

先駆者としてのドイツ歴史学派

経済学の生誕以来、実質的にグローバリゼーションに反対する視点をはじめて導入した経済学は、十九世紀半ばから二十世紀の初頭にかけてのドイツで現われた。これはちょうどドイツが遅ればせに近代国家として成立した前後の時期にあたるが、まさに近代化の後発国としてのドイツの位置が、そこで思考した経済学者にグローバリゼーションの問題点を意識させたともいえるだろう。この時期のドイツ語圏のアカデミズムには、歴史や政策の分野を通じて、倫理的要素、すなわち社会政策を積極的に導入しようとするドイツ歴史学派と、これらから純粋理論を峻別し、倫理性を捨象しようとするオーストリア学派の方向が、相対立しながら共存した。両学派の代表者による一八八〇年代の「方法論争」は、上記のマトリックスの領域Bと領域Cの対立に、ほぼ対応している。その後オーストリア学派は、およそ半世紀をかけて新古典派経済学の流れに吸収され、倫理的価値判断を持ち込まない市場価格分析が経済学の「主流派」となった。つまり先進国におけるグローバリゼーション推進に歩調をあわせることになった。他方でドイツ歴史学派の模索した立場は、形や場所を変えながらその後を

表　グローバリゼーションと国家の位置

	国家による調整・介入を肯定	国家による調整・介入を否定
グローバリゼーション（自由主義）推進	A・上からの推進政策（関税除去など）	C・市場原理主義的自由主義
グローバリゼーション（自由主義）反対	B・保護貿易、関税政策、FTA 推進、環境政策など	D・オルタナティヴ追求（内発的発展）、草の根の反対運動

生き延びる。

十九世紀後半のドイツ歴史学派における「経済学への倫理的要素の導入」の強調点は、少なくとも二つあった。第一点は、イギリスが主導的な位置を占める先進諸国の資本主義社会が世界各国で導入され、資本主義システムのプロセスが進行し深まるにつれて、しだいに労働が強化され、労働条件の悪化をともなうこと、またその被害をこうむるのが労働者たちであるということである。それはほぼ同時期に生まれたマルクスとマルクス主義者たちの視点にも通じている。ドイツ歴史学派は、特にG・シュモラーの主導のもとに「ドイツ社会政策学会」という学問的な議論の場を設け、これらの問題を明らかにした。またそこでの議論をふまえ、ドイツ国内での労働条件の改善や保険制度の整備を、国家の社会政策として提案し、諸制度の実現に一定の役割を果たした。

また第二点として、ドイツ歴史学派の論者たちは、世界各国が資本主義社会を普遍的なスタンダードとして無前提・無批判に受け入れることに対し、根本的な疑問を呈した。そこで、当時進展しつつあった資本主義社会に対して、その欠陥を補い、代替的な社会システムを提示できるような経済学のあり方を模索することになった。それは、各国の個別的、歴史的、具体的事情を盛り込む経済学である。「各国の事情」には、一国内の統計や歴史のデータだけでなく、各国内の宗教観・道徳観や慣習、法律、さらには世界経済との関係つまり他国との関係や構造をも含むよう、構想された。もっとも彼らはこれを、必ずしも「倫理的」経済学として明示的に述べたわけではなかった。むしろ、国や地域によって異なる宗教観・道徳観や慣習を制度や学の基盤と考えたことで、いわば結果的に、倫理性というキーワードで整合的に捉えられる学問体系や実践的活動を求めることになったのである。したがって、例えばシュンペーターのように、ドイツ歴史学派を「倫理学派」と位置づけることに批判的な論者もいた。シュンペーター自身は知的形成期に一年間、シュモラーのゼミナールに出席するなど、ドイツ歴史学派に近い位置にいたが、「一国民の具体的な経済状態・その自然的可能性・素質・世界経済的な関係・社会的構造・生産指数・社会的生産の量と分配・経済的および政治的体質」(Schumpeter [1926] 邦訳 四四六頁) など、純理論では所与とされる諸要素が重要であるとして高い評価を与えつつも、問題の本質は倫理性ではなく、むしろ歴史や制度であると考えたのである。ちなみにこのような視点は、アメリカの制度学派に引き継がれていく。

ともあれ、ドイツ歴史学派の立場は、やがて第二次大戦後に多くの植民地が新興独立国となり、後発国・発展途上国としてグローバル世界において直面することになった諸問題を、十九世紀という早い時期に明確に捉えたものであった。領域B対領域Cの対立は、先進国対後発国の対立が、(先進国の)「市場」(自由放任主義) か (後発国の)「国家」(介入主義) か、という二者択一に還元されることを示唆している。

新しい代表としてのアメリカと途上国

ところが二十世紀初頭から第一次世界大戦、大戦間期を経て第二次世界大戦にいたる時期には、政治的・経済的な諸前提が根底から揺らぎ、経済学と倫理の位置関係も大きく変化した。第一次世界大戦後の国際連盟の設立にともない、実質はともあれ少なくとも形式的には、世界の多くの国民国家が「対等」な立場でお互いの主権を認めあう「国際社会」が制度的に整備された。それは政治・経済における自由主義的国家間システムによって成り立つものであった。実際これは、領域Bとは異なる領域Aの位置が認められたことを意味している。領域Aとは、例えば後発国においても、グローバリゼーションや自由主義に賛同し、これを推奨する担い手としての国家の存在を認め、その介入・調整を積極的に認める方向性である。例えば、第一次大戦で敗戦したオーストリアなどは、実は国際連盟の管理のもとで、好むと好まざるとにかかわらず、このような立場をとることになった。もちろん他方で、同じく大戦間期にケインズが「レッセフェールの終焉」をうたい、イギリスにおいても国家の役割を積極的に認める自由主義が台頭したことに象徴的な通り、領域Aは先進国を排除するものではない。いずれの場合においても、ここでは国家が一定の役割を果たしており、グローバリゼーションが必ずしも国境の究極的消滅を意味しないことを確認する必要がある。(2) これを企業の側から見れば、国家が企業と共通の利害関心をもち、協働あるいは外注を持ちかけてくるような構造ということになろうか。ここにおいて、国家と企業のある種の相互依存関係が形成される。自由主義を求める諸国は、AとCのあいだで揺れ動くことになった。特に新自由主義が語られるのが、この位相においてである。

ちなみに、この領域Aをベースとした「国際社会」においても、各国の現実的な力関係は必ずしも対等でない。歴史的に見ると、特にアメリカ合衆国が特殊な位置を占め、世界的なネットワーク形成の牽引力として機能した。ただしそれは、従来の自由貿易システムにおける覇権国イギリスにとって代わった新覇権国というよりは、民族自決を原則にうたい、新興諸国の独立を支持する立場を表明する、つまりイギリスなどヨーロッパの先進諸国に対抗する後発国の代表としての地位であった。アメリカは、自称「世界ではじめて自由と民主主義を純粋な理想として出発した国民国家」であり、新興諸国もこれに続けということである。それはある意味で十九世紀のドイツの地位を代替するものであったが、推奨する方向性は決定的に異なっていた。そしてまさにこのアメリカにおいて、ビジネス・エシックスという考え方が生まれ、国家に任せるのではない、企業、特に大企業の経営者の自発的な倫理性が重視されることになるとともに、相前後してニューディール体制が形成された(3)。やがて第二次世界大戦後、第三世界諸国は、アメリカが主導するグローバリゼーションの動向に反発して領域Bの立場をとるか、それとも賛同して領域Aの立場をとるか、いずれにしても強い国家介入のもと、二つの選択肢のあいだを揺れ動いたのである。

二　自由貿易を揺るがす倫理的・社会的責任？

ここで、グローバリゼーションにおいて推奨される自由貿易と、倫理的・社会的責任との関係を確定するために、J・バグワティの仕事を援用しよう。彼は、かつてWTOのアドヴァイザーをつとめ、二〇〇八年現在もグローバリゼーション擁護派の代表的な経済理論家の一人とされている。講義記録である二〇〇二年（邦訳は二〇〇四年）の『自由貿易への道』では、経済思想史を振り返り、自由貿易に反対する側の主張を二段階に整理した。すなわち第一段階の批判は一九八〇年代までのもので、すでにほぼ乗り越えられているが、第二段階の批判はそれ以降、現在にいたるとのことである。そして彼にとってすら、「現在の問題は強力で、自由貿易にとって致命的になる可能性をもっている」（Bhagwati［2002］邦訳 四六頁）。そこで問題の焦点となるのは、ほかならぬ倫理性の問題である。

ちなみに、第一段階の批判は二つの命題からなり、第一の命題は、市場の失敗（すなわち歪み）が存在する場合、自由貿易は必ずしも最適政策ではないというものである。バグワティは一八四〇年代のイギリスにおけるトレンズ、J・S・ミルらの、自由貿易をめぐる議論に言及するが、これは前節のマトリックスにひきつけていえば、一国内におけるA対Cの対立にあたる。バグワティは、一九六三年にラマスワミと共著で窮乏化成長を論じたみずからの共同論文に言及し、歪みを相殺する適切な政策が実施されるならば、劣悪な交易条件による損失を相殺してもありあまる成長の利得があるとして、自由貿易の最適性を確認した。それは、国境を越えた文脈においてもAの領域の存在が明確化され、途上国にも自由主義という考え方がもたらされたことに対応している。一方第二の命題は、第一の命題を「国内経済に歪みが存在する場合」として解決ずみとしたうえで、対外経済に歪みが存在する場合だけを扱うものである。こちらについては、第一の命題ほどに単純な論駁が可能ではなかったものの、独占や不完全競争の状態においても、ある種の「競争」によって厚生が高まることを計量経済学的に検証する理論、あるいは介入が問題をさらに悪化させるという考え方などにより、自由貿易の最適性が根本的には保持されたという。また、一九八〇年代までに現われた諸理論が、保護主義政策による損失の大きさを政治的・経済的に示し、さらなる補強になったこともここで言及されている。

倫理的・社会的問題と「基準」の位置

一方、八〇年代以降から現在にいたる第二段階の自由貿易への批判には、倫理の問題がはっきりと浮上する。バグワティはこの時期の批判を四つに集約した。すなわち、第一に自由貿易は公正さを欠き、公正な貿易（いわゆるフェア・トレードを含むが、より広義である）こそ、これを回復させるという主張、第二に自由貿易は環境を害するという懸念、第三に、自由貿易とその主要団体であるＷＴＯは社会的・倫理的課題の解決と矛盾するという批判、第四に自由貿易は労働者の実質賃金を損ない、豊かな国と貿易を行なう貧しい国で貧困が悪化するという懸念である。バグワティはさらにこれらを公正（一）、自然環境（二）、倫理（三）、社会主義（四）とまとめ、まず一、四の論点について、第一段階と重複する部分を選り分けながら検討し、さらに四の問題を労働基準の引き下げと規定して、二の環境基準引き下げと並列させる。

これらにおいて興味深いのは、バグワティのアメリカに対する立場である。彼は、一の公正さへの要求がアメリカの保護主義を助長し、いわゆるスーパー三〇一条などによって、国際社会の自由貿易システムを乱す要因となったことを批判する。ちなみにこれはＦＴＡ・ＰＴＡ（差別的な地域間貿易協定）批判にも通じている。しかし他方で、労働や環境の基準については、ファンダメンタルズ（初期状態、賦与資源、選好）の違いによるとしたうえで、究極的にアメリカの基準を尺度とするのである。ここでバグワティが取り上げているメキシコとアメリカの例に即して確認しておこう。すなわち、「メキシコがアメリカ（自動車の数がはるかに多く、そして多くの浄水器とペットボトル詰めの水がある）よりも大気が清浄で水が汚染されており、環境問題に取り組む意思があるなら、メキシコはアメリカよりも水質汚染に対しより高く課税し、大気汚染に対しより低く課税することが期待されるだろう」（*ibid*., 邦訳 五七頁）という例である。彼は、このような税負担を不公正とすることが、基礎的な経済学に対する無知であると強調している。

しかし、メキシコにおいて大気汚染への課税が低いとすれば、大気汚染につながる廃棄物を排出する工場は、なかば安心して大気を汚染するだろう。一方、水質汚染に手を染める業界は、多少は展開を手控えるかもしれない。このような違いを多国籍企業が利用して投資誘致を選び、競争に参加することはほとんど自明と思われるが、これに対するバグワティの反論は、膨大な実証研究によっても証拠がない、というだけである。そして「多国籍企業がより低い環境基準および労働基準を利用しようとする証拠はほとんどないのだから、われわれの主要な基準を、単純に海外に拠点を置くわれわれの企業に義務として適用すべきである。ローマにいてもローマ人ではなくアメリカ人にならって行動せよ、ということである」（*ibid*., 邦訳 五九頁）と、止めを刺す。ここで「われわれ」とは、アメリカ人である。このような処方の結果、メキシコがやがて行き着くところは、アメリカと同じ程度の大気汚染と水質汚染であろう。それが環境問題を指摘する人々にとって、何ら説得力をもたない議論であることは、明らかである。もちろん、多国籍企業による利用の証拠がないという反論があまり有効でないことも、再度確認しておくべきかもしれない。

それでもバグワティは、環境問題についてさらに論じ、第一段階における「歪み」と同じ扱いを環境問題にも与えている。すなわち、自由貿易が有効であるのは「適切な環境政策がとられた場合」のみであると。そして、これが現実的には必ずしも機能していない、いくつかの例を示すのである。ここに、第二段階の批判は深刻であるという彼の基本的な認識が表われている。とはいえバグワティはここで反批判、つまり自由貿易を批判して保護主義に転じたとしても、環境は必ずしも改善されないという主張を展開する。ちなみにこれは、環境だけでなく次の社会的・倫理的課題に関しても、彼が用いる主張である。バグワティが最も恐れるのは、環境や倫理の仮面をかぶった保護主義が台頭し、環境や倫理の問題も解決しないばかりか、自由貿易の利点までも失わせるという事態である。

保護主義の仮面としての倫理性？

貿易自由化の結果、環境破壊が起こった例として、バグワティは東南アジアのエビ養殖業を取り上げる。エビの大量輸出により、養殖池で食べ残しの餌の代謝物と腐敗から生じた有機体による汚染水がマングローブ林を破壊、地質を悪化させ、地域の漁民や農民の生計に悪影響を与えた例である。しかしこれに対して、多くのNGOが自由貿易を抑制あるいは停止すべきだと議論したことに対しては、「赤ん坊を湯船の湯とともに投げ出すに等しい。なぜなら貿易は繁栄と社会的善を達成するための強力なエンジンだからである」(*ibid.*, 邦訳 六五頁) と批判し、二つの解決策を示す。結果が事前に予測可能な波及効果であったとすれば、不法行為による損害賠償が行なわれるべきであり、そうでなければ、被害者への救済援助が行なわれ、汚染者が責任をとるという原則が貫かれるべきである。現実的な対応はともかくとして、これらが「適切な環境政策」であると。

この例に明らかな通り、バグワティにとって問題の焦点は、貿易と環境における最適な結果のために、国家が何をなすべきかである。つまり解決策は、反グローバリゼーションかつ国家介入に反対する領域Dではなく、むしろ領域Bにおいて実施されるべきだということである。そして領域Bは、かつてドイツ歴史学派が拠って立ち、関税や保護貿易を主張した領域でもある。バグワティの憂慮もここにある。エビの例にひきつけていえば、環境破壊を理由に、エビの輸出だけでなく、これに無関係なすべての輸出を規制したり、輸入品に高い関税をかけたり、海外からの投資をすべて拒絶したりするなど、自由経済システムのすべてを否定する考えが台頭することを、バグワティは懸念している。

社会的・倫理的問題全般についても、議論の進め方は同様である。社会的・倫理的問題もまた、自国の産業保護主義のため、自由貿易を拒絶するための口実として、しばしば利用される。さらにここでバグワティは、国際社会が特定の国に対して、自由貿易の国際ネットワークからの排除を手段とし、社会的・倫理的課題を達成しようとする現状への批判も示している。例えばある国が、児童労働など倫理的に問題のある状態で経済システムを運営している場合、労働基準としてのＩＬＯや子どもの権利のためのユニセフなどの国際機関に頼るのではなく、当該国への貿易制裁を行なおうとする傾向がある。しかしバグワティによれば、貿易制裁によって、むしろ子どもたちがいっそう劣悪な労働に追いやられる危険があり、その意味で「地獄への道は善意で舗装されている」(*ibid.*, 邦訳 七九頁)。むしろ自由貿易を保持し、この例でいえばＩＬＯやユニセフなど、社会的・倫理的問題に関して特化した専門の国際機関で解決することが重要であると、バグワティは結論づけるのである。

以上の主張は総じて妥当なものに見えるかもしれない。しかし、グローバリゼーションにおける倫理的・社会的責任という本章の関心から見た場合、決して十分ではない。環境問題における社会的・倫理的関心が経済的関心と矛盾することが明確に示されつつも、結局それは市場経済の機能を阻む歪みとしか捉えられないからである。バグワティは、歪みが取り除かれ、市場経済が再び機能することが最も重要であるという。しかし、環境破壊の例において「歪みの除去」が行なわれるならば、つまり国家の環境政策が機能し、企業が不法行為の損害賠償なり、「汚染者による責任負担」としての何らかの賠償なりを支払うとすれば、例えば極論するなら企業は汚染を続けても、社会的責任を果たしているといえるのか。この点をさらに立ち入って考察するために、具体的な素材を検討しよう。

三　MINAMATAの事例

前節で論じたバグワティは、エビ養殖業による水質汚染を例として示したが、ここで例として考察するのは、日本の水俣病である。日本では、おそらく多くの人が、小中学校の義務教育の社会科の科目で、「公害」そしてその原点としての水俣病のことを学んだはずである。それは新日本窒素肥料（株）（現チッソ（株））という企業が工場廃水とともにメチル水銀化合物を排出したため、水俣湾の魚介類が汚染され、これを知らずに長いあいだ食べていた地元住民、主に漁民たちが神経系の病に侵された事件である。それは基本的に、一国内の環境問題である。しかしグローバル化された現代世界の文脈におき直してみると、MINAMATAの事例は、国境を越えた波及効果をもつ。そして、国境を越えた責任とは何であるかを象徴的に示している。

まず問われるべきは、バグワティのいう「予測可能な波及効果」についてである。具体的にはここでは、政府による発病の認定を指す。具合の悪くなった人がはじめて病院にかかった一九五六年当初、それは「原因不明の奇病」であった。しかしその後、地元の熊本大学医学部の研究チームの研究などにより、原因を突き止めるまでにさほど時間はかからず、また地元のメディアは、これをすでに早い時期に取材していたという。ところが、この病例を明らかにすることは、日本の第二次世界大戦後の復興と高度成長を標榜する政策にとってマイナスであるという政治的な配慮から、発病との因果関係が、長いあいだ隠され続けたのである。政府が「水俣病」を認め、「水俣病は、水俣湾産の魚介類を長期かつ大量に摂取したことによっておこった中毒性中枢神経系疾患である。その原因物質は、メチル水銀化合物であり、新日本窒素水俣工場のアセトアルデヒド酢酸設備内で生成されたメチル水銀化合物が工場廃水に含まれて排出され、水俣湾内の魚介類を汚染し、その体内で濃縮されたメチル水銀化合物を保有する魚介類を地域住民が摂食することによって生じたものと認められる」という公式見解を出したのは、それから十二年もたった一九六八年のことであった。当初は予測不可能であった波及効果がやがて、医学的に予測可能なものになってもなお、その認識が隠蔽され続け、汚水の排出はなかなか不法行為として認められなかった。チッソという企業の経済活動のために、政府がメディアや学問的研究成果の公表に妨害を加え、隠蔽を続けたことが、今日では明らかにされている。

水俣病の公式見解を受けて患者たちは損害賠償の裁判を起こし、一九七三年には原告の訴えを認める判決が下ったが、今度は個々の患者が「水俣病」であるかどうか、なかなか認められないという事態が発生し、関係者や支援者は長きにわたる闘いを強いられることになった。しかしこの時期から県や国の方針は、損害賠償を支払うために企業チッソを再建させ、存続させなければならないという、いわば逆説的な方向に向かったのである。問題が根本的に解決されないまま、その間も被害は拡大し、さらに多くの人々が生命や健康を奪われ、闘いは何十年にも及んだが、一九九五年に政府が提示していた「最終的かつ全面的解決案」がほぼ受け入れられ、翌年ほとんどの裁判が和解でおさめられるにいたって、社会的には一応の解決を見たとされている。しかしいまなお残る問題もある。

社会的責任回避の構造

水俣病における未解決の問題とは何か。それは、「汚染者責任」の原則を貫くために企業チッソを存続させた逆説に関わるものである。先行研究（酒巻・花田［二〇〇四］）が示すには、判決が出た当初から県レベルでの対応に加え、すでに一九七八年には当時の政府がチッソへの金融支援を明言しており、また一九九三年の県債方式の破綻後の調整期間を経て、「地域振興」の旗印のもと、二〇〇〇年以降は表立って国からの巨額の公的資金の投入が行なわれるようになったという。はたしてそれは、何を救済するものなのか。「汚染者責任」の原則はもちろん、バグワティが考えた「国家の適切な環境政策」に適っているが、実質的に破綻している企業に公的資金を投入してこれを存続させ、支払いを続けさせることの意味は何であろうか。もちろん、その限りにおいて、企業チッソは過去の不法行為の社会的制裁を遡及的に受け続けるともいえる。チッソにできることは、すでに行なった汚染から生じた波及効果のコストを支払い続け、それ以上の汚染を行なわないことだけだからである。しかし、多大なコストを抱えた収支バランスを、企業としての生産活動によってもはやまかなうことができず、公的資金の援助によってのみ存続できる状態は、企業の名に値しない。企業としての破綻申請と整理による終結が、基本的な手続きとなるのはやむをえないだろう。

ここで、「殺すなかれ」を究極とする、より根本的な社会的責任とその担い手について、確認する必要がある。企業チッソの存続という方針には、先行研究が指摘するように、国家による責任の回避が見えてくるからである。国家は「汚染者」を存続させ、損害賠償というコスト負担の形で責任を負わせることで、結果的には被害者を救済する保護者として、一定の役割を果たすかのように振る舞う。しかし発病から認定にいたるまで、発病した人々の救済よりも経済成長を重んじたこと、あるいはその後、患者の認定範囲を限定し、訴えに対する回答を遅らせたことでさらに被害が拡大した時期に、結果的に見れば明らかに被害者救済と異なる原則にもとづいていたことには、倫理的・社会的責任が存在するはずである。このことは十分に強調される必要がある。とはいえそれは、国家のみに倫理的・社会的責任を負わせるのが原則ということを意味するものではない。水俣の事例ではすでに企業が破綻しているが、本来、企業が正常に機能している状態で、企業と国家はしばしば相互依存的にはたらく、つまり倫理的・社会的責任をお互いにゆだねたかのように振る舞い、曖昧にする傾向があるからである。これこそが、最も問われるべき部分であろう。しかもその「社会」的責任は、すでに述べた通り、現代世界において、国境を越えて広がる。

グローバル世界におけるMINAMATAの意義

水俣病の事例が国境を越えてもつ倫理的・社会的責任を検討するために、企業チッソが通常の事業を行なっていた時期から、認定と損害賠償をめぐる闘いが行なわれた時期を、グローバルな文脈におき直して検討してみよう。チッソという企業の創業は一九〇八年にさかのぼり、先行研究によれば、一九四〇年代前半にはアジア諸地域でダムを造り、発電を起こして、そしてコンビナートを造る事業進出を行なったそうである（原田［一九九五］三九頁）。現在の北朝鮮の興南工場は最大の工場であったが、その後旧満州（現中国東北部）に進出し、一九四四年に吉林省にも発電所を造り、巨大コンビナートを造ろうとした。日本の敗戦により、コンビナートは未完のまま残されたが、旧ソ連の技術の援助で、いまの吉林コンビナートが完成した。日本の研究チームが調査を行なった一九八一年、吉林のコンビナートには、日本で水俣病が認定される以前に使用されていた、水銀除去効果のまったくない排水装置が、旧態依然と取り付けられていたという。当然そこには、水俣病の症状を訴える人々が多く現われた。

中国吉林省の水俣病発症自体は、もちろんチッソ自身が直接的原因ではないし、損害賠償責任を問われるものでもない。また一九四四年の日本と中国の政治的・経済的位置関係を、平時と同一に論じることはできないだろう。とはいえ、チッソという企業にまったく責任がないとするのは、やはり不当であるにちがいない。しかし本章がより注目したいのは、チッソという企業が直接関わったこのような事例だけでなく、世界のあらゆる類似した汚染にとって、水俣病の事例がそもそも意味をもつという点である。日本における長い闘いを経てなお、最終的には定まらない負の環境基準が、結果的にグローバルな基準として機能せざるをえなかったからである。基準は、バグワティの主張にひきつけて検討した通り、もちろんアメリカが定めるものではありえず、あるいはそれがアメリカでなくとも、このくらいの汚染ならば許容されるという基準が存在するわけではない。それにもかかわらず現実的には、被害が起こり、それが認識されてはじめて「存在」することになる、汚染の「波及効果」が、のちに続く者にとっての参照軸とならざるをえないのである。

したがって水俣の事例は、一つの国の一つの地域の事件にとどまらず、世界に発信するMINAMATAとなる。次頁の図が示す通り、中国の吉林省ばかりでなく、フィンランドの湖や島、カナダのインディアン居留地やブラジルのアマゾン川流域など、世界各地で水銀汚染被害の症例が発生し、水俣病を解明する人々のところに助けを求める声が寄せられてきた。彼らが第一に参照したのは、日本の水俣病の事例研究であった(5)。一九七五年、フィンランドの患者が水俣病であるかどうかを判定した基準は、一九六六年に発行され、フィンランドに三冊あった日本の書物であったという（原田［一九九五］三三頁）。一つの場所の一つの事例において、闘われ勝ち取られたり敗北したりした結果が、他の事例にとっての決定的な基準となる。このことに、グローバル化した現代世界における国境を越えた社会的責任の典型的あり方を見ることができるだろう。つまり、経済のグローバル化の局面だけでなく、むしろより広義のグローバリゼーション、すなわち世界の片隅で起こったことがその場所と時間にとどまらず、時空を超えて他のところに影響を及ぼすという状態について、根本的に考え直す必要がある(6)。

とりわけ、現代世界に支配的な立場、つまり経済的グローバリゼーションを肯定し、推進する立場が、こうした社会的責任をおよそ意図的に見過ごすために、MINAMATAの事例が一層重要性をもつことになる。世界の隅々までが自由主義的経済の一定水準に達し、「対等な」取引が行なわれるために、近代化、経済開発は第一義とされ、「国際社会」から後発諸国に示される方針、あるいはそれらの諸国がみずから選び取る方針は、水俣病を認めようとしなかった時期の日本をそのまま繰り返

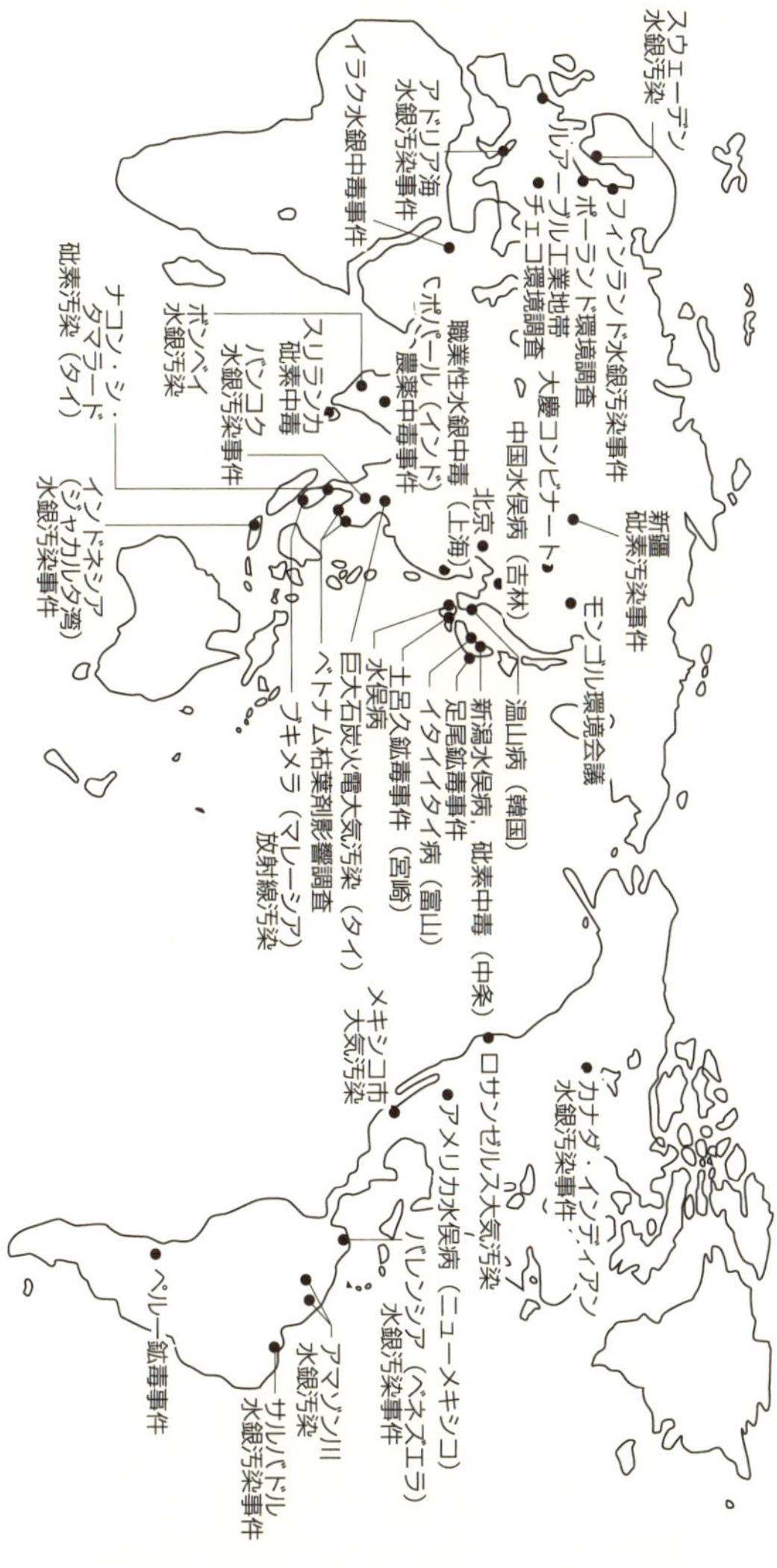

図　世界の主な汚染地区と調査の足跡

出所：原田［一九九五］三〇頁。

すかのごとくである。このような状態に対して、前例のない負の事例を経験した国家に求められる社会的責任は、一層直接に「国際社会」に向けたものとなるのではないだろうか。

四　民営化再考

さて、最後に、現代世界における極めて重要な論点として、一九八〇年前後からの政策と思想の潮流における民営化を検討しておきたい。この時期から、いわゆるイギリスのサッチャーリズム、アメリカのレーガノミクスを典型とし、やがて世界の多くの部分において新自由主義的政策による支配という潮流が勢力をもつにいたった。これにともない、かつて「公的」性質のため市場化になじまないとされてきた多くの領域に関して、多くの国家が次第に支配権を手放すようになってきた。代わりに役割を担う実際の「私的」アクターは、社会性や倫理性を備えた個人ではなく、むしろそれを携えることのない企業、特に多国籍的広がりをもつ大企業であった。つまり、そこで声高に推奨される民営化（私有化）とは、国家が権限を手放す「降伏」の局面ともいえ、また他方で国家自身がそれを望むともいえる。前節で見た水俣の事例では企業が実質上破綻するという状態にいたったが、それ以前も以後も一貫した国家の社会的責任の回避の仕方が、今日の民営化の流れに示唆を与えている。つまり問われるべきは企業そのものの善し悪しではなく、企業が倫理的・社会的責任を市場の外部性として放置する一方で、その企業に社会的責任をいわば織り込みずみのものとさせ、問題が浮上した際にはもっぱら企業を加害者に据えようとする国家の方針があるという状態、そのような国家と企業の連動性である。

これは、新自由主義に批判的な論者たちが、共通して強調する点である。たとえば『新自由主義』や『ニュー・インペリアリズム』などの著作により、新自由主義の政治的・経済的成り立ちを批判的に解明したD・ハーヴェイも、この点を指摘している。すなわち、一九八〇年以降の新自由主義の時代には、水道や電気通信、交通運輸などあらゆる種類の公共事業、公営住宅や教育、医療、年金などの社会福祉的給付、大学・研究所、刑務所などの公共機関から戦争にいたるまで、次々と商品化され、企業の手中に落ちた。「長年にわたる激しい階級闘争を通じて勝ち取られた共有財産（公的年金、福祉、国民医療の権利）は私的領域へと返還されたが、これは……最悪のものの一つであった。これらのプロセスはみな、資産を、公共的で一般民衆的な領域から私的で階級特権的な領域へと移転させることに他ならない」（Harvey［2005］邦訳二二三頁）。

やがて、新自由主義的動向の制度的頂点として、自由貿易のための国際機関であるWTOが一九九五年に形成され、世界の多くの国における財や資本の自由な移動に向けて制約を取り除き、基準やルールを確定した頃には、[7]新自由主義批判に賛同する人々が反グローバリゼーションのスローガンのもとに集まり、WTOやサミットといった国際集会に対抗する会合をもつなどの社会運動を展開するようになった。代案なきグローバリゼーションがうたわれる国際社会のなかで、国家が小さくとも役割を果たすことを要請されるのは、もっぱら領域Aにおいてであることに反発した、領域Dへの結集である。しかし度を増すイデオロギー的対立とは裏腹に、一見、国家権力の肥大化を改善するかに見える民営化は、反グローバリゼーションの論調すらも場合によっては取り込みつつ、一層進行する。それは先進国と途上国の区別なく世界の隅々まで、社会性や倫理性にとって極めて危険な域にまで達している。そして国営・公営事業が民営化されるときの正当化の論理は、ほとんど常に同じである。すなわち、国家や公共団体の保護のもとで、その事業は過剰な保護を受けており、ゆえに不必要にコストがかかっているが、競争原理を導入すればコストを引き下げることができる、またそれは財やサービスの質の向上にもつながるというものである。

水の商品化が示すもの

冒頭で挙げた映画『コーポレーション』とその原作では、ボリビアの水道設備の民営化の事例が、およそラストに近いクライマックス部分で示された（Bakan［2004］邦訳二一四‐二一六頁）。ボリビア政府は世界銀行の民営化要求に従い、中部の渇水地帯の水道運営をある企業に委託契約した。この地域では老朽化した水道施設が田園部に水を供給できなかったため、農民たちは自前の井戸から水を汲み上げていた。しかし政府は企業との契約にもとづき、こうした方法で水を得ることを禁じ、雨水を蓄えることさえも禁じたばかりでなく、水道料金を上げることを正当化したのである。この一件は、警察や軍との武力衝突を含む住民の抵抗運動によって、民営化撤回という住民の勝利で決着したが、水という生命にとっての基本財ですら、大きな犠牲を払わずには奪われてしまう危険があることを示している。

このボリビアの事例で、水の民営化を要求したのは世界銀行であったが、GATT（関税および貿易に関する一般協定）の協定を含むルールを定めているWTOの果たす役割も大きい。先行研究が明らかにする通り（Barlow and Clarke［2002］邦訳 一五七－一六三頁）、GATTの規約およびWTOにおいて、水は基本的に貿易財である。もっとも別立ての条項で、人間や動植物の生命や健康のために必要かつ有限な天然資源は環境保護の対象になると定めた第二十条があるが、そこには同時に、この留保が無差別に適用されたり、偽装された貿易障壁であったりしてはならないという記載が含まれている。この記載は、WTOのアドヴァイザーであったバグワティが懸念した、倫理の仮面をかぶった保護主義を見事に排除する。と同時に、水の基本財的な性質を実質上、無化するのである。一方、GATS（サービスの貿易に関する一般協定）においては、水はサービスであるとされ、淡水、下水、廃水処理、自然と景観の保護、水路、潅漑、ダム、水上輸送サービスなど、数多くの水のサービスが記載されている。

これらの「国際社会」的合意にもとづくならば、ボリビアの井戸も水俣の海も、等しく貿易財であり、サービスであることになる。それは、民営化を手がかりとして各種のビジネスが入り込もうとすることを、むしろ推奨する。こうして、個々の争点はともかく、自由貿易の原則はグローバリゼーション推進の流れのなかで、ゆるぎなく位置を占めることになる。もしこの流れによって、生命の基本的要素である水が、一定の人々の手に入らなくなるとすれば、結果的に人の息の根を止めることを意味するだろう。それは明らかに「殺すなかれ」の倫理的・社会的責任に抵触する。このことを、緊急に確認する必要がある。

エピローグ

民営化の方向性はいまや、生命や暮らしを脅かされている人々が、それゆえにグローバリゼーション推進の一端を担わなければならないところまで進行している。例えばそれを、戦争の民営化の事例に見てとることができる[8]。戦争は原則的に必ず「非常」事態であり、ひとたび終結した後には、まったく異なる価値観の日常を現出させて、倫理的・社会的責任の所在を一層曖昧にする。戦争の民営化は、「殺すなかれ」の規範と明示的に抵触するだけでなく、倫理的・社会的責任という発想を土台からなし崩しに破壊してしまう危険をはらんでいる。われわれが直面しているのは、このような世界である。

P・W・シンガーらによる近年の諸研究[9]から、一九九〇年代の旧ユーゴスラヴィア地域の紛争が、戦争の民営化の起点となったというのが、今日ではほぼ通説である。この地域では、国家単位で考えればかつては「内戦」としか捉えることのできなかった集団間に紛争が起こり、その原因は民族紛争とも宗教対立とも報じられた。しかし実は、戦争の戦略を考え、指揮する者、実際に戦う者、戦況に関する情報により国際世論を作る者、停戦に持ち込むための決定的な襲撃をかける者、停戦のプランを示す者、戦後復興を担う者と、開戦から停戦、戦後にいたるほとんどのプロセスに、民間企業すなわち「戦争請負会社」が入り込んでいたのである。それらのほとんどはアメリカをはじめとする先進国の企業であり、冷戦構造崩壊後に余剰となった公的軍事・防衛力が民間企業に流れ込み、新種のビジネスを形成した結果であったという。このこと自体、先行研究も指摘する通り、いわゆる結果的な「公私混同」のケースであり、倫理性にとって決定的な危うさを含んでいる。しかし、さらに見過ごすことができないのは、戦場の当事者である旧ユーゴスラヴィアの人々の側でも、民間会社の助けを得て戦争を遂行し、あるいは停戦に持ち込むことを望んだという事実である。当事者たちの常識を疑うことはたやすいが、戦時下に苦しみ、疲れた人々が、みずからの生命を存続させる可能性にすがることを、単純に否定はできないだろう。それでも、これが異様な時代の幕開けであったことは、否定のしようがない。

シンガーはまた、さらに近年の事例として、フセイン時代の独裁体制に反対してアメリカに亡命したイラク人が、その後イラク戦争において通訳としてアメリカの軍事請負企業に雇用され、まさに祖国であるイラクに派遣された事例も挙げている。移民先・亡命先のアメリカで苦しい生活を強いられていた者たちは、戦場における高リスクの代償として提供される高賃金に、希望を託したのかもしれない。彼らからの多くの応募があった結果、労働力の持続的供給が可能になった。ところが雇われたイラク系移民は、契約が保証する高賃金ゆえに、現地では通訳としてだけでなく、収容所での虐待への協力を強要された。契約に書き込まれていた「戦場における高リスク」には、生命や健康を失うリスクばかりでなく、軍法会議で罪を問われる軍人に代わって、罪を負うリスクも含められていたのである（Singer［2003］邦訳「日本語版へのはしがき」）。アブグレイブの名で世界を震撼させた、このような極端な事例を見る限り、もはや従来のように、国家による暴力独占や国家間対立の枠組みだけで戦争を捉えること自体、ほとんど意味がないことになる。しかしここでも、グローバル化した世界における国家と企業の奇妙な相互依存の関係が明らかである。国家は単に戦争という事業の支配権を民間部門、企業へと渡したのではなく、国際機関との関係、国際政治上の利害関心、国際世論への影響などを考慮した結果、むしろ意図的に外注を行なっている。そして企業の側も、このような国家を継続的な上客として保ち続けているのである。深刻な問題は、イラク系移民ら発展途上国の人々の利害が、プロセスに組み込まれていることである。彼らはリスクを負うことを承知で、みずからを商品化する。それは生計を得るためのやむをえぬ選択肢であるが、それがまさに企業と国家の相互依存を可能にし、かつ持続・発展させているという構造がある。

以上、現代世界におけるグローバリゼーションが、「代案のない」唯一の選択肢ではないという立場に立ち、表面上「代案がない」ように見せている新自由主義を相対化するために、グローバリゼーションへの賛否、国家介入の有無を軸とするマトリックスを援用しながら、グローバリゼーションにおける企業と国家の関係を考察してきた。そこに露呈するのは、企業と国家が連動して倫理的・社会的責任を意図的に葬り、人間の生命や環境、ひいては人間の尊厳を脅かしている絶望的な現実である。このような現実の前に、なしうることは、多くはないようにも思われる。ただし、ごく最近のニュースが報じるところでは（二〇〇八年九月現在）、欧米諸国、中国、イラク、アフガニスタンなど十七カ国あまりが、国際赤十字委員会の主導のもとで、民間軍事企業や警備会社の国際法遵守を求める文書を採択したという。文書には法的拘束力はないものの、国際人道法や人権法に関する社員教育の強化など、具体的な指針を含むとのことである。もちろん、本章で論じてきたような頑強な利害関心と構造が、法的拘束力のない文書によって大きく変わることを、単純に信じることはできない。それでも、事態を何とか打開しようとするこのような意思決定は、何らかの可能性を秘めており、さしあたり歓迎すべきものである。打開策を探ることは、どんなに非力に見えようとも、現代に課せられた重要な課題である。

◆注

（1）リベラル・インターナショナリズムについては、中山［二〇〇七］参照。
（2）S・ストレンジの著作の一つは「国家の退場」をタイトルにもつが、その強調点はむしろ、国家が退場しないということである（Strange［1996］）。
（3）一九二〇年代から一九三〇年代にかけてのビジネス・エシックスの興隆については、本書第一章および佐藤［二〇〇五］参照。
（4）ただし邦訳で倫理（的）と訳されているものの原語はmoralであり、ethicsではない。
（5）しかしその後の水銀、ダイオキシン、有機塩素系の化合物、カドミウムなどの研究については、世界のなかで一番進んでいなければならなかった国、一番被害を出した日本が、最も遅れているという（原田［二〇〇四］二八一頁）。
（6）二〇〇四年に研究センター開設のキックオフを行なった「水俣学」は、水俣の事例をMINAMATAとして世界に発信するための学問領域である。

(7)「国境を越えた資本、財、サービスの自由な移動を保障するため、WTOは関税および非関税障壁を一つ残らず排除する権限を持っている。そのためには国際貿易の包括的なルールの導入と実施が必要であり、関税貿易一般協定(GATT)をはじめ、一四二の加盟国が結んだ一連の貿易協定がそれに含まれる」(Barlow and Clarke [2002] 邦訳 一五二頁)。

(8) 前節で論じた新自由主義の潮流がそれ自体、安全保障の自己責任化、市場化を内在的に必要とし、軍事と連動することについては、機会を改めて論じることとする。

(9) 戦争の民営化についてはいくつかの研究があるが、基本書は依然として Singer [2003] である。

◆ブックガイド

マンフレッド・B・スティーガー『グローバリゼーション』(櫻井公人他訳、岩波書店、二〇〇五年)

「世界規模の社会的な相互依存と交流を創出、増殖、強化し、ローカルな出来事と遠隔地との連関の深化の認識の高まりを促進する、一連の多次元的社会的過程」(一七頁)という定義は長いが、入門書として有用。

ジョエル・ベイカン『ザ・コーポレーション――わたしたちの社会は「企業」に支配されている』(酒井泰介訳、早川書房、二〇〇四年)

本章で大きく取り上げた法人企業批判の一書。その前提はグローバル化した現代世界であり、グローバリゼーションと経済倫理の問題を考える多くの手がかりを得られる。DVDもあわせて観るとさらに興味深い。

デヴィッド・ハーヴェイ『新自由主義――その歴史的展開と現在』(渡辺治監訳、作品社、二〇〇七年)

ややマルクス主義的な偏向はあるが、新自由主義批判の良書である。監訳者の日本新自由主義論も参考になる。興味深く読了した読者は、同著者による他の著書（特に『ニュー・インペリアリズム』本橋哲也訳、青木書店、二〇〇五年）も読み進められたし。

原田正純・花田昌宣編『水俣学研究序説』（藤原書店、二〇〇四年）

本文では一論文を引用したが、一冊全体が参考になる。企業の社会的責任を具体的にイメージできることと、水俣を世界のＭＩＮＡＭＡＴＡとするための「水俣学」の視点を得られることは、この書の大きな意義である。

テッサ・モーリス＝スズキ『自由を耐え忍ぶ』（辛島理人訳、岩波書店、二〇〇四年）

自由主義世界の政治、経済、文化、民族などの諸問題について、思想史分野から分析した論考集。ＷＴＯにおける争点や、戦争の民営化を含む民営化の問題などを具体的かつ精力的に論じており、極めて示唆に富む。

参考文献

青木昌彦編［一九七三］『ラディカル・エコノミックス——ヒエラルキーの経済学』中央公論社。

赤木智弘［二〇〇七］「『丸山眞男』をひっぱたきたい——三一歳フリーター。希望は戦争。」『論座』一月号。

朝日新聞「ロストジェネレーション」取材班［二〇〇七］『ロストジェネレーション——さまよう二〇〇〇万人』朝日新聞社。

安部司［二〇〇五］『食品の裏側——みんな大好きな食品添加物』東洋経済新報社。

雨宮処凛［二〇〇九］『プレカリアートの憂鬱』講談社。

安藤馨［二〇〇七］『統治と功利——功利主義リベラリズムの擁護』勁草書房。

五十嵐敬喜・天野礼子［二〇〇三］『市民事業』中公新書ラクレ、中央公論新社。

池田信夫［二〇〇八］「食料輸入は絶対に途絶えない」『ＶＯＩＣＥ』八月号、ＰＨＰ研究所。

石井淳蔵［一九九三］『マーケティングの神話』日本経済新聞社。

伊勢田哲治［二〇〇八］『動物からの倫理学入門』名古屋大学出版会。

板井広明［二〇〇八ａ］「新自由主義雑感——ハーヴェイ『新自由主義』を読む」『情況』一・二月号。

板井広明［二〇〇八ｂ］「ベンサムの女性論」、仲正昌樹編『歴史における理論と現実』御茶の水書房。

板井広明［二〇〇九］「食の倫理と功利主義」『横浜市立大学論叢 社会科学系列』第六〇巻第二号。

伊東光晴／ドーア、Ｒ［二〇〇七］「往復書簡（一）〜（四）——二十一世紀、日本の大企業のビヘイビアは変わったのか」『世界』八〜十一月号。

伊藤元重［二〇〇〇］『市場主義』日経ビジネス人文庫、日本経済新聞出版社。

井上達夫［二〇〇一］「個人権と共同性——『悩める経済大国』の倫理的再編」『現代の貧困』岩波書店。

井上義朗［二〇〇七］「経済学者は『死』とどう向き合ってきたか——競争論再考」『経済セミナー』二・三月号。

猪木武徳［一九八七］『経済思想』岩波書店。

猪木武徳［二〇〇二］「公私の問題と自発的な中間組織」佐々木毅・金泰昌編［二〇〇二］所収。

猪木武徳［二〇〇三］「社会的存在としての企業」『大航海』第四八号、新書館。

井堀利宏［一九九六］『公共経済の理論』有斐閣。

岩井克人［二〇〇三］『会社はこれからどうなるのか』平凡社。

岩井克人［二〇〇五］『会社はだれのものか』平凡社。

岩田規久男［二〇〇七］『そもそも株式会社とは』ちくま新書、筑摩書房。

岩村暢子［二〇〇八］「壊れる家族、壊れる食卓」『週刊ダイヤモンド』七月二六日号。

内田研二［二〇〇一］『成果主義と人事評価』講談社現代新書、講談社。

内田樹《たつる》［二〇〇七］「善意の格差論のもたらす害について」『神奈川大学評論』第五八号。

内田隆三［一九八七］『消費社会と権力』岩波書店。

梅田徹［二〇〇六］『企業倫理をどう問うか——グローバル時代のＣＳＲ』ＮＨＫブックス、ＮＨＫ出版。

梅津光弘［二〇〇二］『ビジネスの倫理学』丸善。

江頭進［二〇〇七］「法人資本主義論——ハイエク」、平井俊顕編『市場社会とは何か——ヴィジョンとデザイン』ＳＵＰ上智大学出版。

大竹文雄［二〇〇五］『日本の不平等』日本経済新聞社。

大庭健［一九九〇］「平等の正当化」『現代哲学の冒険 三 差別』岩波書店。

大庭健［二〇〇四］『所有という神話——市場経済の倫理学』岩波書店。

大庭健［二〇〇五］『「責任」ってなに?』講談社現代新書、講談社。

大庭健［二〇〇六］『善と悪——倫理学への招待』岩波新書、岩波書店。

岡本裕一郎［二〇〇二］『異議あり！ 生命・環境倫理学』ナカニシヤ出版。

奥田太郎［二〇〇四］「応用倫理学論序説——担い手、方法、名宛人」『社会と倫理』第一六号。

奥村宏［一九九五］『法人資本主義の運命——株式会社の「死に至る病」』東洋経済新報社。

奥村宏［二〇〇六］『株式会社に社会的責任はあるか』岩波書店。

小倉利丸［一九九二］『アシッド・キャピタリズム』青弓社。

小笹芳央［二〇〇七］『会社の品格』幻冬舎新書、幻冬舎。

小畑二郎［二〇〇七］『ケインズの思想』慶應義塾大学出版会。

株主オンブズマン編［二〇〇二］『会社は変えられる――市民株主権利マニュアル』岩波ブックレット五七〇、岩波書店。

蒲原聖可［二〇〇五］『ベジタリアンの医学』平凡社新書、平凡社。

川口清史・大沢真理編［二〇〇四］『市民がつくるくらしのセーフティネット』日本評論社。

川崎友巳［二〇〇四］『企業の刑事責任』成分堂。

川本隆史編［二〇〇五］『岩波応用倫理学講義 四 経済』岩波書店。

関西大学経済・政治研究所・ビジネス・エシックス研究班編［二〇〇六］『ビジネス・エシックスの諸相と課題』関西大学経済・政治研究所・研究双書。

関西大学経済・政治研究所・ビジネス・エシックス研究班編［二〇〇八］『ビジネス・エシックスの新展開』関西大学経済・政治研究所・研究双書。

木原武一［一九九五］『ぼくたちのマルクス』ちくまプリマーブックス、筑摩書房。

喜安朗［一九九四］『近代フランス民衆の〈個と共同性〉』平凡社。

吉良貴之［二〇〇六］「世代間正義論――将来世代配慮責務の根拠と配慮」『国家学会雑誌』第一一九巻第五・六号。

國廣正・五味祐子［二〇〇五］『なぜ企業不祥事はなくならないのか――危機に立ち向かうコンプライアンス』日本経済新聞出版社。

栗原紀夫［二〇〇〇］「環境がもたらす食への負荷」、安本教伝編『食の倫理を問う――からだと環境の調和講座 人間と環境六』昭和堂。

黒井千次［一九八二］『働くということ――実社会との出会い』講談社現代新書、講談社。

神門善久［二〇〇六］『日本の食と農 危機の本質』NTT出版。

国民生活審議会第一八次消費者政策部会［二〇〇三］『二一世紀型消費者政策の在り方について』。

小林昇［一九七六－一九七七］『小林昇経済学史著作集Ⅲ イギリス重商主義研究（一）Ⅳ イギリス重商主義研究（二）』未來社。

小谷野敦［二〇〇〇］『恋愛の超克』角川書店。

今野裕之［二〇〇三］「二〇〇〇年〜二〇〇三年——雪印ブランドの事故」、岡本浩一・今野裕之編『リスク・マネジメントの心理学——事故・事件から学ぶ』新曜社。

斎藤純一［一九九三］「クジラ・マグロ」、川本・須藤・水谷・鷲田編『マイクロ・エシックス』昭和堂。

斎藤貴男［二〇〇四］『希望の仕事論』平凡社新書、平凡社。

齋藤孝［二〇〇二］『スラムダンクな友情論』文春文庫、文藝春秋。

斎藤槙［二〇〇四］『社会起業家——社会責任ビジネスの新しい潮流』岩波新書、岩波書店。

佐伯啓思［一九九三］『「欲望」と資本主義——終りなき拡張の論理』講談社現代新書、講談社。

佐伯啓思・松原隆一郎編［二〇〇七］『共和主義ルネサンス——現代西欧思想の変貌』NTT出版。

坂井素思［二〇〇三］『産業社会と消費社会の現代——貨幣経済と不確実な社会変動』放送大学教育振興会。

酒巻政章・花田昌宣［二〇〇四］「水俣病被害補償にみる企業と国家の責任」、原田正純・花田昌宣編『水俣学研究序説』藤原書店。

櫻井稔［二〇〇六］『内部告発と公益通報——会社のためか、社会のためか』中公新書、中央公論新社。

佐々木毅・金泰昌編［二〇〇二］『経済から見た公私問題　公共哲学［第Ⅰ期］六』東京大学出版会。

佐藤方宣［二〇〇五］「一九二〇年代アメリカの〝ビジネス・エシックス〟——『倫理コード』をめぐる動向とその同時代評価」『経済学史研究』第四二巻第二号。

佐藤康邦［一九九八］「営利行為は悪か」、佐藤康邦・溝口宏平編『モラル・アポリア——道徳のディレンマ』ナカニシヤ出版。

産経新聞取材班［二〇〇二］『ブランドはなぜ墜ちたか——雪印、そごう、三菱自動車事件の深層』角川文庫、角川書店。

塩野谷祐一［二〇〇二］『経済と倫理——福祉国家の哲学』東京大学出版会。

塩原俊彦［二〇〇三］『ビジネス・エシックス』講談社現代新書、講談社。

渋川智明［二〇〇一］『福祉NPO——地域を支える市民起業』岩波新書、岩波書店。

渋谷望［二〇〇三］『魂の労働』青土社。

島村菜津・辻信一［二〇〇八］『そろそろスローフード——今、何をどう食べるのか』大日書店。

下河辺淳・香西泰編［二〇〇〇］『ボランタリー経済学への招待』実業之日本社。

城繁幸［二〇〇六］『若者はなぜ三年で辞めるのか？』ちくま新書、筑摩書房。

消費者行政推進会議［二〇〇八］『消費者行政推進会議取りまとめ——消費者・生活者の視点に立つ行政への転換』。

末松広行［二〇〇八］『食料自給率の「なぜ？」』扶桑社新書、扶桑社。

杉村芳美［一九九七］『「良い仕事」の思想——新しい仕事倫理のために』中公新書、中央公論新社。

鈴木猛夫［二〇〇三］『「アメリカ小麦戦略」と日本人の食生活』藤原書店。

関根眞一［二〇〇七］『となりのクレーマー——「苦情を言う人」との交渉術』中公新書ラクレ、中央公論新社。

セン、アマルティア［二〇〇六］『人間の安全保障』東郷えりか訳、集英社新書、集英社。

高巖／辻義信／デイヴィス、スコット／瀬尾隆史／久保田政一［二〇〇三］『企業の社会的責任——求められる新たな経営観』日本規格協会。

高橋伸夫［二〇〇四］『虚妄の成果主義——日本型年功制度復活のススメ』日経BP社。

竹本洋［二〇〇五］『『国富論』を読む——ヴィジョンと現実』名古屋大学出版会。

田島慶吾編［二〇〇七］『現代の企業倫理』大学教育出版。

多田道太郎［一九七八］『物くさ太郎の空想力』冬樹社。

橘木俊詔［二〇〇六］『格差社会——何が問題なのか』岩波新書、岩波書店。

橘木俊詔［二〇〇八］『女女格差』東洋経済新報社。

田中朋弘［二〇〇〇］「ビジネスにおける倫理的まなざし——企業の道徳的責任について」、川本隆史・高橋久一郎編『応用倫理学の転換——二正面作戦のためのガイドライン』ナカニシヤ出版。

田中朋弘［二〇〇二］『職業の倫理学』丸善。

田中朋弘・柘植尚則編［二〇〇四］『ビジネス倫理学——哲学的アプローチ』ナカニシヤ出版。

田中秀夫［一九九八］『共和主義と啓蒙』ミネルヴァ書房。

田中秀夫・山脇直司編［二〇〇六］『共和主義の思想空間』名古屋大学出版会。

柘植尚則・田中朋弘・浅見克彦・柳沢哲哉・深貝保則・福間聡［二〇〇七］『経済倫理のフロンティア』ナカニシヤ出版。

土屋守章［一九八〇］『企業の社会的責任』税務経理協会。

堤未果［二〇〇八］『ルポ貧困大国アメリカ』岩波新書、岩波書店。

ディウフ、ジャック［二〇〇七］「人権としての食料権の確立をめざして」『ル・モンド・ディプロマティーク日本語・電子版』十月号（http://www.diplo.jp/articles07/0710-3.html）。

ドーア、ロナルド［二〇〇六］『誰のための会社にするか』岩波新書、岩波書店。

トウェイン、マーク［二〇〇五］『トム・ソーヤーの冒険』大久保博訳、角川文庫、角川書店。

時子山ひろみ・荏開津典生［二〇〇五］『フードシステムの経済学 第三版』医歯薬出版。

ドストエフスキー、フョードル［二〇〇四］『死の家の記録』工藤精一郎訳、新潮文庫、新潮社。

内藤淳［二〇〇七］『自然主義の人権論——人間の本性に基づく規範』勁草書房。

中澤信彦［二〇〇五］「書評　森岡孝二『働きすぎの時代』」『関西大学経済論集』第五五巻第三号。

中澤信彦［二〇〇六］「人権・教育・市場——広田照幸『教育』を読む」『関西大学経済論集』第五五巻四号。

中澤信彦［二〇〇八］「グローバリゼーションの中の労働と教育——『異質な他者』とどう向き合うべきか？」『セミナー年報二〇〇七』（関西大学経済・政治研究所）。

中澤信彦・太子堂正称［二〇〇七］「自由主義は『勝利』したのか？——間宮陽介『増補　ケインズとハイエク』に寄せて」『関西大学経済論集』第五七巻第一号。

中嶋康博［二〇〇四］『食の安全と安心の経済学』コープ出版。

中嶋康博［二〇〇五］「フードシステムの発展と食文化」、舛重正一編『食と科学技術』ドメス出版。

中田哲也［二〇〇七］『フード・マイレージ——あなたの食が地球を変える』日本評論社。

中西準子［二〇一〇］『食のリスク学——氾濫する「安全・安心」をよみとく視点』日本評論社。

中野民夫［二〇〇三］『ファシリテーション革命』岩波アクティブ新書、岩波書店。

中野麻美《まみ》［二〇〇六］『労働ダンピング』岩波新書、岩波書店。

中山智香子［二〇〇七］「リベラル・インターナショナリズム批判――ポランニーとシュンペーター」、平井俊顕編『市場社会とは何か――ヴィジョンとデザイン』SUP上智大学出版。

西部邁［一九七五］『ソシオ・エコノミックス――集団の経済行動』中央公論社。

日経CSRプロジェクト編［二〇〇七］『CSR 働く意味を問う』日本経済新聞出版社。

沼上幹［二〇〇三］『組織戦略の考え方――企業経営の健全性のために』ちくま新書、筑摩書房。

農林水産省［二〇一六］「平成27年度食料自給率について」(http://www.maff.go.jp/j/zyukyu/zikyu_ritu/attach/pdf/012-1.pdf)

橋本昭一［二〇〇六］「ビジネス・エシックスの諸相」関西大学経済・政治研究所・ビジネス・エシックス研究班［二〇〇六］。

長谷部正［二〇〇二］「食の倫理――所有の視点から」『農業経済研究報告』第三三号。

原田正純［一九九五］『水俣病と世界の水銀汚染』実教出版。

原田正純［二〇〇四］「世界の水銀汚染と水俣病」、原田正純編『水俣学講義』日本評論社。

樋口範雄［一九九九］『フィデュシャリー「信認」の時代――信託と契約』有斐閣。

久野秀二［二〇〇二］『アグリビジネスと遺伝子組換え作物』日本経済評論社。

廣瀬純［二〇〇五］『美味しい料理の哲学』河出書房新社。

福岡正夫［二〇〇〇］『ゼミナール経済学入門 第三版』、日本経済新聞出版社。

藤田省三［一九九五］『全体主義の時代経験』みすず書房。

藤原邦達編［二〇〇〇］『検証 遺伝子組み換え食品』家の光協会。

藤原正彦［二〇〇五］『国家の品格』新潮新書、新潮社。

本田由紀［二〇〇七］「自己実現という罠〈やりがい〉の搾取――拡大する新たな『働きすぎ』」『世界』第七六二号、岩波書店。

本間重紀編［一九九九］『コンビニの光と影』花伝社。

正木久司・角野信夫［一九八九］『バーリ』同文館。

町田洋次［二〇〇〇］『社会起業家――「よい社会」をつくる人たち』PHP研究所。

松井剛［二〇〇三］「消費主義の制度化プロセスとしての消費社会」『一橋論叢』第一二九巻第五号。

松永和紀［二〇〇七］『メディア・バイアス――あやしい健康情報とニセ科学』光文社新書、光文社。

松原隆一郎［二〇〇〇］『消費資本主義のゆくえ――コンビニから見た日本経済』ちくま新書、筑摩書房。

間々田孝夫［二〇〇七］『第三の消費文化論――モダンでもポストモダンでもなく』ミネルヴァ書房。

間宮陽介［一九八六］『モラル・サイエンスとしての経済学』ミネルヴァ書房。

丸山寛信［一九九三］『法人企業と現代資本主義』岩波書店。

丸山眞男［二〇〇二］『地球環境と企業革新――根本的解決に向けて』千倉書房。

丸山眞男［一九九六］「『君たちはどう生きるか』をめぐる回想」『丸山眞男集　第十一巻（一九七一～一九八一）』岩波書店。

三波春夫［二〇〇一］『歌藝の天地――歌謡曲の源流を辿る』PHP文庫、PHP研究所。

御船美智子編［二〇〇六］『消費者科学入門』光生館。

宮川公男・大守隆［二〇〇四］『ソーシャル・キャピタル』東洋経済新報社。

宮坂純一［二〇〇三］『企業は倫理的になれるのか』晃洋書房。

宮澤健一［一九七五］「消費者主権の理念とその実現条件」『季刊現代経済』第一五巻。

村井吉敬［二〇〇七］『エビと日本人II』岩波新書、岩波書店。

村上陽一郎［二〇〇五］『安全と安心の科学』集英社新書、集英社。

村澤真保呂・杉村昌昭・亀山佳明［二〇〇七］「『食の倫理』グローバル化する食環境とその批判にかんする考察」『龍谷大学国際社会文化研究所紀要』第九号。

室屋有宏［二〇〇六］「ベトナム水産業の発展メカニズム――養殖エビを中心とする輸出指向型水産業の成立過程」『農林金融』八月号。

本川洋之助［二〇〇二］「航空機内迷惑行為の現状と防止対策について」『IATSS Review』第二七巻第三号。

森真一［二〇〇五］『日本はなぜ諍いの多い国になったのか――「マナー神経症」の時代』中公新書ラクレ、中央公論新社。

森末伸行［二〇〇六］『ビジネスの法哲学』昭和堂。

森山満［二〇〇八］『企業のためのクレーム処理と悪質クレーマーへの対応　改訂版』商事法務。

八代尚宏［一九九九］『雇用改革の時代』中公新書、中央公論新社。

安本教伝［二〇〇〇］「『食』の倫理のため」、安本教伝編『食の倫理を問う——からだと環境の調和講座 人間と環境六』昭和堂。

山崎正和［二〇〇六］『社交する人間——ホモ・ソシアビリス』中公文庫、中央公論新社。

山田昌弘［二〇〇四］『希望格差社会——「負け組」の絶望感が日本を引き裂く』筑摩書房。

山本博史［二〇〇三］「食と哲学」、矢谷慈國・山本博史編『「食」の人間学』ナカニシヤ出版。

山脇直司［二〇〇二］『経済の倫理学』丸善。

山脇直司・金泰昌編［二〇〇二］『経済からみた公私問題 公共哲学［第Ⅰ期］六』東京大学出版会。

山脇直司・金泰昌編［二〇〇六］『組織・経営から考える公共性 公共哲学［第Ⅱ期］一八』東京大学出版会。

吉野源三郎［一九八二］『君たちはどう生きるか』岩波文庫、岩波書店。

米倉誠一郎［二〇〇五］『脱カリスマ時代のリーダー論』ＮＴＴ出版。

鷲田清一［一九九六］『だれのための仕事——労働vs余暇を超えて』岩波書店。

渡部昇一［二〇〇一］『不平等主義のすすめ』ＰＨＰ研究所。

Anshen, M. and Bach, G. L. [1960] *Management and Corporation*, McGraw-Hill.（名東孝二訳『二十年後の会社と経営』日本生産性本部、一九六三年）
Arrow, K. J. [1974] *The Limits of Organization*, W. W. Norton.（村上泰亮訳『組織の限界』岩波書店、一九七六年）
Bakan, J. [2004] *The Corporation: The Pathological Pursuit of Profit and Power*, Free Press.（酒井泰介訳『ザ・コーポレーション——わたしたちの社会は「企業」に支配されている』早川書房、二〇〇四年）
Barlow, M. and Clarke, T. [2002] *Blue Gold: The Fight to Stop the Corporate Theft of World's Water*, Diane Pub Co.（鈴木主税訳『「水」戦争の世紀』集英社新書、集英社、二〇〇三年）
Barillot, S. [2002] "La théorie des clubs: Une intérprêtation théorique des principes coopératifs de Walras?," *Les cahiers du CERAS*, Hors série n°2, pp. 35-49.

Batifoulier, P. [1995] *L'economie sociale*, Presses Universitaires de France.
Baudrillard, J. [1970] *La société de consommation: Ses mythes, ses structures*, Editions Denoel.（今村仁司・塚原史訳『消費社会の神話と構造』紀伊國屋書店、一九七九年）
Bentham, J. [1802] *Traités de législation civile et pénale*, tome1–3, E. Dumont (ed.), Paris.（長谷川正安訳『民事および刑事立法論』勁草書房、一九九八年）
Bentham, J. [1838–1843] *The Works of Jeremy Bentham*, 11 vols, J. Bowring (ed.), Thoemmes, 1995.
Bentham, J. [1952–1954] *Jeremy Bentham's Economic Writings*, 3 vols, W. Stark (ed.), George Allen & Unwin Ltd.
Bentham, J. [1999] *Political Tactics*, C. Pease-Watkin, M. James, C. Blamires (eds.), Clarendon Press.
Berle, A. A., Jr. [1927] "Management Power and Stockholder's Property," *Harvard Business Review*, 5 [July].
Berle, A. A., Jr. [1932] "For Whom are Corporate Managers Trustees: A Note," *Harvard Law Review*, vol. 45, no. 8.
Berle, A. A., Jr. and Means, G. C. [1932] *The Modern Corporation and Private Property*, Macmillan.（北島忠男訳『近代株式会社と私有財産』文雅堂、一九五八年）
Berle, A. A., Jr. [1954] *The 20th Century Capitalist Revolution*, Harcourt.（桜井信行訳『二十世紀資本主義革命』東洋経済新報社、一九六六年）
Berle, A. A., Jr. [1959] "Forword," in Mason (ed.) *The Corporation in Modern Society*, Harvard University Press.
Berle, A. A., Jr. [1963] *The American Economic Republic*, Harcourt.（晴山英夫訳『財産と権力——アメリカ経済共和国』文眞堂、一九八〇年）
Berle, A. A., Jr. [1968] "Property, Production, and Revolution: A Preface to the Revised Edition," in Berle, A. A. and Means, G. C. *The Modern Corporation and Private Property*, revised edition, Harcourt.
Bhagwati, J. [2002] *Free Trade Today*, Princeton University Press.（北村行伸・妹尾美起訳『自由貿易への道——グローバル化時代の貿易システムを求めて』ダイヤモンド社、二〇〇四年）
Birdseye, C. F. [1926] *Arbitration and Business Ethics*, D. Appleton and Company.
Bowen, H. R. [1953] *Social Responsibilities of the Businessman*, Harper & Brothers.
Buchanan, J. M. [1965] "An Economic Theory of Club," *Economica*, XXXII (February), pp. 1–14.（田中清和訳『公と私の経済

学』多賀出版、一九九一年、一四三〜一五八頁)

Burnham, J. [1942] *The Managerial Revolution, or, What is happening in the World Now*, Putnam. (武山泰雄訳『経営者革命』東洋経済新報社、一九六五年)

Burnham, J. [1965] *Suicide of the West: an Essay on the Meaning and Destiny of Liberalism*, Jonathan cape. (名東孝二・垣見陽一訳『自由主義の終焉』ダイヤモンド社、一九六七年)

Carlzon, J. [1987] *Moments of Truth*, Ballinger Pub. Co. (堤猶二訳『真実の瞬間——SAS[スカンジナビア航空]のサービス戦略はなぜ成功したか』ダイヤモンド社、一九九〇年)

Clark, J. M. [1926] *Social Control of Business*, University of Chicago Press.

Collier, P. [2007] *The Bottom Billion*, Oxford University Press. (中谷和男訳『最底辺の一〇億人』日経BP社、二〇〇八年)

Comte-Sponville, A. [2004] *Le capitalisme est-il moral?: Sur quelques ridicules et tyrannies de notre temps*, Albin Michel. (小須田健/C・カンタン訳『資本主義に徳はあるか』紀伊國屋書店、二〇〇六年)

Defourny, J. et Develtere, P. [1999] "Origines et contours de l'economie sociale au nord et au sud," in Defourny, J., Develter, P. et Fonteneau. B. (eds.) *L'economie sociale au nord et au sud*, DeBoeck, pp. 25-50, http://www.econosoc.be/files/ESnord-sud.pdf?id=185.

Defourny, J. and Nyssens, M. [2006] "Defining Social Enterprise," in Nyssens (ed.) [2006].

Dennison, H. S. [1932] *Ethics and Modern Business*, Houghton Mifflin.

Desroche, H. [1987] "Mouvement coopératif en Europe," *La revue de l'economie sociale*, n°. X.

Disney Institute & Eisner, M. [2001] *Be Our Guest*, Disney Editions. (月沢李歌子訳『ディズニーが教える お客様を感動させる最高の方法』日本経済新聞社、二〇〇五年)

Dodd, E. M. [1932] "For Whom are Corporate Managers Trustees?," *Harvard Law Review*, vol. 45, no. 7.

Donham, W. B. [1927a] "Some Recent Books on Business Ethics," *Harvard Business Review*, vol. 5, no. 2.

Donham, W. B. [1927b] "The Social Significance of Business," *Harvard Business Review*, vol. 5, no. 4.

Donham, W. B. [1927c] "The Emerging Profession of Business," *Harvard Business Review*, vol. 5, no. 4.

Donham, W. B. [1930] "Business Ethics as a Solution to the Conflict between Business and the Community," in Donham, et al.,

The Ethical Problems of Modern Finance, The Ronald Press Company.

Douglas, M. & Isherwood, B. [1979] *The World of Goods: Towards an Anthropology of Consumption*, Basic Books.（浅田彰・佐和隆光訳『儀礼としての消費――財と消費の経済人類学』新曜社、一九八四年）

Drucker, P. F. [1974] *Management Tasks, Responsibilities, Practices*, Harper & Row.（野田一夫・村上恒夫監訳『マネジメント――課題・責任・実践』上・下、ダイヤモンド社、一九七四年）

Dusenberry, J. S. [1949] *Income, Saving and the Theory of Consumer Behavior*, Harvard University Press.（大熊一郎訳『所得・貯蓄・消費者行為の理論』厳松堂、一九五五年）

Evers, A. and Laville, J.-L. (ed.) [2004] *The Third Sector in Europe*, Edward Elgar.

FAO. [2002] *The State of Food Insecurity in the World 2001*, Rome.

FAO. [2010]「プレスリリース　慢性的飢餓人口は9億2500万人」(LOJAPR10/25-No. 174) 二〇一〇年九月十四日、http://www.fao.or.jp/media/press_100914.pdf

Fetter, F. [1905] *The Principles of Economics with Applications to Practical Problems*, The Century Co.

Foucault, M. [2004] *Securite, territoire, population: cours au College de France, 1977-1978*, Gallimard & Seuil.（高桑和巳訳『ミシェル・フーコー講義集成七　安全・領土・人口』筑摩書房、二〇〇七年）

Frederic, R. T. [1999] *A Companion to Business Ethics*, Blackwell.

Friedman, M. [1962] *Capitalism and Freedom*, The University of Chicago Press.（村井章子訳『資本主義と自由』日経BP出版センター、二〇〇八年）

Friedman, M. [1970] "The Social Responsibility of Business is to Increase its Profits," *New York Times Magazine*, 13 September.（「ビジネスの社会的責任とはその利潤を増やすことである」トム・L・ビーチャム、ノーマン・E・ボウイ著、加藤尚武監訳『企業倫理学Ⅰ　倫理的原理と企業の社会的責任』晃洋書房、二〇〇五年）

Gaillard, J. [1965] "Les assoiciations de production et la pensée politique en France (1852-1870)," *Le mouvement social*, n°. 52, pp. 59-84.

Galbraith, J. K. [1958] *The Affluent Society*, Fortieth Anniversary edition, Houghton Mifflin, 1998.（鈴木哲太郎訳『ゆたかな社会　決定版』岩波現代文庫、岩波書店、二〇〇六年）

Gardin, L. [2006] "A Variety of Resource Mixes inside Social Capital," in Nyssens (ed.) [2006].

Giddens, A. [1991] *Modernity and Self-identity: Self and Society in the Late Modern Age*, Polity Press.（秋吉・安藤・筒井訳『モダニティと自己アイデンティティ――後期近代における自己と社会』ハーベスト社、二〇〇五年）

Giddens. A. [1998] *The Third Way*, Polity Press.（佐和隆光訳『第三の道』日本経済新聞社、一九九九年）

Goleman, D. [1995] *Emotional Intelligence: Why it Can Matter More Than IQ*, Bantam Books.（土屋京子訳『EQ――こころの知能指数』講談社＋α文庫、講談社、一九九八年）

Gueslin, A. [1998] *L'invention de l'economie sociale* 2ᵉ éd., Economica.

Gueslin, A. [1999] *Gens pauvres Pauvres gens: dans la France du XIXᵉ siécle*, Aubier.

Harvey, D. [2005] *A Brief History of Neoliberalism*, Oxford University Press.（渡辺治監訳『新自由主義――その歴史的展開と現在』作品社、二〇〇七年）

Hayek, F. A. ed. [1935] *Collectivist Economic Planning: Critical Studies on the Possibilities of Socialism*, Routledge.

Hayek, F. A. [1949] *Individualism and Economic Order*, Routledge & Kegan Paul.（嘉治元郎・嘉治佐代訳『個人主義と経済秩序』春秋社、一九九〇年）

Hayek, F. A. ed. [1954] *Capitalism and the Historians*, Routledge & Kegan Paul.

Hayek, F.A. [1960] *The Constitution of Liberty*, University of Chicago Press.（気賀健三・古賀勝次郎訳『自由の条件Ⅰ』春秋社、一九八六年）

Hayek, F. A. [1978] *New Studies in Philosophy, Politics and Economics and the History of Ideas*, Routledge & Kegan Paul.

Heald, M. [1970] *The Social Responsibilities of Business: Company and Community, 1990–1960*, The Press of Case Western Reserve University.（企業制度研究会訳『企業の社会的責任』雄松堂、一九七五年）

Heermance, E. L. [1924] *Codes of Ethics: A Handbook*, Free Press.

Heermance, E. L. [1926] *The Ethics of Business: A Study of Current Standards*, Harper & Brothers (New edition, Thoemmes Press, 2002).

Heermance, E. L. [1927] "Review: *Fundamentals of Business Ethics*, by E. W. Lord, *Business Ethics: A Manual of Modern Morals*, by J. M. Lee, *The Ancient Greeks and the Evolution of Standards in Business*, by G. M. Calhoun, *Arbitration and Business Ethics*, by C. F.

Birdseye," *American Economic Review*, 17.

Heermance, E. L. [1928] "Some Impressions of the British Trade Association," *Harvard Business Review*, vol. 6, no. 3.

Heermance, E. L. [1933] *Can Business Govern Itself?: A Study of Industrial Planning*, Harper & Brothers.

Heilbroner R. L. *et al*. [1972] *In the Name of Profit*, Doubleday.（太田哲夫訳『利潤追求の名の下に――企業モラルと社会的責任』日本経済新聞社、一九七三年）

Hume, D. [1751] *An Enquiry Concerning the Principles of Morals*, Tom L. Beauchamp (ed.), Oxford University Press, 1998.（渡部峻明訳『道徳原理の研究』哲書房、一九九三年）

Hume, D. [1758] *Essays, Moral, Political, and Literary*, K. Haakonssen (ed.), Cambridge University Press, 1994.（田中敏弘訳『ヒューム政治経済論集』御茶の水書房、一九八三年）

Hulard, L. and Spear, R. [2006] "Social Enterpreneurship and the Mobilization of Social Capital in European Social Enterprises," in Nyssens (ed.) [2006].

Hutt, W. [1934] "Economic Method and the Concept of Competition," *South African Journal of Economics*, vol. 2.

Hutt, W. [1936] *Economists and the Public: A Study of Competition and Opinion*, Hanathan Cape.

Hutt, W. [1940] "The Concept of Consumers' Sovereignty," *Economic Journal*, vol. 50.

Israels, C. L. [1964] "Are Corporate Powers still Held in Trust?," *Columbia Law Review*, vol. 64, no. 8.

Iwai, K. [1999] "Persons, Things and Corporations: The Corporate Personality Controversy and Comparative Corporate Governance," *American Journal of Comparative Law*, vol. 47, no. 4.

Iwai, K. [2002] "The Nature of the Business Corporation: Its Legal Structure and Economic Functions," *Japanese Economic Review*, vol. 53, no. 3, Sept.

Jacobs, J. [1992] *Systems of Survival: A Dialogue on the Moral Foundations of Commerce and Politics*, Random House.（香西泰訳『市場の倫理　統治の倫理』日本経済新聞社、一九九八年）

Keynes, J. M. [1936] *The General Theory of Employment, Interest and Money*, Macmillan.（塩野谷祐一訳『雇用・利子および貨幣の一般理論』東洋経済新報社、一九八三年）

Knight, F. H. [1921] *Risk, Uncertainty and Profit*, Houghton Mifflin.（奥隅榮喜訳『危険・不確実性および利潤』文雅堂書店、

一九五九年)
Koslowski, P. [1986] *Ethik des Kapitalismus*, mit einem Kommentar von James M. Buchanan, 5, durchgesehene Auflage, J. C. B. Mohr (Paul Siebeck).（橋本努・山脇直司訳ほか著『資本主義の倫理』新世社、一九九六年所収）
Lee, J. M. [1926] *Business Ethics: A Manual of Modern Morals*, Ronald Press.
Litvinoff, M. & Madeley, J. [2006] *50 Reasons to Buy Fair Trade*, Pluto Press.（市橋秀夫訳『フェアトレードで買う五〇の理由』青土社、二〇〇七年）
Lindsey, B. [2003] "Grounds for Complaint?: Understanding the 'Coffee Crisis'," *Trade Briefing Paper*, vol. 16, Cato Institute.
Lomborg, B. [2001] *The Skeptical Environmentalist: Measuring the Real State of the World*, Cambridge University Press.（山形浩生訳『環境危機をあおってはいけない――地球環境のホントの実態』文藝春秋、二〇〇三年）
Lord, E. W. [1926] *The Fundamentals of Business Ethics*, Ronald Press.
Malachowsk, A. (ed.) [2001] *Business Ethics: Critical Perspectives on Business and Management*, vol. 1 (Methodological Issues), Routledge.
Mandeville, B. [1714] *The Fable of the Bees, or, Private Vices, Publick Benefits*, Indianapolis, Liberty Classics, 1988.（泉谷治訳『蜂の寓話』(正・続)、法政大学出版局、一九八五～一九九三年）
Marshal, A. [1890] *Principles of Economics*, Macmillan.（永沢越郎訳『経済学原理』岩波ブックセンター信山社、一九八五年）
Mcmahon, T. F. [1999] "A Brief History of American Business Ethics," in Frederic [1999].
Means, G. C. [1962a] *Pricing Power and the Public Interest: A Study Based on Steel*, Harper.（伊藤長正等訳『企業の価格決定力と公共性』ダイヤモンド社、一九六二年）
Means, G. C. [1962b] *The Corporate Revolution in America: Economic Reality vs. Economic Theory*, Crowell-Collier Press.
Means, G. C. [1968] "Implication of the Corporate Revolution in Economic Theory," in Berle, A. A. and Means, G. C. (eds.) *The Modern Corporation and Private Property*, revised edition, Harcourt.
Mill. J. S. [1848] *The Principles of Political Economy*, in *Collected Works of John Stuart Mill*, Toronto University, vol. II, III, 1965.（末永茂喜訳『経済学原理』岩波書店、一九五九～一九六四年）
Mitchell, L. E. [2001] *Corporate Irresponsibility, America's Newest Export*, Yale University Press.（斎藤祐一訳『なぜ企業不祥事は起

こるのか――企業の社会的責任』麗澤大学出版会、二〇〇五年）
Nakakubo, K. [2000] "Walras as co-opérator," in Dockès, P. *et al*. (éd.) *Les traditions économiques francaises 1848–1939*, CNRS éditions, pp. 485–502.
Nyssens, M. [2006] "Social Enterprise at the Crossroads of Market, Public Policy and Civil Society," in Nyssens (ed.) [2006].
Nyssens, M. (ed.) [2006] *Social Enterprise: At the Crossroads of Market, Public Policies and Civil Society*, Routledge.
Persky, J. [1993] "Retrospectives: Consumer Sovereignty," *The Journal of Economic Perspectives*, vol. 7, no. 1.
Penz, G. P. [1986] *Consumer Sovereignty and Human Interests*, Cambridge University Press.
Petit, T. A. [1967] *The Moral Crisis in Management*, McGraw-Hill.（土屋守章訳『企業モラルの危機――会社は何を問われているか』ダイヤモンド社、一九六九年）
Portes, A. [1998] "Social Capital: Its Origins and Applications in Modern Sociology," *Annual Review of Sociology*, vol. 24.
Pottier, J. [1999] *Anthropology of Food: The Social Dynamics of Food Security*, Polity Press.（山内彰・西川隆訳『食糧確保の人類学』法政大学出版局、二〇〇三年）
Putnam, R. [1994] *Making Democracy Work*, Princeton University Press.（河田潤一訳『哲学する民主主義』ＮＴＴ出版、二〇〇一年）
Putnam, R. et Williamson, T. [2000] "Pourquoi les Americains ne sont pas heureux," *Le monde*, le 2 novembre.
Ransom, D. [2001] *The Non-nonsense Guide to Fair Trade*, New Internationalist Publications.（市橋秀夫訳『フェア・トレードとは何か』青土社、二〇〇四年）
Reekie, W. D. [1988] "Consumers' Sovereignty Revisited," *Managerial and Decision Economics*, vol. 9.
Reich, R. B. [2007] *Supercapitalism: The Transformation of Business, Democracy, and Everyday Life*, Alfred A. Knopf.（雨宮寛・今井章子訳『暴走する資本主義』東洋経済新報社、二〇〇八年）
Ritzer, G. [1996] *The McDonaldization of Society: An Investigation into the Changing Character of Contemporary Social Life*, revised edition, Pine Forge Press.（正岡寛司監訳『マクドナルド化する社会』早稲田大学出版会、一九九九年）
Rothenberg, J. [1968] "Consumer Sovereignty," in D. L. Sills (ed.) *International Encyclopedia of the Social Sciences*, III, Macmillan.
Rubinfeld, D. [1987] "The Economics of the Local Public Sector," in Awerbach, A. J. and Feldsthein, M. (eds.) *Handbook of Public*

Economics, Elsevier Science Publishers B. V.

Salamon, L. M. [1995] *Partners in Public Service*, Johns Hopkins University Press.（江上哲監訳『ＮＰＯと公共サーヴィス』ミネルヴァ書房、二〇〇七年）

Samuelson, P. A. and Nordhaus, W. D. [1989] *Economics*, 13th edition, McGraw-Hill.（都留重人訳『サムエルソン経済学』上下巻、岩波書店、一九九二～一九九三年）

Say, L. [1866] "La société coopérative est la meilleure de caisses d'épargne," in Walras, L., *Œuveres* économiques complètes Auguste et Lén Walras, tome, VI.

Schumpeter, J. A. [1926] "Gustav v. Schmoller und die Probleme von Heute," *Dogmenhistorische und biographische Aufsätze*, J. C. B. Mohr, 1954.（玉野井芳郎訳「シュモラーと今日の諸問題」『社会科学の過去と未来』ダイヤモンド社、一九七二年）

Sen, A. [2001] "Does Business Ethics Make Economic Sense?," *Business Ethics Quarterly*, no. 3 vol. 1, in Malachowski [2001].

Sharp, F. C. and Fox, F. G. [1937] *Business Ethics: Studies in Fair Competition*, D. Appleton-Century Company.

Sheldon, O. [1924] *The Philosophy of Management*, Issac Pitman & Sons.（企業制度研究会訳『経営のフィロソフィ』雄松堂、一九七五年）

Shipler, D. K. [2004] *The Working Poor: Invisible in America*, Knopf.（森岡・川人・肥田訳『ワーキング・プア――アメリカの下層社会』岩波書店、二〇〇七年）

da Silva, L. I. L. [2008] *Address by the President of the Republic, Luiz Inacio Lula da Silva at the Opening of the Thirtieth Regional Conference for Latin America and the Caribbean Palacio Itamaraty, 16 April* (http://www.fao.org/newsroom/common/ecg/1000831/en/Lula-speech.doc).

Simmel, G. [1911] *Philosophische Kultur*, Gesammelte Essais.（円子修平・大久保健治訳『文化の哲学』白水社、一九七六年）

Singer, P. W. [2003] *Corporate Warriors: The Rise of the Privatized Military Industry*, Cornell University Press.（山崎淳訳『戦争請負会社』ＮＨＫ出版、二〇〇四年）

Singer, P. and Mason, J. [2006] *The Ethics of What We Eat*, Rodale Press.

Singer, P. [2006] "Why Pay More for Fairness?" *Project Syndicate* (http.//www.project-syndicate.org/commentary/Singer10/English).

Slater, D. [1997] *Consumer Culture and Modernity*, Polity Press.

Smith, A. [1759] *The Theory of Moral Sentiments*, Raphael, D. D. and Macfie, A. C. (eds.), Oxford University Press, 1976.（水田洋訳『道徳感情論』全二巻、岩波文庫、岩波書店、二〇〇〇～二〇〇一年）

Smith, A. [1776] *An Inquiry into the Nature and Causes of the Wealth of Nations*, 2 vols., Campbell, R. H. and Skinner, A. S. (eds.), Oxford University Press, 1976.（大河内一男監訳『国富論』全三巻、中公文庫、中央公論新社、一九七八年）

Sombart, W. [1912] *Luxus und Kapitalismus*, Duncker & Humblot, 1922.（金森修訳『恋愛と贅沢と資本主義』講談社学術文庫、講談社、二〇〇〇年）

Strange, S. [1996] *The Retreat of the State: The Diffusion of Power in the World Economy*, Cambridge University Press.（櫻井公人訳『国家の退場』岩波書店、一九九八年）

Stiglitz, J. E. [1993] *Econocmis*, W. W. Norton & Company, Inc.（薮下・秋山・金子・木立・清野訳『ミクロ経済学』東洋経済新報社、一九九五年）

Taeusch, C. R. [1926] *Professional and Business Ethics*, Holt.

Tocqueville, A. [1835–1840] *De la démocratie en Amérique*, in Œuvres complètes, tome I–II, Gallimard, 1951.（井伊玄太郎訳『アメリカの民主政治』（上）（中）（下）、講談社学術文庫、講談社、一九八七年）

Tufts, J. H. [1927] "Review: *The Ethics of Business*, by E. L. Heormance," *American Economic Review*, vol. 17.

Veblen, T. [1899] *The Theory of Leisure Class: An Economic Study in the Evolution of Institutions*, Modern Library.（高哲男訳『有閑階級の理論――制度の進化に関する経済学的研究』ちくま学芸文庫、筑摩書房、一九九三年）

Walras, L. [1865] *Les associations populaires de consommation, de production, et de crédit*, in Œuvres économiques complètes Auguste et Léon Walras, tome VI, Economica, 1990.

Wilson, B. [2008] *Swindled: The Dark History of Food Fraud, from Poisoned Candy to Counterfeit Coffee*, Princeton University Press.（高儀進訳『食品偽装の歴史』白水社、二〇〇九年）

あとがき

本書で扱われている問題は多くの方に共有可能なものと考えているが、しかし本書の成立の背景はいささか特異なものかもしれない。ここでは本書の台所を少々さらしておこう。

話は二〇〇七年二月十一日（日曜日、建国記念の日）にさかのぼる。所用で東京にいらした酒井敏行氏（ナカニシヤ出版）にお誘いいただき、佐藤は新宿駅近くのベトナム料理屋で昼食をご一緒することとなった。酒井氏とはそれまで、「福祉」をキーワードに経済思想史研究の現代的可能性について考えようとするいくつかの書籍企画（小峯敦編『福祉国家の経済思想』二〇〇六年、小峯敦編『福祉の経済思想家たち』二〇〇七年）でご一緒させていただき、そのお仕事ぶりをよく知るところとなっていた。

食事をとりながら、そういえば最近の「ビジネス・エシックス」をめぐる論議も〝経済活動をめぐる言説〟として経済思想史研究者が論じてしかるべきじゃないですかねえと話を向けてみたところ、乗せ上手な酒井氏のおかげで大いに話が盛り上がり、食後のコーヒーを飲む頃には目次の概略も執筆者候補も出揃ってしまった。メモを書き上げたのち、二人でコピー機を求め新宿駅西口界隈を右往左往することになる。

その後中山智香子氏に協力を求め、二〇〇七年四月二日に東京外国語大学で酒井氏と三人で最初の会合をもった。そして現メンバー宛に企画書を添えた執筆依頼のメールをお送りし、幸いにしてその月のうちにすべての方々から快諾のお返事をもらうことができた。グループの名称は「ビジネスエシックスと経済思想研究会」(略称 beet 研)とした。

最初の顔合わせを経済学史学会・二〇〇七年度全国大会にあわせ行なったのち(二〇〇七年五月二十七日)、全体研究会は計四回行なわれた(第一回:二〇〇七年七月二十八日、第二回:二〇〇八年三月三十日、第三回:同年六月六日、第四回:同年六月二〇日)。それだけでなく、メンバー有志による草稿検討会やメーリング・リストを介しての相互査読など、精力的な研究会活動が行なわれた。

さらに加えてこの研究会の特徴となったのは、何かと理由をつけては〝非正規の意見交換会〟がめったやたらと開催されたことにある。時に憂いを玉箒で払いつつ闊達な議論を重ね、濃密なコミュニケーションを経て出来上がったのがこの本である。

というわけで、本書の執筆者は経済思想史・社会思想史と呼ばれるジャンルの専門研究者である。ふだんは十八世紀の啓蒙思想や十九世紀のアソシエーション論、あるいは二十世紀の経済思想などについて歴史的研究を行なっている専門研究者たちが、ビジネスの論理と倫理をめぐる現代的トピックスに取り組んだのが本書ということになる。

経済思想史の歴史的知見がそのまま現代的な問題に応用可能であるなどというのん気な話をするつもりはない。しかし経済活動に関する理論と理念を歴史的観点から考察するという経済思想史研究のパースペクティブは、現代的な問題群に対しても独自の形で貢献しうるのではないか、そうした自負に近いものが本書の企画を立ち上げた問題意識となっている。

しかし一方でそれは、自らの研究分野の現状に対するアンビバレントな感情に由来するものでもある。かつて思想史研究に沈潜する所作には、「あえて」「かのように」というメタレベルのメッセージが込められていたように思う。禁欲的に見える思想史的営為のなかに現代的な問題関心が貫かれてあることは当然の前提であり、少なくともそれが読み手の過半に読みとられてしかるべきというのが、広く受け入れられた共通了解ではなかったか。しかし世代を重ねるなかで、禁欲的な振る舞いはベタなものと受け止められ、「あえて」「かのように」というメタなメッセージはなきものとされてしまったように見える。そうした振る舞いが習い性になるにしたがい、残されることになるのは単なる〝思想を対象とした実証研究〟に過ぎないといえば言い過ぎだろうか。

知的生産性のために抑制と分業が必要であることは十二分に理解しているつもりである。しかし、経済活動の意味について考える営為は狭義の実証研究や理論研究に尽きるものではない、という直観こそが、経済思想史研究の存在意義を最後に支えるものではとの思いはどうしても捨てがたい。思想史研究から〝単なる〟という形容を遠ざけるためには、同時代の言説に対峙することを避けて通ることはできないのではないか。そしてそれを昨今の時代的趨勢のなかでの身過ぎ世過ぎの振る舞いと捉えるのではなく、いまの社会で自分たちの学的営為が場所を占めるべき在り処を積極的に指し示すものと考えるべきではないか。こうしたいわば「経済思想史研究の rehabilitation」の必要性こそが、本書を編むにあたり常に考えていたことである。

「はあ、そのご立派な高説にもとづく書物がこれですか」との皮肉な切り返しには、現時点ではまったくもって恥じ入るしかない。しかし直接の批判と疑義には今後編者として最大限の責任をもって応じていきたい。

いまここにいたっては、読者諸賢のご批判とご叱正をただひたすらに請い続けるしかないが、せめてこのつたない小著の試みが、自分たちの生きる社会の意味を考え論じあう言説空間に接続されるものとなることを。

*

本書成立までには、さまざまな段階で多くの方々のご厚情に助けられた。

若田部昌澄氏（早稲田大学政治経済学術院）、小峯敦氏（龍谷大学経済学部）のお二人には、本書の関連企画である経済学史学会・二〇〇八年度全国大会のセッション企画「経済思想とビジネスエシックス」（二〇〇八年五月二十四日）において、それぞれ討論者と司会をご担当いただいた。大会当日のみならず、事前の研究会にもまる一日かけて（！）お付き合いいただき、各章の構想について詳細なコメントをいただくこともできた。本書の企画意図に暖かい理解を示され、甘えの過ぎるお願いに快く応じてくださったお二人にはただただ感謝申し上げたい。

児玉聡氏（東京大学大学院医学研究科）、松原隆一郎氏（東京大学大学院総合文化研究科）、さらに櫻井公人氏（立教大学経済学部）とグローバル・ポリティカル・エコノミー研究会の参加者各位には、それぞれ個別に貴重な時間を割いて本書草稿の一部をご検討いただく機会を得た。応用倫理学、社会経済学、国際経済論といった執筆陣とはまったく異なるジャンルで精力的に活躍される方々からいただいたさまざまな批評・助言・啓発的な疑問の提示は、各草稿の改善に大いに助けとなっただけでなく、本書全体の意義と位置づけをそのつど再確認する機縁となった。この場を借りて厚く御礼申し上げます。

執筆メンバーへ謝辞を記すのは妙なことかもしれないが、この企画に快く参加してくれた執筆メンバー各位にもお礼を言いたい。とりわけ中山智香子氏には中核メンバーとして企画立ち上げ当初から一貫して一方ならぬご尽力をいただいた。その適切な助言と時宜を得た叱咤激励には大いに助けられた。本来ならば編者として名を掲げさせていただくべきであり、実は最初に佐藤がご助力を請うた際の心づもりもそのようなものであったのだが、佐藤編でいきましょうよと強く主張された氏の深慮とご厚情を慮り、今回は厚顔を通させていただくこととした。この場を借りていまひとたび謝意を表わすことをお許し願いたい。

さらに巻末文献表の整理にあたっては、蓑田知佐氏（東京外国語大学大学院国際協力講座・教務補佐［当時］）にご助力いただいた。ありがとうございました。また執筆メンバーの板井広明氏は文献表での執筆者間の相違の最終調整という煩瑣ながら欠かせない作業を淡々とこなしてくださった。その心意気にあらためて敬意と感謝を。

先に記した経緯にあるように、編集者の酒井敏行氏（ナカニシヤ出版）は本書企画の生みの親のひとりである。東京－京都をいくたびも行き来しながら原稿執筆の各段階において的確な激励・叱咤・助言を惜しまぬお仕事ぶりと、毎回深夜に及ぶ〝懇親〟にも決して手を抜くことのない篤実ぶりに、本書が少しでも適うものであればよいのだが。

二〇〇九年一月吉日

執筆者を代表して

佐藤方宣

バーナム（James Burnham）　39
バーリ（Adolf Augustus Berle）　29, 31, 35-38, 41
ヒューム（David Hume）　134-135, 137-138, 148, 152
フォード（Gerald Ford）　168
ブキャナン（James McGill Buchanan Jr.）　54, 62, 80, 182
フーコー（Michel Foucault）　195
藤原正彦　124, 129, 131
プラトン（Platon）　204
フーリエ（François Marie Charles Fourier）　212
フリードマン（Milton Friedman）　11-15, 19, 39-40, 217
フレッチャー（Andrew Fletcher）　131, 133
フロム（Erich Fromm）　129
ベイカン（Joel Bakan）　45, 217, 221
ヘーゲル（Georg Wilhelm Friedrich Hegel）　204
ベンサム（Jeremy Bentham）　196-198, 205
ボードリヤール（Jean Baudrillard）　165
本田由紀　128

マ行

マーシャル（Alfred Marshall）　7
マズロー（Abraham Harold Maslow）　115
マーティン（Richard Martin）　205
マルクス（Karl Heinrich Marx）　223
マルサス（Thomas Robert Malthus）　193, 198
丸山眞男　125-126, 186
マンデヴィル（Bernard Mandeville）　133-134
ミル（John Stuart Mill）　28, 72-73, 79, 227
ミーンズ（Gardiner Coit Means）　29-30, 35, 37
ムーア（Michael Francis Moore）　217
メイソン（Jim Mason）　213

ヤ・ラ・ワ行

八代尚宏　127
山崎正和　115
山田昌弘　123
ヤング（Owen D. Young）　36
吉野源三郎　186
米倉誠一郎　108
ライシュ（Robert B. Reich）　19
ラマスワミ（Venkatram Ramaswamy）　227
ラング（Tim Lang）　212
リカードウ（David Ricardo）　198
レヴィナス（Emmanuel Lévinas）　204
ローゼンバーグ（Jerome Rothenberg）　174
ロックフェラー（John Davison Rockefeller）　34
ロールズ（John Rawls）　5, 18
渡部昇一　129, 151
ワルラス（Marie Esprit Léon Walras）　65-67, 70, 79, 81

シェリング（Thomas Crombie Schelling） 42
ジグレール（Jean Ziegler） 200
シプラー（David K. Shipler） 141
シュミット（Carl Schmitt） 94
シュモラー（Gustav von Schmoller） 223-224
シュンペーター（Joseph Alois Schumpeter） 224
城繁幸 126
シンガー（Peter Singer） 205-210, 213
シンガー（Peter Warren Singer） 244-245
ジンメル（Georg Simmel） 165
スミス（Adam Smith） 28, 87-91, 100-101, 109-112, 134-140, 141, 152, 159, 197
スレイター（Don Slater） 164
セイ（Lêon Say） 66
セン（Amartya Sen） 195

タ・ナ行

高橋伸夫 108
ダグラス（Mary Douglas） 165
ダ・シルバ（Luiz Inácio Lula da Silva） 200
多田道太郎 85, 115
橘木俊詔 123, 142
チョムスキー（Noam Chomsky） 217
デューゼンベリー（James Stemble Duesenberry） 165
デロッシュ（Henri Desroche） 56
ドーア（Ronald Philip Dore） 26
トウェイン（Mark Twain） 96
トクヴィル（Charles Alexis Henri Clerel de Tocqueville） 55, 58, 72, 79
ドストエフスキー（Фёдор Михайлович Достоевский） 94-95
ドッド（Edwin Merrick Dodd） 35-38
ドーナム（Wallace Brett Donham） 32-35, 41
ドラッカー（Peter Ferdinand Drucker） 13
トレンス（Colonel Robert Torrens） 227
ナイト（Frank Hyneman Knight） 149
中野麻美 127
ノージック（Robert Nozick） 18

ハ行

ハイエク（Friedrich August von Hayek） 38, 47, 141, 145-149, 152, 175, 182
ハイデガー（Martin Heidegger） 204
ハイルブローナー（Robert L. Heilbroner） 19, 39-40, 45
ハーヴェイ（David Harvey） 241
パウロ（Paulos） 211
バグワティ（Jagdish Bhagwati） 227-233, 235, 237, 243
橋本昭一 7
ハット（William Harold Hutt） 162, 171-172, 174-177, 180-182
パットナム（Robert D. Putnam） 54, 69, 71, 82, 92

ロストジェネレーション　125, 151
労働基準　228-229, 232
労働組合　56
労働の流動化　126-127
ワーキング・プア　125-126, 142, 199

人名索引

ア行
赤木智弘　125-126, 128, 142, 145
雨宮処凛　126, 142, 151
アロー（Kenneth Joseph Arrow）　68
井上達夫　47
井上義朗　138-139
猪木武徳　42-43
岩井克人　24-26, 29
岩田規久男　24-26
ヴェブレン（Thorstein Veblen）　131-132, 143, 165, 175
内田研二　109
内田樹　145
大竹文雄　123, 127
奥村宏　25-26, 29, 48
小笹芳央　104, 106
オルテガ（José Ortega y Gasset）　129

カ行
カーネギー（Andrew Carnegie）　34
カールソン（Jan Carlzon）　104
ガルブレイス（John Kenneth Galbraith）　39, 165-167
川本隆史　19
キャナン（Edwin Cannan）　182
クライン（Naomi Klein）　217
ケインズ（John Maynard Keynes）　149, 225
ケネー（François Quesney）　193
ケネディ（John Fitzgerald Kennedy）　168
コスロフスキー（Peter Koslowski）　163
小谷野敦　142-143
コリアー（Paul Collier）　213
ゴールマン（Daniel Goleman）　111
コント＝スポンヴィル（André Comte-Sponville）　11, 14-16

サ行
齋藤孝　98
サッチャー（Margaret Hilda Thatcher）　218
サミュエルソン（Paul Anthony Samuelson）　173
サラモン（Lester M. Salamon）　55
シヴァ（Vandana Shiva）　217
ジェイコブス（Jane Butzner Jacobs）　19

人間の安全保障　195
人間本性　87，139

ハ・マ行
バイオ燃料　192，200
波及効果　220，231，233，235，237
働くことの意味　86，93-94，96，99，103，113
『蜂の寓話』　133
ビジネス・エシックス（ビジネス倫理）　4-5，7-11，14-16，19，29，31-33，41，47，87，159，220，226，247
平等／不平等　122-125，137，173-174，181，195-196，
平等主義　129，137，174
貧困　141，191-193，195，199-200，210，220，228
ファシリテーター（ファシリテイト）　107，108，114
フェア・トレード　47，156，207，228
フェア・プレイ　112-113，140
福祉　5，51，53，62-63，65，67，69，76，78，241
フードファディズム　190
フード・マイレージ　186，212
フリーター　125-126
フリードマン定理　12
フリーライダー（フリーライド）　45，87，91-94
プレカリアート　125，142
分業　87-90，152
　社会的——　87-88，90
　企業内（工場内）——　88，90-91
文明社会　87-88，110，135
法人　23-27，29-31，36-37，39，41，45，47，218，221
保護主義　228，230-231，243
ポジティブリスト制　198
ポスト工業社会　115
ホモ・エコノミクス（経済人）　64-65，67，69，71，77
ボランティア（ボランタリー，ボランタリズム）　51-53，56，59，61，64，74-76，79
マクドナルド化　187
水俣（MINAMATA）　18，233-240，247
民営化　219，240，242-244，248
無力感　93，145
モチベーション　93-94，102-107，114-115
モンスター・ペアレント　157

ヤ・ラ・ワ行
雪印乳業集団食中毒事件　89，105
予防原則　211
利己的（利己心）　68-69，77-78，133，148
リコール隠し　90，115，160
リスク　30，57，78，113，127，149，188，190，195
　——・トレードオフ　188
リーダー　34，86，103，106-108，111，113-114
　——シップ　18，43，86，108-109
利他的（利他心）　64-65，76，78
リバタリアニズム　18
倫理コード　31，47
連帯　56-57，70-71，74，77-79

企業の——（CSR）　4,21-48,161
社交　73,77-78,81
奢侈　133,135
自由主義　79,141,152,182,218,220,225,227,238,249
古典的——　174
重商主義　88,134,152
自由貿易　88,226-232,241,243
（他者からの）承認　98-101,115
消費者　17,67,155-182,187,190,193,199,218
——運動　53,160,168,170
——主義（コンシューマリズム）160
——主権　17,155-182
——の権利　168-170
賢い——　160,170,182
消費社会　158,162,167-168
食　17-18,185-213
——の倫理　203-205,207,211,213
食品偽装　160,188,203,212
食料安全保障　194-195,213
人権　53,195,218,247
新古典派　152,222
新自由主義　61,126,225,240-241,246,248
人道　200-201,247
信用　67,70-71
——組合　66-67,70,81
信頼　68-72,74,78,192,203
ステークホルダー　24-26,59-60
スローフード　203,211
成果主義　144
正規労働者と非正規労働者（正規雇用と非正規雇用）　123,125,127,134
専門化　88
専門職　16,32-33,44
——倫理　16,41,44
ソーシャル・キャピタル（SC）54,69-71,74,78-79,82,92,107
尊厳　73,95,100,115,139,220,246

タ・ナ行

第三セクター（サード・セクター）54,58-59,62,79
第三の市場　52-53
第三の道　62
大量生産／大量消費　159,191,200
多国籍企業　218,229-230
ただ乗り　→フリーライダー（フリーライド）
WTO（世界貿易機関）　219,221,227-228,241,243,248
小さな政府　61-62,78,123
中間組織　42-43,47
中間領域　55,59,65,79
潰しあい　121,124-125,129,135,140
（企業の）適正規模　108-111,113-114,150
『道徳感情論』　100-102,138
富と徳　131,152
トレーサビリティー　198
南北問題　199-201
人間関係　89,102,107,114-115
幸福な——　99,100,115
人間性　131,207

——財　61-62, 77, 80-81
——財理論　54, 64-65, 73, 77
グローバリゼーション（グローバル化）　17-18, 61, 112, 217-248
グローバル・セキュリティー　194
グローバルな経済　199, 202
小泉改革　126
公開性　195-196, 198
公共財　62, 65, 73, 80-81, 87, 91-93, 107, 175
公共心（公共精神）　72, 88
公共性　37, 64, 73, 88, 133
公共的討議　16, 43-45
公正　12, 112, 123, 156, 207, 228
工場畜産　205-209, 213
構造改革　62
公平性　150, 173
功利主義　196, 204-206, 213
高齢化（社会）　51, 76, 123
『国富論』　28, 87-88, 110, 138
個人主義　14, 65, 128
コーポレート・ガバナンス　22
コミュニケーション　86-87, 89-90, 103, 106-107, 109, 113-115
——不全　89-90, 114
——（の）コスト　90, 106-107
コミュニケーター　107-108
コミュニティ　32-34, 36-37, 44, 52-53, 55, 59, 61-63, 65, 156, 176
——・ビジネス　51
雇用　53, 57, 59, 69, 76, 135-136
コンプライアンス（法令順守）　4, 11, 22, 40, 90, 113, 203

サ行

産業革命　131, 141
シヴィック・ヒューマニズム（シヴィック・ヒューマニスト）　131, 152
私益と公益　37, 133
自給率　187-188, 194, 206, 212
自己実現　75-78, 100, 115
——系ワーカホリック　128
自己表現　75, 96, 98
自己責任　17, 113, 123, 169, 210, 248
市場化　57, 61-62, 220, 240, 248
市場経済　12, 69, 173-174, 232
市場原理主義　61, 124, 126, 233
市場と政府（国家）　53-54, 62-65, 79, 224
市場の失敗　62, 91, 227
市場／非市場　59-61, 63
持続可能（性）　186, 207-208
失業（者）　51, 68, 76, 125
嫉妬（心）　129-130, 139-140, 152
私的財　62, 65, 80-81
資本主義（資本制）　12, 14-15, 97, 141, 163, 166, 220, 223
カジノ——　220
消費——　158-159, 178
福祉——　36
使命（感）　79, 105, 113
社会主義　35, 61, 79, 228
社会的企業　51-82
社会的経済（エコノミ・ソシアル）　55-58, 64
社会的責任　21-48, 159, 207, 219-220, 226, 232, 235-236, 238, 240, 244, 246

事項索引

ア行

アイデンティティ　69,77,98-99,114,150,159
悪質クレーマー　156-158,177-180,182
アソシエーション　55-58,63-64,66,73,80-82
アドヴォカシー　58-60
アメリカ　19,26,29-32,37,47-48,54-56,58-59,61,65,81,141,186-187,206,210,218,220,224-226,228-230,237,245
安全　17,22,168,182,185,188,191-199,203,207-208,211,248
遺伝子組換え（GM）　189-190,211
ヴィーガン　209-211
ヴェジタリアン　209-210
失われた十年　134
FAO　194,213
NGO　52-53,231
NPO　22,51-53,58-62,64-65
　——法　51
お客様は神様　155,161,179,181
汚染（環境汚染）　200,208-210,229-238

カ行

格差　17-18,119-152
勝ち組／負け組　121-122,142,147
株主主権論　24-26,38
環境　22,40,53,156,182,201,207,211-212,218,228-233,246
　——基準　229,237
　——政策　230-232,235
　——問題　22,211,229-233
　——破壊　11,186,191,230-232
　——保護（保全）　28,194,243
規制緩和　112,124,126-127
教育　37,58,69,88,101,111,114,157,174,241,247
　消費者——　160,168,182
　ビジネス——　32
虚栄（心）　101,132,133
共感　74,99,107,135,140
共済　53,55-59,63-64,71,73
共産主義　14,35,220
競争　12,16-18,57,66,101,113,119-152,168,228-229,242
　完全／不完全——　62,163-164,228
　自由——　112-113
共同性（共同体）　70,73,88-89,148,150
　市民的——　70-71
協働精神　88-89
協同組合　53,55-61,63-65,70-71,73,79-81
共和主義　70,88,152
勤勉　86,115,135-137,140
クラブ　64,71,81

原谷直樹（はらや・なおき）
群馬県立女子大学国際コミュニケーション学部准教授
1978年生まれ。慶應義塾大学経済学部卒、Erasmus Institute for Philosophy and Economics, Erasmus University Rotterdam, MPhil Programme修了。「新自由主義（ネオリベラリズム）」（佐伯啓思・柴山桂太編『現代社会論のキーワード――冷戦後世界を読み解く』ナカニシヤ出版、2009年）、「ハイエクの社会科学方法論――転換問題を越えて」（桂木隆夫編『ハイエクを読む』ナカニシヤ出版、2014年）、他。

板井広明（いたい・ひろあき）
お茶の水女子大学ジェンダー研究所特任講師
1972年生まれ。専修大学法学部卒、横浜市立大学大学院経済学研究科博士課程単位取得退学。博士（経済学）。「古典的功利主義における多数と少数」（若松良樹編『功利主義の逆襲』ナカニシヤ出版、2017年）、「ベンサムにおける功利主義的統治の成立」（深貝保則・戒能通弘編『ジェレミー・ベンサムの挑戦』ナカニシヤ出版、2015年）、他。

中山智香子（なかやま・ちかこ）
東京外国語大学大学院総合国際学研究院教授
1964年生まれ。早稲田大学政治経済学部卒、ウィーン大学大学院経済学研究所博士課程修了。『アルジャジーラとメディアの壁』（石田英敬・西谷修・港千尋との共著、岩波書店、2006年）、『経済戦争の理論――大戦間期ウィーンとゲーム理論』（勁草書房、2010年）、『経済ジェノサイド――フリードマンと世界経済の半世紀』（平凡社新書、2013年）、他。

【執筆者一覧】

佐藤方宣（さとう・まさのぶ）
関西大学経済学部教授
1969年生まれ。慶應義塾大学経済学部卒、同大学院経済学研究科後期博士課程単位取得退学。「ハイエクとナイトII——『リベラル』批判の二つの帰趨」（桂木隆夫編『ハイエクを読む』ナカニシヤ出版、2014年)、「経済神学——経済学者の社会的機能とは何か」（橋本努編『現代の経済思想』、勁草書房、2014年)、他。

髙橋　聡（たかはし・さとし）
明治大学政治経済学部専任講師
1969年生まれ。明治大学政治経済学部卒、中央大学大学院経済学研究科博士後期課程満期退学。飯田和人・髙橋聡・髙橋輝好『現代資本主義の経済理論』（日本経済評論社、2016年)「レオン・ワルラスの経済学とフランス経済——資本理論・土地国有化・自由貿易」（益永淳編『経済学の分岐と総合』中央大学出版部、2017年)、他。

中澤信彦（なかざわ・のぶひこ）
関西大学経済学部教授
1968年生まれ。京都大学経済学部卒、大阪市立大学大学院経済学研究科後期博士課程単位取得退学。博士（経済学)。『イギリス保守主義の政治経済学——バークとマルサス』（ミネルヴァ書房、2009年)、『保守的自由主義の可能性——知性史からのアプローチ』（佐藤光との共編、ナカニシヤ出版、2015年)、他。

太子堂正称（たいしどう・まさのり）
東洋大学経済学部准教授
1974年生まれ。慶應義塾大学経済学部卒、京都大学大学院経済学研究科博士課程修了。博士（経済学)。「嗜癖——アディクションは非合理な行為なのか」（橋本努編『現代の経済思想』勁草書房、2014年)、「ハイエクの「法の支配」」（桂木隆夫編『ハイエクを読む』ナカニシヤ出版、2014年)、他。

ビジネス倫理の論じ方

2009年5月20日　初版第1刷発行
2020年5月15日　初版第6刷発行
（定価はカバーに表示してあります）

編　者　佐藤方宣
発行者　中西　良
発行所　株式会社ナカニシヤ出版
〒606-8161　京都市左京区一乗寺木ノ本町15番地
TEL　075-723-0111
FAX　075-723-0095
http://www.nakanishiya.co.jp/

装幀＝板井広明／印刷・製本＝創栄図書印刷

※落丁本・乱丁本はお取り替え致します。
Printed in Japan.
ISBN978-4-7795-0342-9　C3033